學術人

HOMO ACADEMICUS

Pierre Bourdieu

皮耶·布赫迪厄

目次

第一章——一本「要燒掉的書」?　　6

　　建構的工作與其效應　　15

　　經驗式個體以及與認識論有關的個體　　38

第二章——學院的衝突　　64

　　隔閡及參與　　74

　　科學專業知識與社會專業知識　　114

第三章——資本種類與權力形式　　128

　　權力空間的結構　　138

　　正教授與身份團體的再生產　　150

　　時間與權力　　162

　　著名的異端份子　　189

　　共謀的對手　　200

　　現代化　　210

　　位置與立場　　222

第四章——身份團體的捍衛與平衡的斷裂　　228

　　功能性替代　　242

繼任的一項危機　　　　　　　　251

無目的的最終目的　　　　　　　257

一種世俗秩序　　　　　　　　　264

平衡的打破　　　　　　　　　　270

第五章——關鍵時刻　　　　　276

一種特定的矛盾　　　　　　　　282

同步化　　　　　　　　　　　　300

作為揭發者的危機　　　　　　　310

某些被發表的意見　　　　　　　321

自發性的幻象　　　　　　　　　326

附件　　　　　　　　　　　　334

一. 資料來源　　　　　　　　　336

二. 學院的型態轉變：圖表一（a、b、c）　359

　　學科的型態轉變：圖表二（a、b）　366

三. 法國知識份子排名，誰來判斷評判者　370
　　的正當性？

四. 對應分析　　　　　　　　　394

跋——二十年後　　　　　　　398

表格暨圖示清單　　　　　　　424

我要感謝所有盡心協助我的人，他們一再閱讀本書不同版本的初稿，為我解答疑問、提供文件與資訊。我衷心希望他們能在本書找到對其建議與批評的誠懇回應。相較之下，這本書的先行閱讀社群為數更多、更廣泛，這對本研究的科學品質控管貢獻良多——至少就我的眼光而言是如此。我的第一批讀者也協助我克服出版焦慮，因為他們從截然不同的觀點提出修正或確認，這讓我的分析擺脫了身處所分析之空間時，會遭遇的固有限制。

尤其我要感謝伊薇特・德爾梭（Yvette Delsaut），她全程參與本書，從原始資料的彙整、資訊搜尋，直到數據整理與分析。沒有她，這本書將無法呈現如今的樣貌。

他們不希望我們做出歷史學家的歷史。他們想要窮究歷史細節的無限定性。但是他們不想進入歷史細節的這個無限定性之中。他們不想處於歷史之流。就像不願生病與死亡的醫生。

——佩吉（Ch. Péguy），《續論金錢》（*L'Argent, suite*）

一本「要燒掉的書」?

un « livre à brûler » ?

　　將我們**身處**的社會世界當作研究對象時，我們勢必會以可說是
戲劇化的形式遭遇到某些基本的認識論難題，它們都涉及實用認識
及學術性認識之間的差異，尤其與一個特定爭議有關，那就是和內
在經驗**決裂**，以及重建因此一決裂而取得的認識。我們知道，過度
接近或過於保持距離，都是科學認識的障礙，要建立這種曾斷裂與
修補過的鄰近關係是很困難的，需要針對研究客體和主體進行長期
的努力，才能整合所有我們身處其中者才知道的一切，以及所有因
我們身處其中而不能或不想知道的一切。試圖傳遞研究客體的科學
認識時（尤其是以書寫形式傳遞），我們也許不太清楚會出現什麼
問題，特別是**舉例說明**時會出現的問題。「舉例」這種修辭策略通
常是用來「使人理解」的，卻同時鼓勵讀者汲取自身的經驗，在閱
讀時悄然加入不被核對的資訊，這就幾乎不可避免地將應該會與平
常認識（connaissance ordinaire）相對立的科學建構降至平常認識的
層面。[1]同樣的，我們只需提出專有名詞（在一個以「產生一個名
稱」為關鍵議題之一的世界裡，如何能完全放棄這麼做？），就能
促使讀者將被建構的個體，簡化為一個被混淆理解的具體個體。這
個被建構的個體就像這樣地只存於異同關係的理論空間裡，這個異
同關係指的是屬性被明確定義的總體，和根據相同原則而被定義屬
性特徵的其他獨特總體之間的關係。

　　但是，想要竭盡全力排除所有可能影響日常邏輯運作的符號，
是徒勞無功的。那些流言蜚語、讒言或汙蔑、誹謗和抨擊小冊子在

今日很輕易就偽裝成分析，竭盡利用所有的軼聞、挖苦、字詞，只為了傷害或炫耀；我們應該像此處一樣，有條不紊地放棄提及大家耳熟能詳的軼事（也就是大學人士和新聞界之間公開的關係），毫不談論歷史學家認為有責任發現的、有關家族的或其他的隱密關係。因此，我們無疑難以避免可能的**揭露**行動，而讀者實際上是要為此負責的：讀者在閱讀時，多少會有意識地填補分析的空白之處，或僅是單純地「如同我們所說，想到他本身的例子」，進而轉變了科學調查被特意審查之用法表述的意義和價值。由於社會學家無法寫下他知道的一切，而他那些最急於揭露其「揭露之事」的讀者通常也比他更瞭解情況（但是是以另一種方式），因此社會學家冒著「似乎迎合了最可靠的論戰策略」的風險，例如影射、暗示、含蓄之詞、言下之意等學術修辭特別鍾愛的手法。但是，這個被社會學家簡化的無專有名詞之歷史，不會比敘述個別行動者各種行為與事實的軼聞更符合歷史真相，無論這些行動者是否著名，這種軼聞敘述都是新舊歷史極為關注的：只有透過個人關係顯而易見的偶

1｜對此，我有完全意識到這個難題。當我在分析中有意識地排除了所有的「軼聞」資訊、甚至是「消息靈通圈子」裡最著名的軼聞，也就是連新聞界或評論界都迫不及待要揭露的資訊，我的多位首批讀者就曾對此要求我「舉幾個例子」。

然性，場域的結構性需求才能發揮影響。這些個人關係奠基於在社會層面經過規劃的相遇和往來巧合，以及被體驗成親切或厭惡的相似慣習（habitus）。想要充分利用歸屬關係的固有優勢（這種關係能讓我們透過客觀調查技術及熟悉感的內在直覺，將取得的資訊累積起來），來表明與驗證我相信的真正歷史行動邏輯和正確的歷史哲學，**就社會層面而言是不可能的**，對此我們怎能不感到遺憾？

以此，社會學認識永遠都有可能被「與當事人有關的」閱讀拉回第一印象，這種閱讀著眼於軼聞趣事和個人細節，再加上沒有抽象形式主義的制止，就會將學術用語和日常用語共用的字詞簡化成平常意涵。這種幾乎不可避免的部份閱讀會造成一種錯誤的理解，原因是對用來定義科學認識的一切（亦即解釋性系統的結構）一無所知：它打亂了科學建構的成果，混雜了已經分開的事物，特別是被建構的個體（無論是個人或機構，都只存於科學研究制定的關係網絡內），以及直接屈服於平常直覺的經驗式個體；它讓所有能將科學客觀化從共同認識和半學術性認識中區分出來的一切都消失了。這種半學術性認識就像我們可在大多數對知識份子的評論（比較像是被矇騙者，而非釐清真相者）中所見，幾乎都是所謂的「忒爾西提斯觀點」（point de vue de Thersite），就像莎士比亞（Shakespeare）戲劇《特洛伊羅斯與克瑞西達》（*Troïlus et Cressida*）裡愛忌妒的小士兵忒爾西提斯，喜歡猛烈抨擊各將領；或是更貼近歷史現實的「馬哈觀點」（point de vue de Marat）──我們

都忘了馬哈^{譯註1}也是（而且首先是）一名蹩腳的物理學家。[2]因憤恨而激起的**簡化**會造成只有部份理解，導致天真的目的論歷史觀，這種觀點無法探究隱藏在實踐中的原則，而是執著於揭露那些顯然要負責任者的軼聞，最終誇大所謂事跡敗露之「陰謀者」的重要性，並讓他們成為所有（而且首先就是在其本身的偉大性中）被討厭之行為的自欺欺人主體。[3]

此外，那些遊走於學術性認識與共同認識之間的評論家、新聞工作者、記者型學者、學者型記者，都非常想要模糊這條界線，並極力否認或消除能區分科學分析及局部客觀化的一切，這些局部客觀化將實際上涉及整個場域結構的影響歸咎於個人或壓力團體，例如電視上的文學節目主持人，或是與《新觀察家》週刊（*Nouvel*

---

2 | 參見C.C. Gillispie, *Science and Policy in France at the End of the Old Regime*, Princeton, Princeton University Press, 1980, pp. 290-330.

3 | 特別是，我們還可以引述這個脈絡的新進者艾爾維・顧多-貝嘉里（Hervé Coutau-Bégarie），他對年鑑學派（École des Annales）的分析最能赤裸裸地表露出，知性上的排除因省級距離而加劇，並激起被抑制的暴力：「因此，新史家提出了一項**始終一貫的計畫**，並在意識形態上**適應了預留給這項計畫**的公眾……。這種擴張解釋了新史家的成功。他們接著就能**著手征服**出版社和媒體，**目的是**取得赫吉・德布雷（Régis Debray）所謂的『社會能見度』」（H. Coutau-Bégarie, *Le phénomène nouvelle histoire*, Paris, Economia, 1983, pp. 247 et 248）。

Observateur）有關係的高等研究實用學院（*École des hautes études*）成員：他們只需要讓自己沉浸在單純好奇的閱讀之中（這種閱讀會依世俗八卦或文學抨擊小冊子的邏輯來解釋各種例子和個案），就可將科學特有的系統性、有條理的解釋模式簡化成最常見的論戰式簡略手段，這就是因人廢言的特定解釋。^{譯註2}

本書附件關於賦予新聞界名聲的過程分析，旨在闡述每一項個人揭露的天真性，這些揭露看似將這場遊戲（jeu）予以客觀化，實則完全參與其中，因為它們試圖讓這場遊戲中所處位置的相關益處能得利於此一分析：文學排名技巧的主體並非極具影響力、有能力的個別行動者（agent）──在此以貝爾納・畢佛（Bernard Pivot）為例^{譯註3}，也不是特定組織（電視節目、雜誌），甚至不是能左右文化出版場域的新聞界，而是構成此一場域的所有客觀關係，特別是為了生產者的生產場域和大量生產的場域之間的客觀關係。科學分析得出的邏輯遠遠超越最明智、最有力之行動者（被認定為「要負責任者」）的個人或集體意圖和意志（陰謀）。也就是說，最大的錯誤就是從這些分析中汲取論點，以便在每一行動者皆參與的客觀關係網絡中卸責。不同於那些想要在所謂命運的社會法則陳述中，為以坦然或憤恨的心態而放棄來找尋藉口的人，我們

必須記住，提供理解、甚至辯解方法的科學解釋，也能讓我們用來改變。進一步認識統御著知識份子世界的機制，不應該（我故意使用這些含糊的語詞）導致賈克·布弗萊斯（Jacques Bouveresse）擔心的現象：「讓個體解除了尷尬的道德責任重擔。」[4]相反地，它應該讓個體在真正的自由之中承擔起責任，堅拒任何會向社會需求妥協的懦弱與鬆懈，使其面對自我與他人時，能對抗機會主義者的冷漠態度或看破一切的因循守舊（否則就會讓社會世界予取予求，包括所有對微不足道之小事的順從奉承和屈從同謀）。

我們知道，沒有一個團體喜歡「告密者」，尤其是當這種違犯或背叛也許能宣揚告密者最崇高的價值。但如果客觀化的對象是外部的敵對團體，他們必然會稱讚這項舉動「勇敢」或「明智」，而且會質疑分析其所屬團體的人所追討的具特殊洞察力之證據。巫師的學徒冒險追尋在地巫術與崇拜，而非前往遙遠的熱帶地區尋求使人心安的異國魔法，他應該能預料到，他引發的暴力會反過來對抗

---

4 | J. Bouveresse, *Le Philosophe chez les autophages*, Paris, Éd. de Minuit, 1984, pp. 93 sq.

他。卡爾・克勞斯（Karl Kraus）^{譯註4}的例子可用來陳述一項法則，那就是由於客觀化的應用對象在社會空間中較為遙遠，客觀化就變得更有可能在「同屬圈子」中被讚許和頌揚為「勇敢的」；如同他在創辦的雜誌《火炬》（*Die Fackel*）創刊號中表明的，那些拒絕遠距評論帶來的樂趣和易得利益者，將心力放在被視為神聖的周遭環境上，必須預期會受到「主觀上的迫害」的折磨。也因此，我們採用中國異端思想家李贄^{譯註5}的著作《焚書》作為章節標題，這是他為了揭露學術權威遊戲規則的自毀式作品而起的稱號。我們並非要挑戰那些將會被視作褻瀆攻擊其信仰之作品送上火柱的人，不過這些人會迅速反擊所有的公開焚書之舉（auto-dafé）[5]，我們只是說明洩漏小團體祕密時會出現的矛盾，但是只有當最隱私之事（即使只有部份）的發表也帶有某種公開懺悔，此一矛盾才會顯得那麼痛苦。[6]

　　社會學無法讓社會學家幻想自己是解放英雄：儘管如此，社會學家可以動員所有可用的科學研究成果，試圖將社會世界客觀化，而非像有時宣稱的那樣，訴諸還原式暴力或極權帝國（特別是當研究對象想要進行客觀化、但不想被客觀化的時候），因此他提供了自由的可能性；他至少可以期盼，他那充滿學術熱情的論述對他人而言，就像於他一樣，是一個社會分析的工具。

建構的工作與其效應

我們透過各種無法與智識及「時間」分割的特定投資來聯繫這個世界，面對研究這個世界時會遭遇的的挑戰，我們首先只想到逃跑：由於想要避開所有可能的偏見，導致我們努力抹除身為「相關的」或「有成見的」主體身份（此一主體首先會被懷疑以科學為武器來追求個人利益），甚至援引最去人性化、最自動的程序來廢除認知主體的身份——至少就「正常科學」的邏輯而言，這是最不容置疑的程序。（例如**辭職**，這種表態方式經常用來支持超經驗主義的選擇；還有被科學中立主義掩飾、具特定意義的真正政治野心，它意圖透過科研工作並以科學之名俐落解決混亂的爭論、自稱為仲裁人或裁判，並自行否定了參與場域的主體身份，只為了以無可指責的超驗客觀主體之姿在「激烈的論戰以外」突然重現。）

5｜藉由某種或許是有默契的象徵性公開焚書之舉，卡爾・克勞斯在世時，整個維也納新聞界都對其《火炬》保持最絕對的沉默。

6｜我們知道，佛洛伊德（Freud）視《夢的解析》（*L'interprétation des rêves*）為其最重要的科學著作，這本書在明顯的科學論著邏輯下，妥藏了一個透徹的論述，佛洛伊德透過一系列的個人夢境，分析他與父親、政治及大學之間錯綜複雜地混合的關係。特別參見Carl E. Schorske, *Fin de Siècle Vienna, Politics and Culture*, New York, Alfred A. Knopf, 1980, pp. 181-207 (*Vienne fin de siècle, Politique et culture*, trad. Y. Thoraval, Paris, Seuil, 1983, pp. 117-196)。

　　我們無法逃避建構客體的工作與相關責任。沒有任何客體不帶有某種觀點，即使是要用來消除觀點（亦即偏見）、超越局部視角（與在被研究空間中所處的位置有關）的客體。但是，透過強迫解釋並將日常經驗隱含的準則予以形式化，研究的舉動就讓我們有可能在邏輯上控制其自身的預先假設。事實上，不言而喻的是，以數年為一期限的持續選擇（舉一九六七年文學院暨人文科學學院的權力結構調查為例），雖然能讓我們確認可標明他們的相關屬性世界（亦即最「有權勢」或最「重要」的大學人士），以確定研究個體的名單，卻不具備完善的認識論透明性和完整的理論清晰度。[7]只有從未進行實證研究的人才會相信或假裝不相信，這種連續操作的隱晦性（其中一部份是所謂的「直覺」，亦即對直接相關客體的前科學認識，類似客體之學術性認識或多或少可控制的形式）並非實證研究無可取代之生產力的真正來源（而且我們不確定這點）：在「使之毫不完全知曉自己在做什麼」的情況下採取行動，就有機會在我們所做之事中發現不曾意識到的東西。

> 學術建構來自於不同指數漫長而艱困的累積，對這些指數的採用則與不同權力位置（例如大學諮詢委員會、高等教師資格審查會）、公認的「有權勢者」、甚至是通常被指定或宣布為權能指數的屬性等實用認識有關。因此，對「有權勢者」和權力「相貌」大致且全面的理解，會逐漸

來自一系列對掌權者和不同權力形式的鮮明特色分析，而且隨著研究的進行，其意義和重要性會藉由將它們聯繫起來的統計關係而變得明顯。某些「認識論決裂」（rupture épistémologique）的「原始」表述會讓人以為，與原始直覺的決裂是某種同時開始與結束的行動結果。但遠非如此。與原始直覺的決裂是漫長辯證的結果，在這過程裡，於實際操作中獲得發展的直覺會自我分析和控制，產生更熟悉狀況的新假設，這些假設將因其帶來的困難、匱乏、期許而被超越。[8]研究邏輯由各種大大小小的困難交織而成，這些困難迫使我們無時無刻都要詢問自己正在做什麼，並藉由提供解答的開端（這能帶來更深刻、更明確的新問題），讓我們越來越瞭解正在追尋之事物。

---

7 | 第三章對此一組成人口的建構原則有一詳盡的描述。第二章描寫的是有代表性樣本的特色，這些樣本是分析所有學院（藥學院除外）的基礎。這兩項調查使用的資料來源皆載於附件一。

8 | 萬分遺憾的是，我沒有保留**研究日記**，然而相較於任何論述，研究日記更能彰顯經驗式研究在逐漸與原始經驗決裂時所扮演的角色。但是閱讀所使用的資料來源清單（參見附件一）應該至少能說明資料的蒐集是經過考核的，而這是日常經驗與學者認識之差異的最主要原則。

但是，滿足於這種「博學的無知」（docte ignorance）是非常危險的。我也認為客觀化的科研工作，其主要優點在於能讓我們將「客觀化」予以客觀化——當然，只要我們知道如何分析結果。事實上，對於關心其所作所為的研究員來說，作為分析工具的代碼變成了分析對象：透過自省，編纂工作的客觀化成果變成可立即辨識的對象建構行動、用來建構數據的框架、或多或少嚴謹的知覺類型系統，這些類型產生了科學分析的對象，在此指的就是「重要大學人士」與其屬性的世界。採用的屬性群集包含各種準則（或屬性），這些準則除了**專有名詞**這個最有價值的屬性（若涉及的是一個響亮的名字），實際上都可在日常實作中用來**辨識**、甚至分類大學人士（這是可證實的，因為它們多半是公開資訊，主要來自正式的自我介紹）；屬性群集也具備學術場域實踐經驗的一系列特徵，這些特徵被視為相關的，因而構成了分類屬性。

對編碼程序的反思，讓我們發現可將被建構之代碼從實際及隱含的慣常知覺模式裡區分出來的一切——這些被建構的代碼通常只重複已獲得社會確認的編碼，例如學校文憑或法國國家統計局（INSEE）列出的社會職業類型；此外還可發現「為充分理解科研工作與其對象，而意識到此一差異」的含意：事實上，若所有（無論是資訊理論或是法律方面）的代碼，都意味著一致認同相關的有限屬性群集——韋伯（Weber）曾說，司法表達形式「唯獨考慮此案件明確的一般特徵」——以及這些屬性之間的所有形式關係，那麼沒

有區分「科學編碼重拾社會現實中既存之編碼」以及「科學編碼重新制定一套新準則（假設其妥適性已解決，因為它可能是衝突的關鍵議題）」這兩種情況，就非常嚴重了，更普遍來說，無視於「編碼的社會條件和影響」這個問題，並非無關緊要的：事實上，所有屬性中最重要的一項，就是其編碼程度（但若我們混合了研究員建構的準則和社會認可的準則，就會使之消失），就像場域裡最具意義的屬性，即為社會關係在公共代碼中的客觀化程度。

事實上，很顯然的是，為建構不同大學人士身份而採用的各種屬性，在日常經驗中非常不均地用於辨察和衡量上述行動者的預先建構特性，這些屬性的客觀化程度尤其極為不均，因此在書面資料來源中也十分不均等。「可在正式文件中識別出來的制度化屬性」和「甚少或沒有客觀化的屬性」，這兩者之間的界線相對模糊，會依境況和時代而改變（例如科學準則、社會職業類型，這在某些政治局勢中都有可能成為實用準則）：因此，透過減少客觀化程度和官方色彩，我們原本在自我介紹時（例如正式信箋、身份證、名片等等）會使用這些頭銜作為學術職稱，例如「索邦大學（Sorbonne）教授」，或是作為權力位置（「院長」）或權威地位（「法蘭西學院成員」），爾或是學術身份如「巴黎高等師範學院（ENS）校友」，

這些人盡皆知且獲得承認的官方參照詞彙通常會伴隨各式稱謂語（「教授先生」、「院長先生」等等），但現在我們轉而使用雖然已經制度化、但甚少用於官方日常分類的屬性，例如實驗室主任、大學高等審議會成員或精英學校（grande école）競試評審團成員^{譯註6}，我們也會使用外國人通常難以理解的標誌，這些標誌定義了所謂的「威望」，也就是在知識份子或科學分級中的位置。在這種狀況下，研究員會不斷面臨抉擇：要麼引入多少有點人為、甚至專斷（或至少總是有可能被視為如此）的分類，要麼忽略等級分類（這些分級雖然未被客觀化、不公開、非官方，卻一直被提及並影響到客觀性本身）。事實上，我們隨後會看到，這也適用於所有的準則，即使是最「不容置辯的」準則亦然，例如純粹「人口學的」指標，這些指標讓使用者將他們的「科學」視為自然科學。[9]但是，我們在選擇「智識威望」或「科學威望」指數（較不被客觀化的相關屬性）時，想到是準則問題，也就是合法成員資格和分級化的原則，更準確來說，是權力與其定義和分級化原則的問題，研究員針對其對象提出的這些準則問題就存於**對象本身之中**。

以此，建構對象的工作界定了有限的**相關屬性**群集，這些屬性

被假設為**有效變數**，其變化與我們觀察到的現象變動有關；對象的
建構同時定義了**被建構個體**的人口，這些個體的特徵是擁有上述不
同程度的屬性。這些合乎邏輯的操作產生了一系列的效應，我們必
須加以說明這些效應，否則就會在無意中以肯定的形式記錄之（這
是客觀實證主義的主要錯誤）。首先，如同前述，非客觀化者（例
如科研威望）的客觀化相當於具備司法性質的官方化效果：因此，
以引文數量來建立國際名聲的分類，或是制訂參與新聞界的指數，
這些舉動完全類似場域中的排行榜製造者所作所為。[10]在屬性受限
的情況下，此一效應不容忽視，這些屬性被正式或有默契地排除在
所有官方及制度化、或甚至非官方或非正式的分類法之外，例如宗
教歸屬或性傾向（異性戀／同性戀），儘管這些屬性可能介入實際
的判斷，而且與實際觀察到的可見變動有關（無疑地，當我們指出
社會學調查研究的「警察」特徵，我們想到的正是此種資訊）。

9 | 我們必須深入考證取得國籍的效應，特別是人口學部份，因為它讓部份參數（年齡、性別
或甚至婚姻狀態）、某些未以其他過程形式操弄這些參數的研究，看起來具備絕對的「客觀
性」外表。更廣泛而言，而且毫不希望挫敗了旨在將歷史學化約為生物學、地理學或其他性質
之研究的強制性重複，我們是應該要描述此一去歷史化效應在每一門社會科學中所採取的形
式，從民族學（當它像個自然科學學門一樣地著重於口語類比）到歷史學本身（當它在土壤與
氣候這類「靜止的歷史」中尋求只不過是意外事件之歷史演變的要旨）皆然。
10 | 不能排除「科學分析本身無意中發揮了適於轉變場域平常看法」的一種理論效應。

　　為了說明學術編碼的效應，特別是現實中屬性差異極大之地位的同質化，我們只需要考慮符合不同準則之人口的**團體**存在模式和程度，這些準則從年齡、性別（儘管女性主義意識抬頭及運動興起）到總體分類都有，例如巴黎高等師範學院校友或取得高等教師資格者，這是兩種非常不同的集體存在模式：「巴黎高等師範學院校友」此一頭銜是實際團結的媒介，有最低程度的制度支持，例如校友協會、通訊錄、同屆之友餐會；高等教師資格證書並不是與共同經驗有關的真正實際團結，而是高等教師協會（Société des Agrégés）的媒介，此一組織旨在捍衛該證書的價值及相關的一切，有權力代表整體發聲與行事、表達與捍衛其利益（例如與當權者協商）。

　　簡單編碼的制度化與同質化、不加區分就賦予認可不一致之準則的基本認可形式，這些造成的效應就像法律一樣，而且是在研究員不知情的狀況下運作，導致研究員「以科學之名」對現實中未被定論者做出結論：事實上，我們實際對不同屬性的認可程度，會依行動者（以及情境與時期）而有非常不同的變化。某些人可能會展現並公開聲明的屬性，例如為《新觀察家》週刊寫作（這並非是虛構的案例），對另一些處於同一世界、但位置不同的人而言卻是一種烙印，會被排除在世界之外。像這種完全倒置的情況，例如甲的顯貴頭身份對乙而言可能是恥辱記號，丙的徽章對丁來說則是侮辱，反之亦然。這些都在提醒我們，學術場域就像所有場域一樣，

是一個為確定合法成員資格與分級條件和準則而戰的地方，也就是
要確定效的相關屬性，這些屬性能像資本一樣，會產生場域確保的
特定利益。與此有關的，還有由這些不同準則來定義的不同個體群
集（或多或少會以團體形式組成）。他們會公開聲明這些準則，努
力使之獲得認可，表明有意將它們建構成合法屬性以作為特定資
本，力圖修改學術市場價格特徵的形成法則，並藉此增加其獲利機
會。

　　因此，客觀性內存有多種競爭性的分級化原則，這些原則所
決定的價值不相稱、甚至不相容，因為它們涉及了利益衝突。我
們不能像著迷於指數的那些人一樣，混淆了參與大學諮詢委員會
（CCU）或高等教師資格審查會、由伽利瑪出版社（Gallimard）
出書或為《新觀察家》週刊撰文等這些事。混合這些指數的錯
誤學術建構只會再製造出有爭議的混合體，成為「大學教授」
（mandarin）半學術性使用的概念。許多準則被科學建構當作認識
與分析的工具，這些都是看起來最中立、最「自然」的準則（例如
年齡），也是實作中的分化與分級化原則（想想通常會有爭議的對
立式分類，例如老／少、古代／近代、舊／新等等），因而也成為
鬥爭的關鍵議題。這意味著，除非我們也把研究員的分類舉動、此
一舉動與行動者（以及未直接參與研究的研究員）致力分門別類之
間的關係當成對象，否則我們無法避免將分類鬥爭中產生的表述當
作是學術場域的真相，這些表述或多或少都會被合理化，尤其是學

術界自己賦予的半學術性表述。

　　其實，由於沒有明確區分這兩種邏輯，因此在這個領域裡（如同在其他領域中），社會學經常試圖以「類型學」之名，提出混合了原生標籤（通常更近似於烙印或侮辱，而非概念）及「學術」觀念（以或多或少熟悉情況的分析為基礎）的半學術式分類學。這些「類型學」由數個典型人物組成，它們就像道德學家描述的「特性」，無疑皆來自熟悉的原生經驗，或是多少有爭議的範疇，但實際上並不具體；再者，雖然它們使用美國*social scientist*的行話，例如*local*或*parochial*及*cosmopolitan*^{譯註7}，但這些「類型學」也沒有真正被建構出來。作為現實主義者的意圖產物，也就是描述「典型」個體或團體的意圖產物，它們毫無秩序地結合了不同的對立原則，並混合了各種跟年齡、與政治權力或科學之關係等等一樣雜亂的準則。例如，阿爾文・W・古德諾（Alvin W. Gouldner）依據對機構的態度（英文為*faculty orientations*）、對專業技能的投入、對內或對外的取向來區分*the locals*（包括「對機構十分忠誠的」*the dedicated*、*the true bureaucrat*、*the homeguard*與*the elders*），以及*the cosmopolitans*（包括*the outsiders*和*the empire builders*）[11]；或者根據柏頓・克拉克（Burton Clark）的分法，依不同的「文化」代表，區分出*the teacher*（奉獻給學生）、*the scholar-researcher*（「完全埋首於實驗室的化學家或生物學家」）、*the demonstrator*（致力傳遞技術技能的訓練員）、*the consultant*（「花在飛機上的時間跟待在校園裡的時間一

樣多」）¹²；最後還可舉約翰・W・古斯塔德（John W. Gustad）分出的六大類型為例，包括the scholar（「不認為自己是僱員，而是學術圈內的自由公民」）、*the curriculum adviser*、*the individual entrepreneur*、*the consultant*（永遠不在校園內）、*the administrator*以及*the cosmopolitan*（外部導向）¹³。我們還能以這種方式繼續研究下去⋯⋯。

我們幾乎沒有必要指出所有的辱罵性概念、半學術性刻板印象（例如jet sociologist）轉變成半科學「類型」（consultant、outsider）的例子，也沒有必要陳述所有在被分析空間中背叛分析者立場的微小指數。事實上，這些類型學之所以有某種可信度，那是因為它們是對象世界所使用的分類模式產物，它們藉由類似慣常直覺運作的**真實劃分**，出自被簡化成大學教授人口的客觀關係世界，阻止我們去設想學術場域原來的樣子，以及在不同歷史時期和國家

11 | A. W. Gouldner, Cosmopolitans and locals: toward an Analysis of Latent Social Rules, *Administrative Science Quarterly*, 2, décember 1957, pp. 281-307.

12 | B. Clark, Faculty Organization and Authority, in T. F. Lunsford (éd.), *The Study of Academic Administration*, Boulder, Colorado, Western Interstate Commission for Higher Education, 1963, pp. 37-51 et Faculty cultures, in *The Study of Campus Culture*, Boulder, Colorado, Western Interstate Commission for Higher Education, 1963.

13 | J. W. Gustad, Community Consensus and Conflict, *The Educational Record*, 47, Fall 1966.

社會中，將它與權力場域、知性和科學場域聯繫起來的關係。可惜的是，這些產物太常見，而且完全代表我們通常會賦予社會學的東西，如果它們值得我們留意，那是因為透過重新翻譯成它們操作的學術形式語言，可以讓我們（而不僅僅只是其作者）相信它們提供了更高階的認識和現實，然而最終它們能提供的，還比不上一名優秀資訊提供者的直接描述。看法和劃分原則──尤其是為了實作需要而被使用的看法和劃分原則──一種被掩蓋之應用所孕育的分類就像維根斯坦（Wittgenstein）說的，「事實上類似我們依據形狀來分類雲」[14]。但這些表述通常只是表面的，這些沒根據的描述和科學性的外觀，都有自己的普遍經驗邏輯，它們都比科學結構更能滿足共同的期待。這些科學結構直接觸及個案的複雜特殊性，遠離了日常語言系統或其半學術性重譯所賦予真實的最初表述。

以此，社會科學無法自絕於共同準則及分類，也不能擺脫身兼關鍵議題和工具的鬥爭，除非社會科學明確將它們視作目標，而非讓它們悄然進入科學論述裡。社會科學必須研究的那個世界就是客體，以及至少有部份是競爭性（有時是敵對）表述的產物，這些表述都聲稱握有真相、甚至存在的權利。對社會世界所採取的任何立場，都是依在此一世界的確定位置來安排與組織的，亦即從「如何維持及提高此一位置之權力」的觀點來看。一個像學術場域這樣的世界，實際上取決於行動者賦予的表述，因此這些行動者可以利用多元分級化原則與象徵性資本的低度客觀化，透過修正他人（及他

們自己）對此一位置的表述，在其象徵性權力內試圖強加其看法，修改他們在空間中的位置。就此來看，沒有什麼比前言、開場白、引言或序文更像是揭露者的了，它們在方法論上不可或缺的方法學前提表象下，通常藏有或多或少狡猾的企圖，想要將必然性、特別是位置和歷程的固有限制轉變成科學效能（vertu），同時將無法獲得的效能從其魔力中除去。以此我們將看到，被我們往往說是「狹隘的」博學者（他也知道這一點，因為我們無疑已在極其委婉的學術評斷語言中，用千種方式向他宣稱過無數次，首先或許就是透過僅賦予他「認真者」之名的學術評判），致力於讓「才華洋溢的」小說家和「野心勃勃的」理論家失去影響力；至於小說家和理論家，他們會使用反義修辭來讚美為其反思提供「珍貴材料」的淵博學識，而且只有當他們真的感覺霸權地位受到威脅，才會公開蔑視「實證主義」書呆子小心眼、貧乏的謹慎。[15]

14 | L. Wittgenstein, *Philosophische Bemerkungen*, Oxford, Blackwell, 1964, p. 181, cité par J. Bouveresse, *Le mythe de l'intériorité*, Paris, Éd. Minuit, 1976, p 186.

15 | 我們侷限在這些因過於「純化的」而有點不真實的案例，那是因為我們無法披露一定會成為爭議的案例研究，然而只有這些研究才能展現最典型的「自我正當化」此種修辭策略，並指出所佔位置在學術場域及專業化子場域的類似和特定特色，通常會以極度委婉的方式表達出來，儘管對知情者來說這完全是顯而易見的。

簡言之，如同我們在論戰（這是一種持續的象徵性競爭的最重要部份）中所見，社會世界（特別是對手）的實用認識遵循的是**簡化**；實用認識使用分類標籤，這些標籤指出或標出被混合理解的各種團體和屬性群集，並不侷限於其自身原則的認識。我們必須完全無視此一邏輯，才能預期有某種像「法官」的技術能避開「哪些機構能使合法化機構獲得合法化」此一問題——這項技術包括就討論中的問題（例如定義學術權力或威望分級的相關準則），向一群被視作專家的行動者提出諮詢。事實上，只需驗證此一技術，就能知道它是否能**再生產**它應該要仲裁的遊戲邏輯：不同的「法官」（以及不同時刻的同一「法官」）使用不同的、甚至不相容的準則，以此再生產行動者於日常生活中產生的分類判斷邏輯，但方式並不完美，因為是**在人為的情境下**。然而最重要的是，密切關注到「所選類型」和「制訂類型者之屬性」這兩者間的關係，這彰顯了我們預料到「法官」的選擇準則，也就是預料到他們在空間（於此一研究階段中尚未知曉）的位置（作為其評判的根源），從而預料到所得到的判斷的性質。

這是否意味著社會學家別無選擇，只能使用技術性和象徵性的科學力量，讓自己成為評判者的法官並強加某種評判，而這種評判永遠無法完全超越與其在場域中之位置有關的假設和偏見（但他想要客觀化這個場域）？或者社會學家只能放棄客觀主義式絕對主義，轉而滿足於以觀點主義的角度記錄（包括他自己的）各種對峙

觀點？事實上，面對有影響力的社會決定論，「自由」與其客觀化的理論技術工具之威力成正比，尤其是（或許）與透過這些工具將他自己的位置予以客觀化（可以說是對抗自己）的能力成正比，在這個被客觀化的空間內，其位置、對此位置和各種相對位置的看法都受到界定；同時成正比的還有將「客觀化意圖」予以客觀化的能力，以及對世界（尤其是所屬世界）採取絕對至上觀點、努力從科學客觀化中排除所有可能來自「以科學為武器來統治」之野心的一切；與之成正比還有將客觀化的努力導向各種秉性及利益（研究員本身將之歸功於其歷程與位置）的能力，導向其科學實作的能力，導向對概念和提問、對每個倫理或政治目的（與科學場域之位置固有的社會利益有關）投入預設的能力。[16]

　　當研究的對象是研究發生的世界本身，它獲得的成果能即刻再投入科學研究裡，作為此項研究的條件與社會限制的反思性認識工具，而這是認識論上的警惕的主要武器之一。其實，或許只有使用能取得的科學，才能讓對科學場域的認識獲得進展，以便發現和

16｜歷史法則中心主義者（historiciste）或個人免責、系統主責主義者（sociologiste）的相對主義，以研究員融入社會世界為由，質疑其取得一種超越歷史界線真相的能力，他們幾乎總是忽略了科學場域的融入及相關利益，因而否定了所有掌控特定媒介的可能性（所有的決定論都是透過此一媒介而被施行）。

克服實際上在場域中佔有確切位置的科學障礙，而不是為了將對手的**理由**化約成**原因**、社會利益。這些都讓我們相信，從研究的科學品質來看，比起看到自己的旨趣，亦即他有興趣看和不看的東西，研究員較無興趣看到他人的旨趣。因此，沒有任何道德主義上的懷疑，我們可以進一步表示，只有放棄社會利益、尤其是提防為了試圖在科學場域中取得社會勝利而利用科學或科學效應的企圖，才能在這種情況下取得科學收益。或者也可以說，只有放棄將科學當作權力工具，我們才有機會為權力科學做出貢獻，首先就從科學界開始。

　　尼采（Nietzsche）的系譜學、馬克思主義對意識形態的批評、知識社會學，這些完全合法的程序意在將文化生產與社會利益聯繫起來，但它們也最常被誤導，因為會受到「在鬥爭中使用鬥爭科學」企圖的雙重手法影響。這種社會科學（或它可能賦予之權威）的非法使用可在雷蒙・布東（Raymond Boudon）的一篇文章中找到極具代表性的天真典範，他對法國知識分子場域的一種科學分析，給予了「在科學之外的」（extra-scientifique）成就的揭露，該成就（很糟地）掩飾了一種「使晦澀難懂成為美德」的*pro domo*辯護（按：pro domo為拉丁文，「為自己」之意）[17]。一個不對其表達立場有任何批判性回顧的描述，除了

關注「分析者及其對象之間的未被分析關係」，不會有其
他原則。因此我們無須訝異，若論文的基本論點只是一種
社會策略，意在非難並反對國內的名聲分級，這種純屬法
國式的分級與自動被視作過時的「獨特性」及本位主義
有關（並帶有文學精神的主題），心照不宣地被認定不同
於唯一符合科學的國際分級，它因而是在科學之外的，並
被拿來與所謂科學（因為具國際性）的美國分級制度作比
較。[18]值得注意的是，這種唯科學主義立場並沒有任何的
經驗驗證。這將迫使我們發現（例如我們將看到的），一
大部份支配我所謂的「場域」或「有限市場」[19]——也就
是雷蒙·布東（他一直很關注科學性的外部符號）未提供
參考來源而命名的「第一市場」（Marché I）——的生產

17 | 參見R. Boudon, L'intellectuel et ses publics: les singularités françaises, in J.-D. Reynaud et Y. Grafmeyer, éd., *Français qui êtes-vous?*, Paris, la Documentation française, 1981, pp. 465-480.
18 | 支持此一論述（法國式分級不同於國際分級，國際分際是唯一具科學性的，因此法國式分級是在科學之外的）的思路，其主要部份依舊處於不言明狀態，即使是在一篇具有科學意圖的文章裡亦然，這顯示了知性場域最具特色之鬥爭論戰過程的基本屬性之一：毀謗策略利用了整個團體共有的某些預設，意在動搖競爭對手的象徵性威信，這些策略或多或少是含有毀謗的影射，而這類毀謗通常也不會被完整地闡述出來。
19 | P. Bourdieu, *Le Marché des biens symboliques*, L'Année sociologique, vol. 22, 1971, pp. 49-126.

者，也是大型生產市場上最被公認的人士；我們將發現，在國內市場上，最為科學之外的領域中最被公認的研究員通常擁有高比例的作品外語翻譯，或是在絕非典型法式的《引文索引》（Citation Index）中被提及的次數極高──除了最傳統的學科，例如「文學性」不濃厚的古代歷史學或考古學。

在特定學術權力的鬥爭中，屬性是有影響力的，有效行動者擁有這些屬性的程度也不同。社會學家在建構這些有限且完整的屬性群集時，製造了一個客觀空間，這個空間被有條不紊且單義（因而是可再製）地定義，並且不能化約為行動者的每個部份再現的總和。以此，「客觀主義式」建構也能讓我們將作為客體組成部份的前科學描繪重新整合入客體的科學中，而此類建構是與首要看法及所有混合論述切割的條件，這些論述混雜了半具體和半建構、標籤和概念。事實上，我們無法區分建立大學場域結構的意向以及描述鬥爭邏輯的意向：學術場域是一個多面向的空間，建立在權力總體的基礎上，這些權力會在競爭性鬥爭的任何時刻變得有效；鬥爭會在此結構中找到其原則，這些鬥爭意在重新定義權力（準則）分級，以便保存或轉變該結構。即使在「有意動員起來的團體」及「自動團結起來的團體」這兩者之間，鬥爭並未採取有組織的團體競爭形式，但鬥爭仍是一個不容置辯的事實，這些團體表明的鬥爭

準則和屬性既是工具，也是關鍵議題。研究員必須融入他的現實模型之中，而不是試圖人為排除此一模型，並將自己定位成仲裁者或「公正的旁觀者」，自認為是唯一能產生**好的整理**、使每一事物各得其所並獲得眾人同意的最高法官。研究員必須超越客觀分類的客觀主義看法，因為其單面向與累積性指數的研究代表著一種可笑的表達，此外還要超越主觀主義的（或者更好的說法是**觀點主義的**）看法，這種看法僅限於紀錄著觀點不可共量的分級多元性。事實上，就像整個社會場域一樣，大學場域是一個分類鬥爭的地方，透過努力維持或轉變「不同準則之間」、「這些準則代表的不同權力之間」的力量對比狀態，協助創立可在一既定時刻裡客觀掌握的分類；但是，行動者對分類的描繪、他們能用來維護或破壞此一描繪的策略力量和走向，這些都取決於他們在客觀分類中的位置。[20]因此，科學研究旨在建立一種認識——同時適合於不同位置間的客觀關係、以及藉由佔位者的慣習中介而建立的「位置和相應立場之

20｜這種鬥爭可以沒被察覺，某一行動者或行動者團體的存在，可能會威脅到場域其他成員的威信（例如透過強加上某些新的思考與表達模式、有利於自己作品的評鑑準則），但並非有意識地將他們當成競爭者，更別提視作敵人了，而且不會對他們採取某些明顯的對抗策略。

間」的必要關係,也就是「在此空間中佔據的位置」和「對此一空間本身的看法」這兩者之間的必要關係──該認識具有該空間之真實與變化的性質。換句話說,科學研究透過界定這些位置所在之空間的區域所產生的「分類」,乃是分類策略的客觀基礎,行動者透過這些分類策略來維持或修正此一空間,而且我們必須在這些分類策略中納入被動員團體的組成,以確保捍衛其成員的利益。

我們必須整合客觀主義和觀點主義這兩種看法,這使得我們要將「客觀化」予以客觀化、讓理論產生理論效應。無論是從理論、倫理或政治的觀點來看,整合的必要性還有另一個無疑是基本的理由:行動者與產生功效的屬性之「客觀」空間的靈巧建構,會以分析和反思的知覺取代對「有權勢者」人口全面且混淆的知覺,因而破壞了構成日常經驗的模糊性與不確定性。「客觀地」理解我們生活的世界,卻不瞭解此一理解邏輯,也不知道它和實際理解的區分,這就讓自己無法明白是什麼造就了這個宜居且可行的世界,也就是對實際理解的含糊不清。就像交換禮物一樣,不知道自身真相的客觀主義方式讓實作成為可能的條件失去效力,亦即不瞭解能解釋實作的模型。只有客觀主義看法為還原性格所帶來的滿意感,才有可能讓我們忘記要在真實的模型中引入從經驗到客觀主義模型的距離,該距離產生了經驗的整個實際真相。

也許很少有環境會提供這麼多的自由、這麼多的機構支援本身給自我欺騙的遊戲,以及「真實再現」與「在場域或社會空間中所

佔位置之真相」的差距：對此一差距的容忍，無疑是這個環境最深切的真理，那就是准許並鼓勵**分裂自我**的每一個形式，亦即讓混淆的客觀真相與其否定面共存的每一個方式，從而讓最缺乏象徵性資本者得以在這場人人為敵的鬥爭中倖存。在這場鬥爭中，每個人都要依賴其他同時是競爭者也是顧客、是敵對者也是評判者的人，來確認其真相和價值，亦即確認他象徵性的生與死。[21]但是這些個別的防衛系統沒有任何社會效力，除非那些佔據相同或對等位置者有同謀關係，促使他們在這些攸關生死的錯誤與倖存的幻想中，意識到要努力保有亦是其自身社會存有的表達。

事實上，許多或多或少是制度化的再現與實作只能被理解成**集體防衛系統**，行動者透過這些系統，得以避免因嚴格應用被表明的科學或博學準則而引發的過度粗暴的質疑。以此，多樣的評估層面（無論是科學或行政、大學或知性的面向）提供了多種解救之道

21｜我們必須分析自發的符號學與統計學程序。透這些程序，我們可以建構在特定資本分配中所佔位置的實用直覺，特別是所佔位置之自發的或被制度化的跡象的解碼與清點；還有捍衛或否認真相的機制，例如各式各樣相互褒揚的俱樂部，以及所有的補償與替代策略，例如為雙重認同和雙重語言系統策略提供一個有利環境的大學工會主義和政策，這些策略都因使用可無限擴展的「概念」（例如「勞動者」），或是轉用了借自於工人鬥爭的措辭與思考模式而更為有利。

和卓越形式，讓每個人得以共謀掩飾大家都知道的真相。[22]科學用法表述必須考慮到分級化原則與準則的不確定性，會在客觀化本身中孕育出模糊效應：例如出版地點、國外研討會或講座的參與次數等，這些準則之所以不明確，那是因為對每一門學科來說，期刊與出版社、外國與研討會等分級都是複雜且有爭議的，而拒絕參加的人可能與未受邀者混淆在一起。簡言之，未在理論中說明分級制度的客觀不準確性，將會嚴重損害客觀性，然而這個模型的目的正是要克服此一不準確性，而其基礎就是不可或缺的科學地位指標清查。我們必須捫心自問，分級制度的多樣化、實際上不可共量的權力之共存（即科學威望和大學權力、內部認可及外部名望），這些是否都受到某種反兼任法（loi anticumul）的影響，這種法則存於結構之中，同時被有默契地當作是一種保護，用來避免毫無讓步地應用正式被公開表示之規範的後果。

我們可從此一矛盾的事實中看到另一個現象，那就是這個倚靠科學名聲的世界，實際上並未提出科學威望的制度化符號。無疑地，我們可以引用法蘭西學會（Institut de France）和法國國家科學研究中心（CNRS）的金質獎，但是前者同時注重政治倫理秉性和科學成就，而後者絕對是非常傑出的指標。同樣的，就像必須確保研究員免於特定的職業風險，我們也能理解為何有如此多科學委員會的運作類似雙邊委員會，或者為何這些策略都是大學或科學場

域中的從屬者所熟悉的，這些策略包括使用政治或工會修辭學提供的普及化能力，以便將位置的同質性當作條件的同一性，例如遵循一九六七年風靡一時的老闆、教授、父親「3P」模式^{譯註8}，或是以團結之名建立或多或少被強迫的認同，這種團結從來就不是微不足道的，它涉及所有場域中的所有從屬者，包含了雷諾車廠（Renault）熟練型工人、法國國家科學研究中心短期研究員這兩種如此兩極化的位置和立場，前者對抗的是生產節奏加速，後者則是拒絕科學準則。我們也必須有條不紊地清查所有的案例，在這些案例裡，政治化的運作就像能避開大學或科學市場特定法則的補償性策略，例如所有針對科學研究的政治批判形式，這讓在科學方面與時代脫節的生產者，能賦予自己和同類一種「超越了超越他們的人」的幻覺：要理解歷史馬克思主義的狀態（可在它構成的社會用途現實中觀察到），就必須明白它通常帶有最後手段的功能（而且總是提及「人民」和「民眾」），能讓科學上最匱乏者被建立成科學評判者的政治法官。

22｜干擾分級的因素之一在於學科的劃分，並於儘管已被分級的各學科內部，在專長方面提供了某些自主的分級。

經驗式個體以及與認識論有關的個體

若我們必須對研究操作與其產生之對象進行回顧反思，試圖釐清**已發揮的**建構原則，那是因為只要此一邏輯工作完成，就有助於強化對書寫及其效應的邏輯式暨社會學式控制，且能更有效防止有意破壞建構工作的閱讀。因為事實上，要使用索緒爾（Saussure）的用詞，就必須知道「社會學家在做什麼」，如此才能恰當地閱讀其程序的產物。

關於社會世界的科學論述的傳達中誤解的風險，十分普遍地在於以下這個事實，即讀者傾向於以日常使用的方式來陳述被建構的語言系統。我們可從以下案例清楚瞭解這一點：不瞭解韋伯式「區別」（distinction）概念的讀者，會如社會學家的價值判斷般地去領會某些屬於其研究對象的**價值參照**。[23]例如，當社會學家談到大學空間裡的「二流科系」、「被支配的學科」或「劣勢區域」，他只是觀察到一個**價值事實**，並將此一價值事實與其存在的整個社會條件聯繫起來，以便進行瞭解，他甚至能在其中見到**價值判斷**形式的解釋性原則，這些價值判斷準備要「駁斥」例如可能因誤讀而激起的抗議。但這只不過是一種次要的誤解形式，因為它明顯可見。而就像我們在專有名詞的例子中見到的，這種閱讀最危險的效應，在於以平常認識的邏輯取代科學認識的邏輯。

科學論述需要的是一種科學式閱讀，能再生產本身即為產物

的程序。然而，科學論述的字詞，特別是指涉個人（專有名詞）或機構（法蘭西學院）的字詞，完全就是日常論述、小說或歷史的用語，但是這兩種論述的參照不同，因為科學決裂和科學建構之間是有距離的。以此，在日常生活中，專有名詞僅是一種定位，也就是邏輯學家說的「指標」，其本身幾乎沒有意義，就像「居朋」（Dupont）不是指「在橋上的人」（homme du pont）[譯註9]，專有名詞在日常生活中也幾乎無法提供指涉對象的資訊（除非是貴族或名人的名字，爾或是會令人聯想到特定種族）。作為能隨意應用到任何對象的標籤，它能表明指涉對象的不同，卻無法指出差異何在；這是辨認的工具，而非認識的工具，它定位的是**經驗式個體**，通常被理解為單數、與眾不同，毫無對差異的分析。相反地，被建構的個體由明確定義的有限屬性群集予以定義，此一有限屬性群集的不同之處在於有一套可指出屬性群集差異的系統，這些屬性群集依明確的相同準則來建構，能指出其他個體的特徵；更確切而

23｜並非只有外行人才不瞭解韋伯這項如此基本的區別；「社會學家」也有可能指責文化實作分析記錄的，是被支配階級最不具正當性或不正當性的文化實作**事實**（關於對此一錯誤的批判，請參閱P. Bourdieu, J.-C. Chamboredon et J.-C. Passeron, *le métier de sociologue*, Paris, Mouton, 1968, p. 76）。

言，它並非是在日常空間中標明其指涉對象，而是在由各種差異建構的空間中標明其指涉對象，這些差異由有限的有效變數群集之定義本身所產生。[24]以此，透過科學分析處理產生的「被建構的李維史陀（Lévi-Strauss）」，與我們平日用來指明《憂鬱的熱帶》（Tristes tropiques）作者的那個名字，並非是相同的指涉對象：在日常陳述中，「李維史陀」是一個表示意義的符號，可應用到謂語（prédicat）[譯註10]的無限世界，這些謂語符合各種差異，不但能將這位法國人類學家與所有其他教授區分開來，還能將他與所有人區隔出來，而且在任何情況下，他都會因實作的需求或急迫性而強加的隱含相關性原則而存在。社會學建構不同於其他可能的建構（例如精神分析的建構），因為它考量了有效屬性與產生功效之變數的有限清單，同時還排除了屬性的無限清單（至少暫時視之為無關的）。眼睛或頭髮的顏色、血型或身高等等變數都被擺在一旁，一切就好像這個被建構的李維史陀沒有闡述這些似的。但是，如同對應分析的圖解示意圖（在此，他藉由他在一被建構空間中所佔據的位置而聞名）確實指出的，這個與認識論相關的李維史陀，其特徵是差異系統，這些差異的強度不均等，彼此間的關連也不平均，它們建立在「被考慮的理論世界中其妥適屬性的有限群集」和「與其他被建構之個體群集有關的屬性有限群集的群集」之間。簡言之，他是由他在空間中佔據的位置來定義的，其屬性有助於建構這個空間（這個空間也有助於部份定義其屬性）。與那個無窮無盡、主流

的（doxique）李維史陀不同，與認識論有關的個體不包含任何避開概念化的東西；但對自我的這種建構透明性是一種簡化的對等物，如**觀點**般的理論演進，即選擇性看法的原則，產生自「能將暫時被排除的屬性（例如精神分析學家建構的屬性）融入理論中」的類別和程序的發明。[25]

此一圖解示意圖使用的是日常空間的屬性之一（亦即要區分對象的相互外在性），以便重現理論上分化的空間邏輯，也就是能區分個體的所有分化原則（對應分析的因素）之邏輯效力，這些個體的建構有賴屬性的統計處理，而屬性則取決於應用到不同經驗式個體的共同定義，也就是具體化為一套相同準則的共同觀點。[26]最能說明與認識論有關的個體和經驗式個體差異何在的，或許就是在某一分析點上，我們可以發現有好幾對經驗式個體會被混淆，例

---

24 | 在所有這些觀點上，除了邏輯學家對專有名詞和個人化操作者的經典討論，例如羅素（Russell）、加德納（Gardiner）、奎因（Quine）、斯特勞森（Strawson），以及李維史陀在《野性的思維》（*la pensée sauvage*）裡的反思之外，我們還可看見帕里雍德（J.-C. Pariente）的卓越分析（*Le langage et l'individuel*, Paris, A. Colin, 1973）。

25 | 以此，我們可以使**行動者**（由場域中產生功效的屬性有限總體來定義）對立於事先被建構的**個體**。

26 | 關於時空關係在個人識別中所扮演的角色，請參閱P. F. Strawson, *Les individus*, trad. A. Shalom et P. Drong, Paris, Seuil, 1959, pp.1-64.

如雷蒙・波朗（Raymond Polin）和菲德利克・德羅弗赫（Frédéric Deloffre）^{譯註11}，從當下誰是分析者、誰被列入此一分析階段之變數列表的角度來看，他們**難以分辨**（他們在前兩個條軸線中有相同的座標）。[27]

　　我故意舉這個例子，為的是彰顯閱讀效應、回歸普通認識（以作為簡單辨識）之危險等問題。對圖表的天真解讀可能會讓其結構中的科學效能構成物消失：這個理論性的差異空間由有限且相對受限、定義明確之變數的群集所構成，由於這確實建構了原則，所以閱讀在此可以「找回」所有在日常經驗中親身觀察到的各種差異，這些差異最初並沒有引入作為建構用的觀點裡，例如不同的政治立場（特別是一九六八年五月風暴之時）、風格與作品的差異（這點應該要查證）。因此，所有具備實際安置感──這種安置感得自於長時間暴露在世界的規律性和規則之中──的讀者，可輕易在以非日常經驗的嚴謹和自我透明方式所構成的與認識論有關的空間中被認出，若我們忘記建構的條件，那就更容易辨認了。此一顯著感是可以理解的，只要我們意識到，圖表就像規劃完備的地圖或計畫，是我們實踐之「現實」的模型，或者更確切地說，就像現實在日常生活中以保持、標示、因違犯或屈就而廢除等等（被隱藏）的距離形式向我們展現的；或是各種分級和優先權、相似性或不相容性（在風格、性格等等方面）、同情或反感、同謀或敵對的形式；以及，以此身份，它的運作就像知覺與行動的實作模式的客觀化、**編**

碼化形式，這些模式會引導最能適應其領域內在需求之行動者的實作方向。事實上，圖表呈現的多尺度空間意在成為大學場域的一種同構再現：這是此一結構化空間的真正形象，它在每一行動者和兩個空間的每一屬性之間，建立了逐一對應的關聯性，讓行動者與兩個空間之屬性的所有關係呈現出相同的結構。本研究揭示的結構是每一元素及其操作的真正存有原則（主要是關連性的），尤其是行動者策略的存有原則，因而也是元素變化本身與關係結構（關係定義了元素）的存有原則。

經過這些分析，我們更能理解所有關於社會世界的科學論述難題，當論述直接觸及遊戲本身，而其作者發現自己介入其中並下了賭注，這就是最困難的情況了。倘若很難（或不可能）讓包含專有名詞或個別例子的陳述免於爭議，那是因為讀者幾乎不可避免地會以實作主體和客體，來取代論述中的與認識論有關的主體與客體，並將有關被建構之行動者的描述事態言語，轉化成對抗經驗

---

27 | 我們可以回到例證的難題：我們以被建構之空間內一既定區域的佔據來定義何謂「大師」，選擇李維史陀作為被建構的「大師」類別的例子，不就是鼓勵或准許讀者重新帶入某些經驗性的個體屬性，從而摧毀建構工作本身？但是，隨機選擇一被建構的個體不會有更多意涵更非是選擇了在被建構之類別的典型屬性上最完備的個體，該選擇或許代表了「理想型」觀念的最佳實現。

式個體的陳述行為告發，或者成為所謂的ad hominem（按：拉丁文，「訴諸人身」之意。）論戰。[28]書寫者在所描繪的空間中佔有一席之地：他知道這一點，而且他知道其讀者也曉得這件事。他知道讀者會試著將他提出的、經過建構的看法，與他在場域中佔據的位置聯繫起來，並試圖將此看法簡化成像任何其他觀點一樣；他知道他將在最細微的書寫差別（一個**但是**、一個**也許**，或僅是一個動詞時態）中察覺到偏見的標誌；他知道他可能無法盡全力產生不帶任何個人悸動的中立語言，他只能得到單調乏味的效果，並認為付出昂貴代價所得到只是一種自傳形式。很有可能的是，雖然認知主體努力消除自己的經驗性的主體身份、力圖隱身於其舉動與結果的匿名方案之後，但是這份努力事先就注定要失敗了：因此，使用迂迴說法，也就是以相關屬性的部份列舉取代專有名詞，除了只能確保匿名的表象，實際上就是類似某種學術論戰的傳統程序，只透過僅有編碼持有者（亦即被針對的敵手）才懂的影射、暗示或弦外之音來代表對手。因此，科學中立化有助於將此一額外的暴力訴諸論述，這是由於所有的外在暴力符號被有條不紊地消除，使得這種暴力能加入沉悶的學術恩怨論戰。簡言之，一般語詞建構的專有名詞（例如「草原蹤跡」、「黑熊」、「熊的背部脂肪」、「搖擺尾部的魚」）[29]在實作上不是分類行為（不是像李維史陀說的那樣），專有名詞的持有者並不擁有合併語詞所描繪的屬性，同樣的，迂迴說法——法蘭西學院（Collège de France）的民族學教授——也表

明了被如此描繪的**行動者**並非李維史陀**個人**，除非有明確的警示，否則幾乎只能被解讀成克勞德‧李維史陀（Claude Lévi-Strauss）的委婉措辭替代品。被建構的概念（用來指明相關位置的理論空間區域），或是在特定情況下的個體類型（透過對應分析，由被建構空間的同一區域加以定義），都有可能遭遇相同的狀況，它們或許會在閱讀中因機構部份重疊而黯然失色，例如法蘭西學院、高等研究實用學院（EPHE）、索邦大學等等，或者它們的功能就像單純的**標籤**，類似日常生活、尤其是論戰中的寫實主義先天概念，而且被「類型學」作者幾乎不加思索地重述。

　　這主要是因為嚴格使用最精細數據的分析技術（例如對應分析），意味著要能完美掌握作為其基礎的數學原理，以

28｜若我不擔心看來是迎合於自戀式的志滿得意，我就會提及「研究員的主流觀點被與認識論有關的觀點所汙染」此一問題。或者隸屬於經驗式空間實際上所提出的難題（我們設法將該隸屬進行客觀化）：例如背叛與背信忘義的勾當（看到絲毫不被看見）的感覺（這都假定並帶來了排斥）、對衝突的焦慮、以及對身體接觸（「面對面」）的恐懼——就像卡爾‧克勞斯說的：「我們隨時都會與齊格弗里德‧洛威先生（Siegfried Löwy）不期而遇。」[譯註12]——諸如此類。

29｜參見C. Lévi-Strauss, *La pensée sauvage*, Paris, Plon, 1962, pp. 229 et 23 et J.-C. Pariente, op. cit., pp. 71-79.

及因或多或少有意識地應用社會數據而產生的社會學效應，所以，儘管「發明者」提出了所有的警告，但眾多使用者（與讀者）卻無疑很難將其真正的知識論身份地位賦予被塑造的觀念，以便說明其確定的因素或區分：事實上，這些都不是嚴格定義的邏輯類別，它們沒有清楚標示的界線，其成員並不具備**所有的**相關特徵，亦即數量有限、程度相同且能確定成員資格的所有必要屬性（因此，我們無法以其他屬性來補償某些屬性）。所有聚集在同一空間區域的行動者會因維根斯坦所謂的「家族相似性」而聚集起來，這是某種共有的特色，通常類似於原始直覺以混亂、**隱含的**方式理解所得到的。複雜的統計關係網絡可以將用來表明群集特徵的屬性統一起來，這些統計關係也是**可理解之親近性**的關係（而非邏輯相似性的關係），分析者必須儘可能完整闡述，並濃縮成一個兼具速記、記憶法和聯想性的名稱。

在此，書寫的選擇會因慣常的使用而更為困難，特別會因為將「某某主義」當作標誌或婉轉辱罵（亦即通常當作指涉經驗式個體或團體的專有名詞）的傳統而更加艱難。「以概念來說明類型」因而被簡化成一個**命名**的行為，遵循的是這類操作的慣常邏輯：將一個（獨特的）名字賦予某一個體或個體群集，就像所謂的別名，

它與一般的專有名詞不同，其本身並非毫無意義，李維史陀認為它
是以專有名詞的方式在運作，也就是為其主體採取一個可能的觀
點，並企圖強迫視之為唯一的、正當的觀點。象徵性鬥爭的關鍵議
題在於能壟斷正當的命名，這個支配觀點被承認為正當觀點，在特
殊的、被定位的、被註明日期的觀點真相中被忽略了。[30] 同樣的，
為避免出現爭議性的重複，我們可考慮以多個概念來說明空間裡的
每一部份，這些概念提醒我們，根據定義，空間中的每一區域只能
在與他者的關係中加以思考與談論，同時也提醒我們，在（必須納
入理論的）實作中，每一部份根據在空間裡被理解的位置，都有不
同、甚至對立的名稱：將個體或團體對自我的稱謂（皇帝、貴族）
賦予該個體或團體，就是承認、接受他為支配者，並同意其觀點、
接受採取他自認為的完美巧合觀點；但是，我們也可以給他另一個
名字，這個被他拒絕的名字由他者（特別是敵人）所賦予，如同是
一種侮辱、汙蔑、毀謗（篡奪者）。我們亦可給他一個由官方機構
授與的正式名字，這個機構要具備國家認可的正當性，是正當象徵

---

30 | 我只想提醒那些將此一分析視為個人看法的人，在一個受到**象徵性資本**宰制的世界裡，所
有意在累積威信或損害他人威信的策略（各式汙衊、詆毀、毀謗、頌揚、批評等等）很合理地
都掌控著位置。

性暴力的壟斷者（例如法國國家統計局的社會職業類別）。在特定情況下，同時身為評判者和當事人的社會學家，幾乎不會被承認擁有此一命名壟斷權。但無論如何，他的命名都有可能立即在日常邏輯中發揮作用，若這些稱謂涉及的是讀者本身或其所屬團體，讀者就會將它們解釋成是外來的、敵對的、陌生的，因而是一種侮辱；相反地，當這些稱謂將他者（亦即out group）予以客觀化，讀者就會接受之並轉而為其所用，但仍視之為侮辱、有爭議性的攻擊。

為了對抗這類閱讀、防止將普遍客觀化的工具簡化成部份客觀化的武器，我們必須不斷合併（但會危及需要簡單、穩固稱謂的溝通）兩個部份，一方面是有系統的迂迴說法（同時完整列舉相關的屬性）或是最「大綱式的」概念，也就是從外部觀察者的角度來看，這是最能立即使人聯想到客觀區辨的關係系統[31]，另一方面是與認識論有關的多型態，這種多型態能有效表達不同的面向，在這些面向裡，與其他群集的**客觀**關係可用來定義相同的群集；別忘了還有經驗的多型態，亦即真正用來指明同一個體或團體的各式名稱，也就是個人或團體向其他人或其他團體顯現出來的多種面向，此一經驗的多型態應該可提醒我們，「力圖強加正當觀點的鬥爭」是客觀現實的一部份。[32]

我相信，我們必須有堅定的實證主義信心，才能在這些科學書寫問題中發現「文學」秉性的自滿倖存者。社會學家擔心其論述的掌控問題（亦即對其論述的接受度），迫使他必須使用科學修辭，

但是這種修辭不一定是科學性的修辭：他必須灌輸一種科學閱讀，而不是相信所讀之事物的科學性（除非這是科學閱讀的默認條件之一）。科學論述與**虛構**論述（例如小說，它或多或少會公開假裝是虛構、杜撰的論述）不同，就像約翰‧希爾勒（John Searle）指出的，科學論述說出來的就是它**想說的**，它認真對待它所說的，並願意承擔之，亦即必要時會承擔錯誤。[33]但是，兩者的差異之處不僅像希爾勒所認為的，只在於言外之意。論述的表達方式旨在表明言語陳述的主流模式屬性、使人相信所言之語的真實性，或是相反地指出這只是在假裝。清查所有的論述表達方式，無疑指出了小說可

31 | 最「大綱式的」概念有可能結合一種經驗式觀點（**小資產階級**就是如此）。在這種情況下，與認識論有關的用法和日常用法之間的鴻溝會以特別迫切的方式變得必要。

32 |《唐吉訶德》（Don Quichotte）一書有條理地使用「以一御多」（polyonomasie）這個詞，用來表達我們對同一人物可能擁有的多樣性觀點，請參閱L. Spitzer, Linguistic Perspectivism in the Don Quijote, *Linguistics and Literary History*, New York, Russell & Russell, 1962.

33 | J.-R. Searle, *Sens et expression, Études de théorie des actes de langage*, Paris, Éd. de Minuit, pp. 101-119. 在藝術和文學本身的歷史裡，每一個新的約定俗成系統都會在其真理中，亦即在像是任意的真理中，彰顯出先前的約定俗成系統。這種歷史同意了類似阿蘭‧霍格里耶（Alain Robbe-Grillet）和羅伯‧龐傑（Robert Pinget）等小說家的工作，尤其是後者的《虛偽》（*L'apocryphe*）。他們提醒小說家和讀者之間的合約有作假（特別是被表明的虛構與追尋真實之效應的共存），並將小說建立成虛構的，包括對真實的虛構在內（他的小說的真理被完成於此種虛構中）。

以援用真實性的修辭，而科學論述只能迎合用來產生科學小說的科學性修辭，表面上符合一種想法，那就是「正常科學」持有者會在任何時刻，讓社會認可的論述能回應他提出的一切。

　　若社會認可的科學性是一個極其重要的關鍵議題，那是因為儘管真理沒有內在力量，但是有一種信仰真理的力量，那就是真理外表產生的信仰力量：在不同表象的鬥爭中，社會認可的科學（亦即真實的）表象包含了自身固有的社會力量，當涉及的是社會世界，科學就會讓持有（或表面上持有）此一力量者壟斷正當觀點和自我查驗式的預測。由於科學包含了此一社會力量的可能性，所以涉及社會世界時，它**必然會遭到質疑**，它含有的攻擊威脅也一定會激起防禦策略，特別是來自暫時權力擁有者以及文化生產場域之同行與盟友的防禦，最常見的策略是將與認識論有關觀點和研究員在場域中的位置聯繫起來，並將此觀點化約成簡單的主流觀點（至少有部份擺脫了社會決定論的束縛）。但是他們忽略了，這種取消資格的策略需要承認有「定義著科學社會學」的意圖，而且只有將「科學論述」對立於「一種其限制是與其生產條件有關的更嚴格的科學」，它才能是合理的。[34]

　　在社會科學的例子中，社會關鍵議題的重要性與科學性的社會效應有關，其重要性解釋了何以科學性的修辭能在這些科學中扮演如此決定性的角色。所有對社會世界有科學意圖的論述，都必須考慮科學性的表象狀態及實際上要遵守的規範狀態，才能產生**科學**

效應，並藉此獲致象徵性效率和符合科學外在形式的社會利益。因此，這類論述必然會處在關於社會世界可能的論述空間裡，而且一定會從客觀關係中獲得部份屬性，並藉此與其屬性（特別是風格）相結合。在這個客觀關係內，我們能定義其**社會價值**、科學地位、小說或科學小說，但是很大程度上與作者的意志及意識無關。所謂的現實主義藝術（無論是繪畫或文學），從來只是能產生真實效果的藝術，也就是一種符合真實的效果，而此一效果則符合在特定時刻被認定合乎真實的社會規範；同樣的，所謂的科學論述可以是產生科學性效果的論述，此一效果至少表面上符合我們承認為科學的規範。依此邏輯，我們所謂的文學或科學風格就扮演了決定性的角色：如同在其他時刻，建構中的專業哲學透過明確的風格來對抗世俗的粗製濫造和輕浮，肯定了其嚴格與深刻的要求，例如康德（Kant），或是相反地，像沃爾夫・勒佩尼斯（Wolf Lepenies）指出的，布豐（Buffon）因過份關注風格的優美，而損及了他對科學性的

---

34 | 若說只有科學評論才能與科學研究作戰，這會讓論說文主義的捍衛者斥之為恐怖主義。以此，社會學家將會被指責要嘛過於懦弱、太容易駁倒，或是太強悍、無法駁斥。

要求；同樣的，社會學家過份考慮語言的技巧，可能會威脅到他們身為科學研究員的地位，因此他們或多或少會有意識地拒絕文學優雅性，轉而披上科學性的符號（例如統計圖表、甚至數學形式主義等等）。

事實上，在風格空間中採取的立場，與在學術場域中的位置有密切關係。絕佳的文筆能帶來文學利益，但會犧牲科學性的效果，而糟糕的文筆或許能產生嚴格或深刻的效應（例如哲學），卻不利於世俗成就。面對這兩種選擇，地理學家、歷史學家和社會學家採用的策略超越了個體的差異性，符合其各自的立場。歷史學家位於文學院與人文科學學院場域的核心（也就是位於兩種要求系統之間），具備科學性的強制屬性，他們通常會非常重視文筆。雖然地理學家和社會學家同樣更不關心文學品質，但是前者採取中性風格，表現出適合其立場之稟性的謙遜，此一中性風格與他們經常在表達方面放棄經驗主義相呼應。至於被迫身處兩個場域的社會學家，他們常常違背了一開始就納入孔德（Comte）科學分類裡的霸權意圖，輪流或同時使用兩個場域中最強而有力的修辭，那就是數學和哲學（前者通常用來作為科學性的外部符號，後者經常被簡化成詞彙效果）。[35]

認識了完成科學實作的社會空間、風格或其他各種可能的世界，並參考之來定義其選擇，這不會導致放棄科學野心或是可能拒絕認識與陳述事實，而是會透過這份認識所激起的意識和警覺，加

強「以更科學的方式來理解現實」的能力。事實上，這份認識會引發更激進的質疑，更甚於所有「正常科學」之「方法論」的安全須知和審慎規範（這些能讓我們更易獲得科學威望）：無論是在科學或其他領域，「可靠性」都是一種典型的社會美德，而我們首先會認為那些能在生活風格與工作風格中，提供穩重、規矩、負責任者該有之可預測性和可衡量性的人，都是可靠的，這絕非偶然。所有的正常科學運作者皆是如此，他們在科學中就像在官邸裡一樣，都只認真對待必須謹慎的對象（首先就從他們自己開始），也就是那些重要的以及可以指望的對象。這些強烈要求的社會特徵在於它們幾乎只涉及科學效能的外在表現：最大的象徵性利益通常不就是屬於這些科學偽善者的嗎？他們知曉如何採用最顯而易見的科學性符號，例如模仿最先進的科學程序和語言。過份符合正常科學的形式

35 | 這並不表示確切是「文學的」研究無法找到一種科學證明。以此，如同貝特森（Bateson）關於民族學家所指出的，當涉及的是將社會組合整體的確切特點予以客觀化，並藉此對一種歷史必要性提供了有系統的領會原則，風格能引人聯想的威力就構成了無法超越的科學成就形式之一：當中世紀史家藉由語言系統的特有效力，提及這些農民的孤立與荒蕪，撤退到被開墾過土地的某些島狀地帶的他們，飽受恐懼，史家首先意圖在這些能產生一項現實效應的文字中（並透過這些文字），為讀者重現他必須進行的更新看法（對抗概念屏蔽和思想的無意識），才能正確理解卡洛林（les Carolingiens）文化[譯註13]的奇特之處。同樣的，許多社會學家也會交替使用概念化的拖泥帶水並尋求表達（概念化與對象的建構不可分離，而表達的尋求旨在重建一種生活風格或一個思想模式的被建構且統一的經驗）。

主義要求（重要性測試、誤差計算、參考文獻等等）、表面上最低程度遵守必要但不足夠的規定，這些社會效能可以讓我們立即認出科學領域中的所有社會權威持有者，而不是僅為了讓重要科學官僚領導者獲得科學敬重（但與其真正的科學貢獻不相稱）。制度化科學企圖讓科學活動模型成為常規化的作法，使最具科學決定性的操作能在沒有反思和嚴格控制的情況下完成，因為通常會交付給執行者的可見程序，其表面上的無瑕會轉移所有對學者與其學識之敬重的質疑。這就是為何擁有其社會限定之科學認識的社會科學，遠非追討絕對知識的一種唯科學主義形式，而是對抗「正常科學」和實證主義確信（這兩者都是阻礙科學進步最大的社會障礙）的最強武器。

　　馬克思（Marx）也許暗示過，每隔一段時間就會有些人能完全擺脫分配給他們的社會空間位置，使他們能從整體的角度來理解此一空間，並將他們的看法傳遞給那些仍困在結構中的人。事實上，社會學家可以肯定超越性──相對於他藉由研究所產生的再現的共同看法──無須聲稱這種絕對看法，就能實際上掌握歷史資料的全體性。科學看法採取的角度並非參與遊戲之行動者局部、有偏見的觀點，也不是神聖旁觀者的絕對觀點，科學看法代表了在特定認識工具狀態下能完成的最有系統性總計，但必須盡可能完整地將歷史資料和整體化工作予以客觀化。藉此，它標示了通往康德所謂的「想像焦點」（focus imaginarius）之路的真正要點，藉由這個想像

焦點，完善的**系統**出現了，但是嚴格意義的科學意圖只能視之為一種實作的理想（或調整性理念），只有科學看法放棄即刻達成此一理想的意圖，才能期望永遠更進一步接近之。

因此，我們再度回到起點，也就是回到研究員必須實踐的「自我研究」，以便試圖把所有將他與其對象聯繫起來的一切予以客觀化，而讀者必須為他自己重複這個動作，才能掌握他可能在閱讀中得到的、或多或少有害身心的社會原則。除非他要將特定觀點普及化，並提出某種與社會空間中的位置有關、或多或少被合理化的無意識形式，否則他必須不斷開啟所有困住研究員（與其多數讀者）的盒子，但是由於他們不想要知道這點，所以就更確定要這麼做：也就是說，要提及權力場域的結構、整體大學場域與之保持的關係，並分析（如果經驗數據准許的話）大學場域結構及不同學院在其中佔據的位置，以及每一學院的結構與不同學科在其中佔據的位置。因此，只有（在第二章）進一步定義初始對象在各社會空間接合處的位置，以及參與這些不同空間之研究員本身的位置（暨其相關清晰處與盲點），我們才能（在第三章）回到這個問題（但形式徹底改變了），那就是一九六八年前夕，權力在文學院和人文科學學院中的基礎和形式，這也是研究的基準。我們概述了整個大學場域的結構，以及文學院和人文科學學院場域的結構（由於它們位在學術場域的中心，同時區分成「人文科學」與「人的科學」，我們特別清楚見到，科學與科學家的強化，造成了整個學術場域和每一

學院都有緊張關係），接著就能提出相關的歷史問題，並試圖重新掌握轉變的決定性因素和邏輯，我們在這些轉變中觀察到的結構狀態代表了某一時刻：學生人口的增加及教師人口的相關增長，都深深改變了學術場域和每一學院內部的力量對比，特別是「專業級別」（grade）之間、學科之間的關係，這些學科本身因等級關係轉變而受到不同程度的影響；儘管所有的行動都是被客觀組織起來的（沒有刻意商討），而教授們也試圖藉此來捍衛其身份團體（第四章），但這一切還是發生了。型態上的改變在此（如同在文學場域中）是一種媒介，透過此一媒介，遭再生產機制試圖排除的歷史就會進入場域之中，這些**開放**空間必須從外部汲取其運作所需的資源，因此有可能成為一系列獨立事件相遇的地方，也就是典型的歷史過程（第五章）。

企圖勾勒出教育系統近期演變的結構性歷史，這就提出了一個書寫問題，這個問題涉及了時態的使用及因此而衍生的論述的認識論身份地位。我們是否必須因所用文件和調查的相對特殊性、它們在社會時空中明確公開的限制，而不讓論述具備普遍性（這種普遍性來自科學陳述的超歷史性現在）？這相當於放棄任何「沉浸於」歷史獨特性的智識操作計畫，以便從中理出超歷史性的不變因素（同時將「永恆普遍性」這項特權賦予散文作家或編纂者，除了閱讀或個人經驗，沒有任何其他歷史指涉對象會使他們感到為難）。不同於「論述的時態性」（通常是現在式），科學論述的永

恆現在式（présent omnitemporel）^{譯註14}就像不定過去式（aoriste）^{譯註15}，指出了客觀化距離，不涉及定點、定時的過去。班維尼斯特（Benveniste）認為，論述的時態性「需要一名說話者和一位聽眾，而且前者意圖以某種方式影響後者」，但作為「典型歷史時態」的不定過去式則是「將事件與現在分開並予以客觀化」，「排除了所有自傳式的語言學形式」³⁶。就此而言，它適用於呈現出**結構不變因素**的科學用法表述，此一結構不變因素可在非常不同的歷史背景中觀察到，而且能在同一世界中作為某些仍有功效的**常數**。順帶一提，因為有被視為相關的「現在」存在，才使得社會學成為一門有諸多事件的科學，就像英國人說的contro-versial，而且無疑更激進：很顯然的，若我們相信歷史學家更應該具備學者的客觀和中立，那是因為我們通常對他提及的遊戲和關鍵議題更漠不關心。要知道，按時序的時間距離並非衡量歷史間距的最好方式，例如轉變成歷史、歷史過往的間距；而「隸屬現在」意味著**時事性**，就像行動者、對象、事件、理念的世界，按時間順序而言它們可以是過去或現在，但是它們的**確涉入其中**，因而實際上在特定時刻裡，那就

---

36 | E. Benveniste, *Problèmes de linguistique générale*, Paris, Gallimard, 1966, pp. 239, 242, 245, 249.

是**最新狀況**,「隸屬現在」界定了「活生生」、「熱騰騰」的現在和「死亡並被埋葬」的過去,就像各種曾經是涉入其中、當下、最新、積極且有作用的社會世界。

　　以此,我們似乎必須使用現在式來描述所有的機制或過程。這些機制或過程儘管表面上有所改變——尤其是在詞彙方面,例如以校長(président)取代院長(doyen)、以教學研究單位(UER)取代學院(faculté)^{譯註16}等等——但它們依舊是歷史現在的一部份,因為它們一直都有作用。舉一個最極端的例子,只要在不變的大學生活時期內,論文和其他論述形式都是依據學究式思想的三段式區分與細分來組成,我們一定能用現在式來講述多瑪斯・阿奎納(Thomas Aquinas)極為重視的澄清原則(principe de clarification)。即使是出色的歷史事件的非歷史模型(也就是作為不同社會時期同步化的「危機」)亦可寫成永恆現在式,作為一系列永恆效應的單一實現,其連結產生了一種歷史預測。

　　現在式也可用於對調查當下而言是真實的、在閱讀時亦是真實的一切,或是用於可透過規律性和機制來理解的一切(這些規律性和機制的基礎就是調查)。以此,從研究到出版這將近二十年的間距,能讓每個人利用在這段時間內發生的變化與其預示的變化,來檢驗提出的模型(尤其是分析學科和專業級別之力量對比轉變的模型)是否能解釋調查後出現的現象,這些現象很難以有條不紊的方式掌握,所以在此僅是被提過而已。我想到的是新權力(特別是工

會權力）的出現，這會將因講師與助理教授招聘模式改變而引發的過程，推展至最終結果，並提供新的招聘模式產品以掌控新次級教師的招聘，這可能導致在某些情況下，舊招聘模式的選擇類型實際上會被消除，例如巴黎高等師範學院校友（normalien）或有高中、大學師資合格證書的高等教師（agrégé）。[37]我們怎會不知道，往昔以保護為主的舊晉升模式傾向於將新招聘模式的產品限制在次級位置？它與新招聘模式之間的矛盾，是許多追討、壓力與制度轉變的來源（特別是在政治變革的推動下），意在廢除專業等級之間的差異，或是廢除相關文憑之間的差異，以便消除學校教育和大學歷程最初差異的不同之處。

---

37 | 很清楚地，對次級職位與相關教學利益的重新定義，不僅必須與教師的社會暨學校教育特色轉變有關，也必須考慮執業條件的深刻修正，這些修正是公眾數量與社會素質的轉變所引起的；因此，描述職位和與它的關係就如同下文要提出的，為了進行比較和理解，不可避免地要參照系統先前的狀態，因而會強調不適應的跡象，並負面地描述被一項新需求所引起的實作與利益。

最後，我們或許必須盡全力避免誤讀這些分析，並應詳細說明之，直到將它們轉變成 *ad hoc*（按：拉丁文，「具有特定目標」之意」。）的回應，亦即在不只一個案例中成為可 *argumentum ad personam*（按：拉丁文，「訴諸群眾」之意」，認為跟從多數人的所作所為是正確的，亦即「從眾」。）：事實上，這都讓我們得以假設，解讀變化與不變因素的科學重建，將會根據讀者和大學機構過去及現在的關係而有所改變，就像真實的歷史經驗一樣。在這種情況下，理解變得很困難，因為就某種方式來說，我們理解得太多了，而且我們不**想要**明白或知道我們所理解的。因此，最簡單的，可能也是最為困難的，正如維根斯坦所言：「我們必須克服的不是智識上的障礙，而是意願方面的。」在所有的科學中，社會學最適合用來理解「真實理念之內在力量」的極限，明白與之對立的力量將完全符合它應該要超越的「意願障礙」。

譯註

譯註1：馬哈是法國大革命時期著名的激進政治人物，極力抨擊君主立憲派和國民制憲議會，後來在浴缸中被刺身亡。

譯註2：原文為l'explicaiton ad hoc par des arguments ad hominem。ad hoc是拉丁文，帶有「具有特定目標」之意；*arguments ad hominem*亦為拉丁文，指的是因人廢言、對人不對事。

譯註3：畢佛是法國著名的讀書節目主持人，最有名的節目是1975年開播的「猛浪譚」（Apostrophes），持續了十五年之久。他也是第一個以非作家身份獲選為龔固爾學院（Académie Goncourt）院士的文化人，2014年起成為該院主席。

譯註4：1987年生於奧匈帝國，1936年卒於維也納，是德語系國家著名的作家、詩人，也是一位非常嚴厲的評論家。

譯註5：中國明代的思想家，其思想受到心學的啟發，極力抨擊當時被奉為主流的理學思想，後遭人上疏奏劾，在獄中自殺身亡。

譯註6：精英學校是法國高等教育系統的一支，獨立於大學之外。想要進入精英學校，必須於高中畢業後就讀兩年的預備班，再參與競爭激烈的入學考試。相較於一般大學，精英學校更注重教學與實務並行，其文憑在就業市場上的認可度非常高，被視作法國的精英教育體系。

譯註7：作者在書中使用了一些英文詞彙，在此我們保留原文，像原著一樣未予以譯出，後面章節皆是如此。

譯註8：老闆、教授、父親這三個詞彙的法文皆為P開頭。「老闆」是指導教授或所屬實驗室負責人的暱稱。

譯註9：Dupont是姓氏，由du和pont組合而成，「du pont」指的是「在橋上」。

譯註10：「謂語」用來說明主語的狀態或動作。

譯註11：波朗是法國哲學家，德羅弗赫則是法國文學評論家。兩位皆畢業於巴黎高等師範學院，都在巴黎的大學教書，也都對1968年五月風暴（也稱六八學運）採保守態度。

譯註12：克勞斯認為洛威是時尚記者的典型。

譯註13：卡洛林王朝是法國歷史上的一個王朝，統治時間約為西元751-911年，其中最著名的君王是查理曼大帝，他於西元800年受封為「羅馬人的皇帝」，在他治下帶動了歐洲黑暗時期的第一次文藝復興運動。

譯註14：表示在任何時刻都不會改變的真理，例如「二加二等於四」是永恆不變的真理，因此「等於」這個動詞的時態永遠都是現在式。

譯註15：梵語、希臘語等等印歐語系使用的一種動詞時態，單純用來指示行動，或是直陳式中過去發生的動作。

譯註16：在法國，faculté原是大學的組成結構之一，負責同質學科的教學及研究事務，其負責人就稱為doyen。Faculté於1968年之後被UER取代，後者又於1984年被UFR [培訓研究單位] 取代。

「高等學院階級（可說是科學議會右派份子）會捍衛政府的法規；然而就像任何真理一樣，在自由結構中也必須存在對立者（左派），那就是哲學學院，因為若無哲學的嚴厲審查與反對，政府就無法充分瞭解哪些可能對它有用或有害。」

——康德，《學院的衝突》（ Le conflit des facultés ）

學院的衝突

Le conflit des facultés

　　大學教授被視為「有能力資格」，在社會空間中的位置主要取決於擁有的文化資本（一種被支配類別的資本），可說是位於權力場域的被支配樞紐，就此而言，他們與工商界老闆截然不同。但是作為文化資本制度化形式的持有者（這種形式確保了他們的官僚體系生涯和固定收入），大學教授與作家、藝術家是相對立的：前者在文化生產場域中擁有世俗性支配地位，因此根據各學院的不同程度，他們與該場域中制度化最少、最異端的部份是有所區別的，尤其是被稱為「自由業」或free lance的作家與藝術家（他們與附屬於大學的那些人是相對立的）。[1]

　　有鑑於界定這兩個被考慮到的人口劃界（尤其是部份重疊）所帶來的問題，我們很難加以比較，但是我們可以比較《現代》（*Les Temps modernes*）或《批判》（*Critique*）等「知性」期刊的定期合作者，確定類似高級公務人員的大學教授通常比作家和知識份子更常呈現出不同的社會融合與威望的指數：大學教授的單身比率低、子女平均數高、擁有的獎章和預備軍官頭銜比例高等等；作家和知識份子的單身或離婚率相對較高、子女平均數較低。隨著各學院（自然科學、文學、法律、醫學）的社會等級提升，情況更是如此。[2]

　　在這些收斂指標（indication convergente）中，我們可以加入阿蘭‧吉哈德（Alain Girard）關於社會成就的調查資料。這項調查顯示，26.2％的作家將其成功歸因於特殊

恩賜（才能、智能、使命），但是有此一想法的教授只佔
19.1％。教授比較常提及的是原生家庭（11.8％比7.5％）、
老師（9.1％比4.4％）、妻子（1.7％比0.3％）的角色。
「他們很樂意向他們的老師致敬。而且是向不同學業階
段的所有老師表示敬意，或是特別尊崇其中一位，這位
老師成為他們的伯樂，或是喚醒他們的天命，爾或後來指
導或協助他們進行研究。閱讀他們的回覆時，會感受到他
們對老師有一種感激之情，有時幾乎是一種崇拜或虔誠。

1｜關於以不同資本種類為基礎之支配階級不同派別的權力場域結構（佔有的權力位置空
間），連同一方面經濟上是被支配和文化上是支配的派別（藝術家、知識份子、人文暨科學學
門的教授），以及另一方面在經濟上是支配和文化上是被支配的派別（公私立領域的領導人或
管理幹部），請參閱P. Bourdieu, La distinction, Paris, Éd. De Minuit, 1979, pp. 362-363；關於
權力場域中（世俗上）是支配的部門，更詳細的分析請參閱P. Bourdieu et M. de Saint-Martin, Le
patronat, Actes de la recherche en sciences sociales, 20-21, mars-avril 1978, pp. 3-82。
2｜這一切都讓我們假定，大學人士和作家或獨立自由的知識份子的分野，或許比兩次大戰期
間和十九世紀末期更不明顯，因為這分野已經部份轉移到大學場域內，起因是學生人數增加、
教員招聘程序相應改變，造成教師身份團體擴大，使得大學之門向作家型教授或記者型教授開
放。大學場域的結構史和比較社會學應該特別關注在不同時刻和社會中，兩個場域之間的社會
距離變化，以及兩個場域中可能與這些變化有關的社會效應。兩個場域間的社會距離可依不同
的徵候來衡量，例如從這個場域移動到另一個場域的次數、同時在兩個場域中佔有一席之地的
頻率，以及兩邊人口在社會出身、學校教育等等方面的社會差距，還有被制度化與否的機遇之
頻率。

本著相同的精神，他們也比其他人更常承認家庭的影響。
從小，家庭就教導他們尊重智能與品德，從而更有助於他
們實現職業生涯。他們覺得自己遵從的是一種使命，而
且他們比其他人更常提到家庭的和諧與妻子的支持」（A.
Girard, *La réussite sociale en France, ses caractères, ses lois, ses
effets*, Paris, PUF, 1961, pp. 158-159）。[3]

事實上，除了社會整合和參與支配階級的指數，我們還應該
考慮大學場域與經濟或政治權力場域、爾或與知識份子場域之間，
依不同社會和時刻而有所變化的距離。因此，大學場域的自主權
在整個十九世紀不斷發展：如同克里斯多夫·夏爾勒（Christophe
Charle）指出的，高等教育的教師不再是十九世紀上半葉由政治當
局直接任命並參與政治的顯貴，他成為經過挑選的專業教師，藉由
無法與政治生涯兼容的專業活動來和顯貴界切割，並以特有的學術
理想作為動力；他同時試著與知識份子場域保持距離，法國文學教
授即為一例，尤其是朗松（Lanson），他利用專業化及具體的方法
學，試圖打破世俗的批判傳統。

儘管如此，我們仍須避免只為了在整個教師人口和其他任何特
定支配階級之間確認一個位置而過度比較。高等教育機構場域（亦
即所有的學院和精英學校）的結構在特有的學校教育邏輯中，重現
了它參與之權力場域的結構（也可以說是支配階級各派別之間的對

立）；不同學院的教師亦然，他們會根據與不同支配階級派別的相同原則，分散在經濟政治權力和文化威望這兩點之間：事實上，當我們從自然科學學院移向文學院、從文學院移向法學院和醫學院，支配階級佔優勢派別最具特色的屬性，就會越來越常出現；而擁有出色學業的具體優異表現卻與學院的社會等級成反比，例如在高中綜合競賽（concours général）中得名。[譯註1]事實上，這一切似乎都指出，對政治或經濟權力場域的依賴會有相同的變化，而對知識份子場域固有的規範的依賴尤其被強加在文學院及人文科學學院的教師，但方式會因他們在此空間中的位置而有所不同。自德雷福事件（affaire Dreyfus）後[譯註2]，知識份子場域固有規範更加致力於脫離世俗權力，並採取全新、亦即同時是外部且批判的政治立場。

3｜沒有人比我更意識到這種比較的統計基礎是不足的。但是我認為，在此就像在其他案例中一樣，迫切必要重視被分析的領域在所處空間中應歸因於其位置的一切，並且最好至少要能以明顯的方式，標示出大學場域在整個權力場域和社會場域中所佔據的位置，而不是一無所知地將效應記錄在分析中。這個分析表面上之所以無可指責，只是因為它被簡化至清楚限定在錯誤建構的對象裡。

以下統計分析取自隨機抽樣（n=405），依學院的不同，一九六八年《國家教育年鑑》（*Annuaire de l'Éducation nationale*）登錄的巴黎各學院（藥學院除外）正式教授比例介於45％至50％之間。[4]我們於一九六七年開始收集資料，並與自然科學教授及文科教授進行深入訪談，儘管這項調查後來中斷，但是一九七一年時已大致完成，不過我們想要描述的是大學場域在一九六八年前夕的狀態，以便與文學院和人文科學學院的權力調查（當時已在進行此項調查，其結果將於下文介紹）進行比較，而且我們相信在**此危急時刻**，一方面仍存有此身份團體最古老的傳統，另一方面則出現即將轉變的跡象（尤其是學生人口與教師身份團體型態轉變的效應），它包含了不同教授類型對一九六八年五月危機的原則與反應，以及危機過後進行改革導致制度轉變的限制。[5]

為了實現這種學院教授的**團體共同特色調查**（prosopographie），我們針對每一樣本教授，蒐集所有來自書面的資料、為其他目的而進行的不同調查資訊，這些調查通常帶有行政目的，而且是與我們合作（附件中有關於彙整數據和資料來源的重要描述）或是由我們專門完成，用以補充或查驗從其他資料來源取得的資訊，例如與樣本教授的深入訪談、電話調查。針對所有關於抒發看法

的問題，我們僅採用書面來源，原因有數個。首先，就像我們可在訪談中觀察到的，絕大部份的受訪教授拒絕在政治方面被歸類，並以不同的論點拒絕或駁斥所有確認其政治或工會立場的企圖。[6]其次，在知識界「名流」的延伸爭議中（數位受訪教授主動提及這一點），無論是佔據的權

4｜如同該年鑑編纂者觀察到的，這項調查呈現的是1966年教師身份團體的狀態，因為新的任命沒有及時登錄。而1970年的年鑑只提供每一大學機構的教學研究單位列表與其負責人的名字。因此，我們向教育部取得1970年的清單，以便控制樣本並考量1966年至調查日止發佈的任命。（我們決定在整個分析中保留1967年的用語，即使是針對年代較近的分析亦然，例如被「大學」取代的「學院」，或是被「教學研究單位主管」取代的「院長」。）

5｜要比較不同學院的教授，就必須考慮到自1950年代以來，教師（與學生）人口的增長率。我們可以說，並非所有的學院都處於相同的演進階段：自然科學學院的增長率在1955年至1960年達到顛峰，約1970年開始縮減，但文學院開始積極招聘教師是在1960年之後，法學院則始於1965年左右。因此，相同的證書在不同的學院中，不一定有相同的價值。例如，1968年的自然科學學院處於封閉時期，助理教授的任命要在相對較長的一段時間（六至七年）之後才會增加，而文學院由於不斷擴張，所以等待的時間比較短（這或許部份是因為文科講師並非正式任聘，他們和自然科學學院的講師不同，只能靠晉升至助理教授級別來保有此一位置）。同樣的，身份團體擴增效應對於獲得教授職位的條件，或許也有非常不均的影響。

6｜與其增加受訪教授來迴避政治或工會問題的單調理由，不如引述這位醫學院教授的話，他清楚陳述此一原則：「我要跟您說，我不是……我不認為這是在迴避，但我相信我是無法被歸類。無論如何，我都無法被歸類，那是因為我從來沒有加入過任何政黨……您知道，就像尚‧吉東（Jean Guitton）說的，他說……『有些人的參與，就是不加入』。」但是，比起質疑問卷，那位眾所周知身為共產黨員的教授回答得更絕，因為他直接切入一項科學與倫理原則，讓我們只注意被公開的政治主張：「我說過，我不回答這些調查。大家都知道我的主張，我不會掩飾。但是我不回答這項調查。我再說一遍，我不回答這項調查。」我們可在朗格（S. Lang）的書中（*The File*, New York, Heidelberg, Berlin, Springer-Verlag, 1981）發現一則非常有意思、但不太有說服力的傳聞，文中描述萊德（E. C. Ladd）與利普塞特（S. M. Lipsett）的美國教授問卷調查所激起的反應。

力位置（這是一九六八年明顯引起爭議的對象），還是對
改革與其影響所採取的立場，幾乎都沒有受到調查關係的
影響，也不被當作是一種質疑。簡言之，為了盡可能完全
避免扭曲、遮掩、失真，同時避免懷疑或指控社會學家與
其「目錄卡」通常會在知識份子與文藝界中引起的宗派編
目和警察式專橫的審查，我們決定只採用公開或預定出版
的資訊（例如我們為建立研究員或作家年鑑而進行不同調
查時，故意特地提供的情報）。由於我們想要公佈能呈現
專有名詞的表格（就像我們為其他領域做的一樣），所以
更需要此一程序。因此，我們蒐集了所有的相關指標：

（一）成功取得位置的主要社會決定性因素，亦即慣習養
成與學業成績優秀的決定性因素、繼承的經濟資本，更重
要的是承襲的社會文化資本：包括社會出身，例如父親的
職業、登錄在《法國名人冊》（*Bottin mondain*）中，還有
地理起源、家庭原本的宗教信仰；[7]
（二）學校教育決定性因素通常會重複前人的教育狀態
（教育資本）：就讀的中等教育機構（公立高中或私立中
學、巴黎或外省的學校等等）[譯註3]、學業成績優秀（高中
綜合競賽）；（在巴黎、外省、外國）就讀的高等教育機
構及取得的文憑；[8]

（三）學術權力資本：隸屬法蘭西學會、大學諮詢委員會，身為院長或教學研究單位的主任、機構領導人等等（身為巴黎高等師範學院入學考、高等教師資格會考等等大型競試的評審委員僅出現在文學院的調查裡，這並不適用於所有的學院，因為相關位置是無法比較的）；

（四）科學權力資本：領導研究機構或科學期刊、在研究教學機構中授課、參與法國國家科學研究中心的決策單位或委員會、參加科學研究高等審議會（Conseil supérieur de la recherche scientifique）；[9]

---

7 | 我們已經針對58％與97％來自自然科學學院和醫學院的樣本，分析過更詳細的原生家庭資訊（父親的文憑、母親的職業和文憑、祖父母及外祖父母的職業與文憑，以及所屬家庭的配偶職業與文憑）。

8 | 關於這一點，只有部份蒐集到的資訊能用來比較不同學院的教授，因為課程、競試、考試、證書是極不相容的，只能用於每一學院內部的比較，例如學科之間（不過很多時候，這些比較本身也是有困難的，因為學科之間有相對不相容性、相關人口的數量稀少）。在未被使用的數據當中，我們可以提及幾個例子，對文學院和自然科學學院來說，比如有關準備巴黎高等師範學院競試的地點和花費時間、準備大學入學考試的地點、入學排名、入學年齡、參加高等教師資格會考的年齡、成為講師的年齡、成為教授的年齡、完成博士論文的年齡等等；在醫學院方面，例如有關成為實習醫生的年齡與錄用等級、成為住院醫生的年齡與錄用等級、成為醫生助手的年齡、進入醫院服務的年齡、得到教師職位的年齡、主任醫生的身份地位（主要或次要、年輕或年長等等），這或許構成了特定社會資本的決定性因素，其選擇似乎在很大程度上取決於繼承的社會資本。

9 | 我們沒有在分析中考慮這點，但我們也檢視了對高等教育審議會（Conseil de l'enseignement supérieur）、大學審議會（Conseil de l'Université）的歸屬、對法國大學出版社（PUF）叢書的主導。

（五）科學威望資本：法蘭西學會成員、科學榮譽、作品翻譯成外國語言、參加國際研討會（在《引文索引》中被提及的次數會依學院而有很大的波動，因此無法使用，科學期刊或叢書編輯小組的成員資格亦然）；[10]

（六）知識份子的名聲資本：法蘭西學術院（Académie française）成員、出現在《拉魯斯辭典》（Larousse）裡、上電視，或是與日報、週刊、知性期刊合作，發行文庫本[譯註4]，加入知性期刊的編輯小組；[11]

　　1.政治或經濟權力資本：收入在《名人錄》（Who's Who）裡、身為內閣成員、參與國家計畫委員會、在名校授課、擁有多種勳章；[12]

　　2.廣義的「政治」傾向：參與康城研討會（Colloque de Caen）及亞眠研討會（Colloque d'Amiens）[譯註5]、簽署各式請願書。

隔閡及參與

　　大學場域的結構重現了權力場域，其自身的選擇和反覆灌輸有助於該結構的再生產。事實上，作為各種位置（同時也是其佔據者秉性）的差異空間，它在其運作中並藉由此運作，於個體或集體意識及意志的介入之外，完成了構成權力場域不同位置之空間的再

生產。[13]如同對應分析圖表清楚呈現的，區分學院與學科的差異性可透過教授屬性來掌握，其結構與整個權力場域的結構同源：有鑑於所有的經濟、文化與社會差異，世俗上被支配的自然科學學院及支配程度較輕的文學院，與社會方面屬於支配者的法學院和醫學院（這方面實際上難以區分）相對立，我們於此辨識出在權力場域中，使被支配派別和支配派別相對立的主要部份。

10 | 我們也檢視了對外國科學院的歸屬、榮譽博士學位（文學院方面則研究了出版的作品與文章數量）。我們必須放棄文章或作品出版數量此一看來單純的跡象，這是為了避免比較無從比較者並忽略了各種差異。依世代、學院、學科等等，這些差異可區分出其對象、方法、成果、不同生產者類型的出版品。

11 | 我們無法考慮「知性」獎項，因為這類獎項的數量極多且極為不一致，若無事先研究，就不能予以適當編碼。

12 | 我們沒有考慮過於罕見的對社會經濟審議會（Conseil économqiue et social）的歸屬。

13 | 不同的高等教育機構的結構，會依其招收之大學生或學生的社會暨學校教育特色而被分配，這些機構的結構也會依教授的社會暨學校教育特色而被分配，在所有可能進行驗證的案例中，這兩種結構完全吻合：以此，比起文學院與自然科學學院的大學生，醫學院和法學院的大學生更常出身支配階級（或者就身在其中）、最具經濟優勢的派別（例如企業經營者或自由業）。此外我們知道，比起自然科學學院及文學院，醫學院和法學院在經濟分級中能獲得某些等級更高的職業，而自然科學學院及文學院的大學生多半注定要教書。我們可以獲得豐富的知識論與社會學評註，因為我們只需要用社會邏輯秩序——亦即大學技術學院（IUT）、自然科學學院、文學院、法學院、醫學院、藥學院日文等幅來取代官方統計中習慣採用的秩序，即法學院、文學院、自然科學學院、醫學院、藥學院、大學技術學院，並在社會－職業類別層次上進行一種類似的操作，這些社會－職業的類別儘管是常理，亦被排列，以便看見出現了在分配統計資料中幾乎一成不變的一種結構，在這種情況下，罕見的不一致被顯著地突顯出來（參見國民教育部中央統計暨形勢服務處，1967-1968學年度大學學生，*Statistiques des enseignements, Tableaux et informations*, 5-2, 67-68, mars 1968）。

　　即使只閱讀與經濟文化資本多少有直接關係的不同指數分組統計資料，我們也能看出此一主要對立。當我們依父親職業區分的社會出身來分類不同學院的教授（出身支配階級的教授分別佔58％、60％、77％、85.5％），可觀察到相同的分級（自然科學學院、文學院、法學院、醫學院）；仔細研究其他社會地位指標，也會發現相同的分級，例如是否就讀私立學校——除了法學院和醫學院的比例顛倒（9.5％、12.5％、30％、23％）。我們注意到，不同學院教授的出身派別份額（依經濟資本和文化資本而分級）也有相同的變化秩序：文學院教授為教授之子的比例最高（23.3％），醫學院教授為教授之子的比例最低（10％）——醫學院教授（除了專門從事基礎研究的非醫療從業人員）經常是自由業者、公私立部門管理階層的後代，尤其法學院教授更是如此。[14]

　　　　事實上，一項更詳細的分析顯示，被分類在同一職業類型
　　　　中的個體，會依學院而顯出不同的屬性。因此，除了法學
　　　　院和醫學院中極少數的教授，其他出身平民階級的文學院
　　　　或自然科學學院教授都有自己的晉升之道，那就是培育小
　　　　學老師的初等師範學院（ENI）；相反地，法學院或醫學院
　　　　的教授幾乎都曾就讀私立初等教育機構。同樣的對立也可
　　　　在出身教師家庭的教授身上見到（文學院與自然科學學院
　　　　比法學院多）。因此，在可用資訊有限（以及相關人口數

量總是十分有限）的狀況下，針對出身相同、但實作與再現方面會依學院或學科而變化的個體，我們不能確認是否應該將這些差異歸因於次要的出身差異，或是整個歷程中的差別效應（例如被考慮之職業生涯的不可能性程度），爾或無疑最常見的，就是這兩個效應的相互影響。

14｜在這些蒐集而來的數據中，有部份自然科學學院（58％）及醫學院的教授可讓我們假設其分級是相同的，若我們考慮祖父與外祖父的職業，或是內婚傾向、妻子的職業（在文學院與自然科學學院，身為教授的比例很高，另一方面沒有就業與醫生的比例很高）。

關於下列表格的注意事項

下列表格根據不同學院（自然科學學院、文學院、法學院和醫學院）來呈現某些繼承資本或既定資本（種類不同）指標的分佈*。我們放棄以授課學科來呈現這些分組統計資料（在對應分析中，它只是能闡明案例的變數）。事實上，這些不可或缺的整併存有許多不確定性。我們是否應該將力學與數學或基礎物理學合併在一起、將遺傳學和自然科學或生物化學聯繫起來？阿拉伯古典語言文獻學是否應該歸類到外國語言暨文學的教學中，就像英語文獻學或德語文獻學一樣？還是應該歸類到古代文學暨語言文獻學？文學院教的人口學屬於哲學（如同年鑑指出的那樣）、地理學還是人文科學？至於法學，將政治思想史或經濟思想史分到法學史中，會比歸類到公法或政治經濟學更不具正當性嗎？醫學院的情況也沒有比較好，因為我們並非永遠都能區分臨床醫生和外科醫生。我們還可以舉出許多例子。由此可知，每一項決定都需要事先對每一相關環境進行深入的調查。因此，我們選擇遵循主要的行政劃分，也就是自然科學學院、文學院、法學院、醫學院，儘管這些分類既廣泛且約定俗成，但是在調查期間，它們都適用於大學生活的一種真實面。

* 有鑑於我們採用的是群體共同特色調查法（參閱附件1的資料來源），某些被列入「未回覆」（ND）類別的個體可擁有相關屬性。

表格一 人口統計指數與繼承資本或既定資本指數

	自然科學學院 n=128	文學院 n=120	法學院 n=87	醫學院 n=70	總數 n=450
性別					
男性	91.4	91.7	96.6	100.0	94.0
女性	8.6	8.3	3.4	-	6.0
出生年份					
1900年之前	2.3	3.3	2.3	1.6	2.5
1900-1904	13.4	8.3	9.2	15.9	11.5
1905-1909	11.0	15.0	13.8	21.8	14.6
1910-1914	21.9	20.0	21.8	25.9	22.0
1915-1919	14.3	10.8	9.2	15.9	12.5
1920-1924	21.9	23.4	21.8	14.5	21.0
1925-1929	7.9	12.5	16.2	2.9	10.4
1930年之後	5.6	5.9	3.5	1.5	4.5
未回覆	1.7	0.8	1.2	-	1.0
婚姻狀況					
單身	4.1	4.2	6.1	-	3.9

已婚	89.3	92.5	92.5	98.5	92.4
離婚	2.5	0.8	-	1.5	1.3
喪偶	4.1	2.5	1.4	-	2.4
子女數					
單身	4.1	4.2	6.1	-	3.9
無子女	6.4	10.0	8.3	5.9	7.7
1名子女	19.6	15.0	11.6	10.4	14.9
2名子女	23.6	21.6	20.7	24.4	22.5
3名子女	19.6	25.0	20.7	23.1	22.1
4名子女	17.2	12.5	19.7	21.6	17.2
5名子女以上	9.5	10.9	12.8	12.9	11.2
未回覆	-	0.8	-	1.7	0.5
出生地點					
巴黎與其近郊	29.3	37.5	19.5	51.2	33.3
其他地方	69.9	62.5	79.3	45.9	65.7
未回覆	0.8	-	1.2	2.9	1.0

居住地點					
巴黎第16、17、8、7區＋納伊（Neuilly）譯註6	*6.4	13.4	36.9	58.6	24.0
巴黎第5、6、13、14區譯註7	*25.1	28.3	18.7	28.6	25.3
巴黎其他行政區域	*7.2	10.0	12.9	5.7	8.9
巴黎近郊78省與92省（納伊除外）譯註8	*9.5	18.3	21.9	4.3	13.9
其他地方	*7.2	15.8	5.9	2.8	8.7
宗教信仰					
猶太教徒	15.6	3.3	5.9	7.3	8.4
新教徒	6.3	9.2	10.5	5.9	7.9
眾所周知的天主教徒	7.8	19.2	21.8	41.6	20.0
其他	70.3	68.3	62.0	45.2	63.7
父親的社會－職業類型					
勞動者、農人、工人	8.6	10.0	3.5	1.5	6.7
雇員、手工業者、中階管理人員、小學老師	33.6	30.0	19.5	11.4	25.7
工程師、企業家、高階管理人員	25.8	23.4	27.6	32.8	26.7
公務員、行政官員、自由業者、行政管理人員	12.5	13.3	37.9	42.8	23.5
知識份子型教授	19.5	23.3	11.5	10.0	17.2

未回覆	-	-	-	1.5	0.2
《名人錄》	40.6	46.7	60.9	50.0	48.4
《法國名人冊》	1.6	1.7	12.6	37.1	10.1
獎章					
法國國家榮譽軍團勳章 （légion d'honneur）	*28.9	25.8	41.4	61.4	36.3
法國國家功勳勳章 （Ordre du mérite）	*11.7	3.3	8.1	8.6	7.9

＊ 這些數字只有指標性的價值，因為有很高比例（40％以上）的教授沒有提供資訊。

表格二 學校教育資本指數

	自然科學學院	文學院	法學院	醫學院	總數
就讀私立中等教育機構					
私立學校	9.5	12.5	29.9	22.9	17.1
僅就讀公立學校	78.5	81.7	68.9	75.6	77.0
初等師範學院	8.7	5.0	-	-	4.2
未回覆	3.3	0.8	1.2	1.5	17
高中					
頂尖的巴黎高中	22.7	39.2	10.4	11.5	22.9
其他巴黎高中	27.4	22.4	12.7	41.2	24.9
外省／外國高中	39.7	30.0	52.6	24.3	37.5
巴黎的私立高中	1.6	3.4	3.5	12.9	4.4
外省的私立高中	4.7	4.2	19.6	2.9	7.4
未回覆	3.9	0.8	1.2	7.2	2.9

高等教育					
在巴黎就讀	86.7	87.5	63.2	88.6	82.4
僅在外省就讀	13.3	12.5	36.8	5.7	16.7
未回覆	-	-	-	5.7	0.9
出國留學					
是	7.8	8.4	10.4	4.5	7.9
否	85.1	91.6	89.6	91.0	89.1
未回覆	7.1	-	-	4.5	3.0
高中綜合競賽					
獲獎	10.1	14.1	6.8	5.7	9.8

表格三 大學權力資本指數

	自然科學學院	文學院	法學院	醫學院	總數
諮詢委員會	27.4	34.2	26.4	41.4	31.6
一級教育勳章	26.6	51.7	40.2	15.7	35.0
學士院					
法蘭西學會	10.2	3.3	5.7		8.1
法蘭西醫學科學院				12.9	
院長	11.7	17.5	32.2	20.0	19.3
教學研究單位主任	15.2	34.2	31.1	14.3	22.7

表格四 科學權力暨威望資本指數

	自然科學學院	文學院	法學院	醫學院	總數
法國國家科學研究中心委員會	33.6	37.5	9.2	10.0	25.4
領導法國國家科學研究中心實驗室	22.6	15.0	10.3	8.6	15.3
在培養知識份子的學校授課	17.2	39.2	5.7	2.9	18.8
研討會					
1至3次	24.2	30.8	51.7	28.6	32.8
4次以上	46.9	31.7	26.4	37.1	36.3
無	28.9	37.5	21.9	34.3	30.9
法國國家科學研究中心獎章	2.4	0.8	-	1.4	1.2
著作翻譯					
是	15.6	25.0	16.1	8.6	17.3
否	84.4	75.0	83.9	91.4	82.7

表格五 知識份子名聲資本指數

	自然科學學院	文學院	法學院	醫學院	總數
發行文庫本	4.7	30.0	20.7	5.7	15.8
在法國《世界報》（Le Monde）發表文章[譯註9]	3.9	15.0	11.5	5.7	9.1
在期刊與週刊發表文章	2.3	21.7	14.9	2.8	10.9
上電視節目	5.5	15.0	1.1	10.0	8.1

表格六 政治或經濟權力資本指數

	自然科學學院	文學院	法學院	醫學院	總數
公立機構	14.8	16.7	41.4	65.7	29.9
參與第六期國家計畫（Vle Plan）[譯註10]	0.8	0.9	5.7	4.3	2.5
在名校授課	12.5	8.3	28.7	1.4	12.8

不同學院成員當前持有的經濟或社會資本指數，會依相同的結構分佈，無論是居住在高級區（即巴黎第16、17、8、7區、納伊地區，分別是6.4％、13.4％、36.9％、58.6％），或是登錄於《法國名人冊》（1.6％、1.7％、12.6％、37.1％），爾或擁有三名子女以上的家庭（46.3％、48.4％、53.2％、57.6％），這些無疑都與經濟資本及（至少是潛在的）社會資本有關，不過此一結構顯然也表明了與其他因素有關的秉性，例如宗教，尤其是積極參與天主教此一秉性會依相同的結構而分佈（7.8％、19.2％、21.8％、41.6％）。[15]這幾項指數非常貧乏且非常間接，無法讓我們正確理解自然科學學院與文學院教授、法學院與醫學院教授這兩個人口之間經濟上的差異（再者，針對醫學院教授，我們還必須將來自私人執業的外快納入教授與醫療服務單位負責人職位的收入）。[16]無論如何，僅從待遇來看的話，我們無疑可觀察到學院之間有很大的差距，因為職業生

15｜一切似乎都指出「公開宣稱加入天主教」的主觀或客觀意義，會依整個學院或學科的重複出現率而改變，其次根據或多或少是科學的和「現代主義的」學科內容而變化。

16｜關於這一點，就像許多其他方面一樣，我們需要真正的專題著作來決定整體收入的薪資份額及補充性資源的性質，它們本身顯然與時間預算結構有關。在大學權力方面，額外的課程可能成為重要收入的來源，此外還有暢銷教科書的著作權（我們必須確定它們如何依學院不同而改變）。總之，間接的額外收入應該會隨著從自然科學學院到醫學院而大幅提升。

涯進展的差異會導致在整個在職生活（vie active）中取得的待遇總額有非常大的差別：就此而言，文學院的條件似乎是最差的，因為獲得講師和助理教授職位（一九七八年的平均年齡分別是三十一歲與三十七歲、自然科學學院的平均年齡為二十五歲與三十二歲、法學院為二十八歲及三十四歲）、副教授與教授職位（文學院為四十三歲與五十歲、法學院為三十四歲及四十三歲、自然科學學院為三十五歲與四十四歲）的年紀特別遲。[17]因此A級職位（副教授或教授）的平均期限特別短，以一九七八年為例，文學院是二十五年、醫學院二十九年（獲得副教授職位為三十九歲、教授職位為四十九歲）、自然科學學院三十三年、法學院三十四年。[18]

我們觀察到，所有的政治和經濟權力指數都會依相同邏輯而變化，例如參與公立機構，包括內閣、憲法審議會、社會經濟審議會、法國國務院（Conseil d'État）、財務總督察局（Inspection des finances），或是參與國家計畫委員會，但是在高中綜合競賽裡獲獎（中等教育學業成績優秀的指數）[19]的比例、研究中的投資和科學殊榮的不同指標則成反比，這就能發現大學場域是依以下兩個相對立的分級化原則而建構：根據繼承的資本、當前擁有的經濟和政治資本的社會分級，對立於特定分級、確切而言就是根據科學權威或知識份子名聲的文化分級。此一對立屬於大學場域的結構本身，兩個相互競爭的**正當化原則**在此發生對抗：第一個原則確切是世俗與政治的，它在大學場域邏輯中表明了該場域對權力場域中現行原則

的依賴，且第一個原則會隨著我們在確切的世俗分級中的提升，從自然科學學院至法學院或醫學院，越來越變得完全必要；另一個原則建立在科學暨知性秩序的自主性之上，會隨著從法學院或醫學院至自然科學學院，越來越清楚地變得必要。

這些對立能在經濟權力場域和文化權力場域之間的權力場域內部觀察到，以此重新出現在一個生產導向場域之中，而且文化的再生產或許解釋了為何我們在此一場域內觀察到的兩極對立會如此絕對，而且涉及每個存在面向，並成為兩種在其經濟和文化基礎中、但也在其倫理、宗教、政治秩序中被深度分化的生活風格之特徵。儘管調查目標本身很自然會首先關注特別與大學及大學生活有關的屬性，但是我們在這些取得的資訊中，發現了最深層、最普遍之秉性的間接指數，它們是作為整個生活風格的根源。因此我們可以看到，一邊是單身或離婚，另一邊則是家庭規模，這些都是造成場域

---

17 | 參見J. Nettelbeck, *Le recrutement des professeurs d'université*, Paris, Maison des sciences de l'homme, 1979, ronéoté, pp. 80 sq.（統計附件）。

18 | 關於職業生涯財務方面，在整個職業生涯中待遇總額水準的差異，參見A. Tiano, *Les traitements des fonctionnaires*, Paris, Éd. Genin, 1957，尤其是pp. 172 sq.。

19 | 蒐集到的自然科學學院和醫學院數據讓我們得以假設，高中畢業考好成績的比例依循相同邏輯。

中主要對立的重要因素，這不僅是傳統所謂的社會融合指數，同時也是**融入社會秩序**的指數，簡言之，這可用來衡量所謂的「秩序品味」（goût de l'ordre）。

　　事實上，與其逐一解讀不同的統計關係，例如將離婚率（家庭融合程度弱的指數）與子女數少（用以假設家庭融合、尤其是社會秩序融合程度弱的指數）連結起來，我們更應該針對與大學場域世俗上是支配的這端有關的所有指數，試著掌握它們要向社會感官的直覺所披露的東西，即大家庭與法國國家榮譽軍團勳章、投票給右派與教授法學、天主教與私立學校[譯註11]、高級區與《法國名人冊》、就讀巴黎政治科學院（Sciences Po）或國立行政管理學院（ENA）[譯註12]與在名校授課、出身布爾喬亞階級及參加公立機構或國家計畫委員會；或者試著掌握更難懂的指數，因為它們的定義主要是負面的，也就是所有與被支配那端有關的指數，例如左派主張與巴黎高等師範學院校友、猶太人身份或由國家教育培訓出來的奉獻者（oblat）[譯註13]。若這些特徵描繪給人一種一致性和必要性的印象，那是因為實用感的直覺（intuition du sens pratique）在此認出了毫無實作或屬性（被統一的相同生成原則所產生）之一致性意向的一致性。我們必須試著以文字重建的，正是此種實作上的一致性，同時要警惕受到鼓動的企圖，亦即想要將客觀上有條不紊但未文字化、更別提系統化的慣習產物，轉變成明確地被加總的系統以及精鍊的意識型態。

　　第一組指數顯示或揭露的，也許是支配者日常語言系統從可靠性名稱中所表示的東西，即秩序品味，它首先是一種高估自己與如實地重視世界、毫無距離地與**事物秩序**打成一片的方式，存有（être）同時是一種「應然」（devoir-être）。另一組指數則因缺乏、有缺陷（這些都是一種拒絕）而造成「隔閡」，它與融合相反，是拒絕所有重返秩序、融入循規蹈矩之人的正常世界的一切，例如儀式、典禮、成見、傳統、榮譽、法國國家榮譽軍團勳章（福樓拜（Flaubert）曾說「破壞名聲的名聲」）、慣例與禮節。簡言之，就是所有將「維持社會秩序」與「最微不足道之世俗秩序的實作」緊密聯繫起來的一切，還有這些實作所強加的每項紀律、這些實作所提醒的分級制度、這些實作所牽涉到的對社會劃分的看法。[20]依神話學而非政治學之意，我們更能察覺到將此一對立與「右派、左派對立」聯繫起來的關係。

---

20 | 例如我們應該分析在醫學院教授當中，所代表的真正的庫拉交易圈（cycle de la Kula），也就是在新年第一天放置賀卡。[譯註14]

就讀亨利四世中學　法國國家科學　在培養知識份子　社會科學
　　　　　　　　　研究中心委員會　的學校授課

高中綜合競賽

巴黎高等師範學院　　　　　　　　歷史　　　　康城研討會
　　　　　　　　　　　　　　　　哲學　　　　亞眠研討會　　　地理學

法國國家科學研究中心獎章

就讀路易大帝中學

古典文學

文學　　　　　　　　　　　　　　　　　領導法國國家科學
　　　　　　　　　　　　　　　　　　　研究中心實驗室　法國國家
　　　　　　　　　　　　　　　　　　　　　　　　　　　功勳勳章

語言學

心理教育學

父親為中等教育老師　　　　父親為中階管理人員　　父親為高階管理人員、
　　　　　　　　　　　　　　　　　　　　　　　　企業家或工業家

就讀聖路易中學

　　　　　　　　　　　　　　　　　　　　就讀
　　　　　　　　　　　　　巴黎第13、14區　公立中等　巴黎第5、6區
　　　　　　　　　　　　　　　　　　　　教育機構
數學系
　　　　　　　　　　　　　父親為教授、　　　　　　　在巴黎出生
　　　　　　　　　　　　　自由業者、　在巴黎受高等教育
　　　　　　　　　　　　　知識份子型教授　　　　　　1915年至1919年出生
中央綜合理工學院
　　　　　　　　　　　　父親為高等教育的教授　1930年1934年出生
現代文學　　　語文
　　　　　　　　　　　　未參與任何研討會　　1925年至1929年出生
國家高等教育工會
　　　　　　　　　　　　巴黎近郊的78省與92省
　　　　　　　　巴黎其他近郊、外省　　　　　　　　父親為　巴黎高
　　　　　　　　　　　　　　　　　　巴黎第4、15區　大商人　羅浮宮
　　　　　　　　　　　　　　　　　1至3名子女　　　　　　　國立文
　　　　　　父親為雇員　　　　　　　　父親為工程師
　　　　　　　　　　　　　　　　未有子女
　　　　　　　　　　　　　　　　　　　　　1910年至191

物理學
聖克魯高等師範學院
豐特內高等師範學院　　科學　　　　　　　　　　　未有作品翻譯
　　　　　　　　　猶太人
　　　　　　　　　　　離婚　　　　　　　　父親為農人

父親為小學老師　　　　化學
　　1935年及之後出生　就讀巴黎其他高中　　父親為手工業者、小商人　1920年至1924年出生
　　　　　　　　小型工程師學院
　　　　　　　　　　　至少參與過3場研討會

　　　　自然科學

　　　　　　　　　　父親為工人
　　　　　　　　　　　　　喪偶

初等師範學院　　女性

作品翻譯5本　作品翻譯1至4本　　在知性期刊發表
5本以上　　　　　　　　　　　　參與學術院
　　　　　在法國《世界報》發表

二軸線　　　　　　　發行文庫本　　　　　　　　　在權威型學校授課
4.26%　　　大學諮詢委員會
　　　　　　　　　　　　　　　　父親為教授、自由業者

就讀詹森薩伊中學　　　　　　　　　　　　　　　　　　父親為公務人員

　　　　1900年至1904年出生
　　　　　　　　登錄於《名人錄》
　1900年之前出生　　　法國國家榮譽軍團勳章

一級教育勳章
　　　　　　　就讀康多塞中學 (Condorcet)　　　　　　　參與第六期計畫
　　　1905年至1909年出生　就讀卡諾中學 (Carnot)
　　　　　　　　　　　　　　　　　　　　　參與公立組織

　　　　　　　　　　　　　　　　父親為醫生
　4至6名子女　　　　　　　　　院長
　　　　　　　　　　　　　　　　眾所周知的天主教徒　　巴黎政治學校
　　　　　　　　　　　　　　　　　　　　　　　　國立行政管理學院
新教徒
已婚　　　參加過4場以上的研討會　　　　　　　　　　7名或7名以上子女
商業學院
學院
典章學院　　巴黎其他小區　　　　　　　　　第一軸線　　　經濟科學
出生於巴黎之外　　　　　　　　　　　　　　　4.80%
　父親為行政官員
　或公務員、司法人員　　巴黎第7區　巴黎第8、17區　　　　登錄於《法國名人冊》
　　父親為高階管理人員　　　　　　　　　　　　醫學
就讀外省或國外的高中　　　　　　　基礎醫學　　　　　　　工法學
　　　巴黎第16區　　　　　　　　　　　外科
　　　　　　　　　　　　　　父親為企業家
　　　　　　在外省或國外　　　　　　　　　法律
　　　　　　接受高等教育
　　　　就讀公立與　　　　　　　　　　父親為教授、
　　　　私立中等教育機構　　　　　　　　自由業者、司法人員

　　　　　　　　　　　　　　私法學

　　　　　　　　　　　　　　　　就讀外省的高中
　　　　　　　　　　　　　　　　以及私立中等教育機構

　　　　　　　　　　法學史

圖示一　學院空間
對應分析：第一和第二慣性－屬性軸的平面
圖。（能闡明案例的變數以細字體表示。）

　　　　　　　　　　　　　　　以及巴黎的私立中學

　　我們也必須提及是什麼讓科學研究（除了自己，沒有其他限制的自由思想）不僅和規範性科學（例如法學）相對立，也與此種在科學上被保證的技藝（例如醫學）相對立。醫學讓科學得以付諸實踐，並以一種權威之名強加一種秩序，即醫生的秩序，亦即一種道德、生活模式和模型（就像墮胎的例子）；這個權威不僅是科學權威，同時也是「能力資格」、「顯貴」的權威，其位置與秉性讓他們傾向於定義什麼是好與善（我們知道，醫學系教授參與公立機構、委員會及廣義政治領域的比例特別高，政府與國際組織專家則由法學家擔任，特別是國際法、商業法、公法方面）。[21]對科學的同意被限定在簡單的社會理由、甚至在宗教的限制內，這與天主教布爾喬亞階級對科學一直抱持懷疑的態度是一致的，並導致他們長期以來都將子女送到私立教育機構，這類機構保證了道德秩序、家庭（特別是具雙重意義的大家庭）及其榮譽、氣質與道德，從而培養出能**克紹箕裘之子**，也就是被指定為醫生（或法官）的醫生（或法官）之子，這些都是正當繼承人，是被正當化且傾向於繼承身為接任者應得的繼承物，他們被承認且心懷感激。兩種亦完全對立於科學和權力的關係，是與權力場域中某些完全相反的過去和現在位置有關：出身中下階級的自然科學學院與文學院教授能晉升上層階級，全拜學業有成之賜，還有那些出身教師家庭的人，他們非常願意再全力投入這個曾予以極佳回報的制度，而且甚少尋求大學權力之外的其他權力；相反地，比起自然科學學院或文學院教授，有四

分之三出身布爾喬亞階級的法學院教授，更常同時享有大學裡的權威職位，以及政治界或甚至商業界的權力位置。簡言之，我們必須超越劃分整個十九世紀的古老對立，那就是歐梅（Homais）與布爾尼祥（Bournisien）^{譯註15}、科學主義與教權主義的對立，才能理解造成倫理秉性與知識份子秉性極為相投的原因。這與在此一空間中佔據的位置有關，該空間的組成有賴經濟資本與知性資本此一雙重關係，以及與這兩種資本有關的各種關係，其中猶太人和眾所周知的天主教徒佔據此一空間的對立兩端，新教徒則位於中間：社會上被支配且智識上是支配的位置佔有者所表現出來的異端或批判秉性，以及與科學實作（特別是社會科學領域）有關的批判性決裂，這兩者之間具有親近性；循規蹈矩者的傾向（這些階級位置留給了官吏之子，是巧合嗎？）、正統的傾向和加入右派的傾向和愛好顯然非

21｜許多法學教授在公私立機構、國家單位（例如司法部）或國際組織如聯合國教科文組織（UNESCO）擔任專家或顧問，或者以政府機關的正式代表身份參與國際研討會、歐洲共同市場旗下各委員會、國際勞工組織、聯合國等等。以下舉一例子：「我曾在法國政府在海牙會議的代表……。目前，我每兩個月會前往布魯塞爾一次，去參加共同市場負責統一所有法案的委員會。我去年參與司法部的國籍法規修訂委員會。我現在仍會出席布魯塞爾的委員會。我有好幾年的時間都是國際勞工組織的專家委員會成員……。我也是國際法研究院的一員」（巴黎某法學院教授）。

常符合看似理所當然的期待之一個社會世界的右派傾向，布爾喬亞階級和天主教對科學（及其令人不安、批判性、異端的質疑）的共同否定，這些都是一拍即合的，它常將有機科學家（特別是高等綜合理工學院的人）導向一種混合了物理學與形上學、生物學與唯靈論、考古學與神智學（théosophie）的思想區域。

　　雖然大學場域和權力場域系出同源，但是大學場域有自己的邏輯，而且階級派別之間的衝突完整地改變意涵──當這些衝突具有康德所謂的一種「學院衝突」特定形式時。根據大學場域兩極對權力場域的依賴程度、權力場域提供或強加的限制或鼓動，若這兩極在本質上是對立的，那麼最具他律性（hétéronome）的位置從來就無法完全脫離知識生產與再生產之正式導向場域的特定強烈要求，而最自主的位置則從未完全跳脫社會再生產的外部需求。對應分析顯示，此一自主性尤其在第二種對立的存在中被肯定，該分析於是取決於大學場域中特定成就的純粹內部準則，它在第一因素所定義的每一部門之中，於不同特定資本類型的持有者與其他人之間，建立了一個明顯、與不同社會出身有深刻關連的對立。因此，對那些通常出身低微、來自外省（此一部門也常出現女性）的人而言，他們擁有的是法國國家科學研究中心委員會成員被賦予的權力（通常是不確定、選舉產生的），以及大學諮詢委員會成員所給予的身份團體再生產的純粹大學權力，這些人與不同特定資本種類的持有者──無論是在科學威望方面（例如獲頒法國國家科學研究中心金

質獎），或是在幾乎由文學院與人文科學學院教授壟斷的智識威望方面，包括書籍翻譯與發行文庫本、參與科學期刊或知性期刊的編輯小組、在法國《世界報》發表文章、經常上電視——是相對立的。事實上，這些明顯與年齡有關的大學成就差異，都與社會差異有很密切的關係，導致它們在確切的大學邏輯中，似乎再次詮釋了內藏資本（慣習）或客觀化資本的初始差異，這些差異與不同的社會及地理出身有關，似乎是將繼承之優勢轉化成「應得」之優勢的結果，這種轉化會在整個特別成功的求學過程（在高中綜合競賽中得名即為一例）、完美的大學生涯中逐漸發生，特別是在領域、選修、機構等每一個越來越艱難的選擇上，包括是否就讀最負盛名的中等教育機構，例如路易大帝中學（Louis-Le-Grand）或亨利四世中學（Henri IV）。

若我們知道，不同的學院會依類似權力場域結構的交叉結構來分佈，其中一端在科學上支配但社會上被支配的學院，另一端則在科學上被支配但世俗上支配的學院，那麼我們就會明白，主要的對立在於不同教授類型實際上（而且首先要在時間分配內）賦予科學活動和他們自科學中產生之概念本身所授予的位置與意義。通用字詞如研究、教學、實驗室方向等等，它們適用的現實面非常不同，而且在研究管理模式與同質強制力的合併效應下，或許會因科學模型的傳播，導致在今日更容易引起誤解，這些通用字詞讓整個高等教育的成員為了向科學致敬，都必須使用借自自然科學的術語，才

能表明通常與科學事物非常不同的某些真實（我想到的例子是實驗室觀念）。[22]

　　以此，醫學院通常會以研究之名進行一些活動，這些活動非常不同於我們對自然科學學院的領會，更別提法學院或是最傳統的文科學門（新的字詞在此通常難以遮掩舊的真實）。例如我們詢問一位教授，與其他事情相較之下，他花了多少時間在研究上，他可能會回答：「可惜不多，因為我的時間不多。所謂的研究，主要是一項指導性的工作，要引導人們、尋找資金與人力，而不僅僅是一項所謂的工作而已。做研究的不是我，我是在協助人們做研究，但我個人並不做研究，或者至少相對來說我做得少，真的很可惜。」另一位醫學院教授也說：「我本身是不做研究的；到了我這個年齡，我做的是指導、監督、申請研究補助、試著為研究找到資金；至於教學，我也會授課，而且我每週至少得上三堂課，所以我也教學，形式是講座，還有每週至少一次的工作會議，研究特別難解的案例，這也是研究的一部份……，這同時橫跨了研究、教學和患者照料。」這些都意味著，在這樣並非罕見的例子中，「大老闆」（patron patrimonial）犧牲了所謂的個人研究，轉而為研究員尋求研究資金（但只要他沒有真的指導他們的科

學研究，他就只能依官僚體系一詞之意進行指導），他可
以賦予研究員一個行政總監或科學管理者的角色，藉此在
角色未分化的狀況下，為自己和他人找到模糊掉表面的方
式。[23]

為保留廣大追隨者並確保期待的「老闆」社會效益，例如
參與各種委員會、理事會、評審團等等，我們必須累積和
維持社會資本，這都需要投入許多時間，卻造成與科學研

22｜科學模型與官僚制邏輯讓一個研究管理人員身份團體只認識和僅承認依自然科學模型所構思的「計畫」，這些人員的安排端賴其養成教育與其對一種確切是專家治國論願景的特定興趣。在這些科學與官僚制邏輯的組織暨科技模型結合效應下，我們不以清點自然科學模型普及化的後果而告終，而且這些後果通常有損研究的真正進展；因此我們見到，這一系列擁有龐大預算的大型企業使用某些「尖端科技」和大量的研究熟練工人的某些重大貢獻份額，致力於出自技術官僚聯盟所僅能孕育的一小部份工作，但這些技術官僚對於他們想要管理、甚至領導的科學卻一無所知，而處於不利地位的研究員只能在brain-storming（這種腦力激盪法混合了各種委員會、理事會和其他在科學方面不負責任的科學「負責人」）所制定的一種「社會要求」下，同意他們所強加的對象與目標。

23｜法學教授也是如此，許多文科教授亦然。法學教授尤其經常將研究等同於某些個人工作，並與教學聯繫起來：「我沒有任何研究方面的職銜，所以這個問題沒有意義……。在當前條件下進行的研究依舊是純粹個人的，是為自己而進行的，而且是自費的……。我無法把教學和研究分開。所有的教學活動都涵蓋了研究，而所有的研究都不可避免地會成為教學活動……。在條件非常不利的情況下，我們所做的一切都會立即成為教學的一部份，我們完全無法退一步以便為一項研究做長期的準備」（巴黎某公法教授）。

究相互競爭，然而科學研究是累積與維持科學資本（本身多少受到法定權力的汙染）的必要條件。[24]成功的累積行為意味著有投資概念（追隨者的價值取決於追隨者的社會身份）、技巧與機智，簡言之，這種社會見解或許特別與之前的環境歸屬、早期取得的資訊及合適的秉性有關：因此，經驗豐富的老闆要能表現出容忍與自由主義（但無論如何都要符合機構的官方定義），並為其社會身份與觸及範圍而犧牲追隨者的政治（或科學）同質性。這就如同奈特貝克（J. Nettelbeck）指出的，左派候選人也能成為教授，即使是法學院亦然（*op.cit.*, p. 44）。

這種基於機構專斷的法定權威對科學權威的汙染，是源自於法學院和醫學院（當然還有最負社會使命的文科學科）的運作原則本身。這首先可從以下事實看出：繼承而來或是因學術互動而取得的社會資本，其回報會隨著我們遠離研究端而增加，因而證明了此一回報對歷程（獲取支配位置的默認條件）的確認越重要，它在具不同比例之技術證明和社會證明的混合體（教授的法定能力）中，所佔權重就會越多。我們知道，龐大的法學家家族和醫生家族並非是神話，它們不僅是與文化資本傳遞效應有關的單純職業傳承。但除此之外，選擇有影響力的「老闆（主任醫師）」從未像在醫生職業中如此具有決定性，比起其他領域，醫學院教授顯然是一位保護

者，要確保其追隨者的職業，之後他成為一名導師，負責確保其學生或學徒的科學或智識養成教育。[25]

　　身份團體招募的社會邏輯彰顯出最隱蔽、可能也是最絕對需要的「入場券」：任人唯親不僅是一種讓派系保有稀少位置的再生產策略，也是保存某種更重要之事物（它甚至構成了團體的存在）的方法，亦即對文化專斷的贊同（這是團體的構成基礎），也就是最初的*illusio*（按：拉丁文，「戲局」之意。），沒有此一戲局，就不會有遊戲（jeu）和賭注（enjeu）。快速、明確地考慮家庭出身，這只是增補新成員策略的公開形式，這些策略確定了對團體價值觀和團體價值之贊同的指數（例如會考評審團鼓勵的「信念」或「熱

24 | 所有的學院都是如此，由於科學專業知識是較少被自主化與形式化，大學權力對科學權威的再現所造成的汙染效應或許就更大。

25 | 在法學院裡，高等教師資格會考的候選人來自於一個彼此熟悉的領域，包括博士候選人、補充會考（concours complémentaire）專員、助理，也就是那些知道要打知名度的人（參見 J. Nettelbeck, *op.cit*, p. 25）。在醫學院案例中，老闆（主任醫師）的保護是成功的絕對條件，這讓會考本身經常成為虛設。我們舉高等教師資格會考為例，一名受訪教授表示：「我可以私下告訴你，那是一場在我們之間完全不重視的會考。我們認為這是額外的一種玩意，因為考試一定會有評審團，所以我們只有在老闆可能參加評審團的時候，才會參加會考。成為高等教師，還是成為一位沒有獲得高等教師資格的醫院外科醫生，這都沒有太大區別……。高等教師資格不是一個頭銜，或者也可以說，不是一個很難取得的頭銜」（巴黎某醫學院教授）。

情」），以及實作、甚至禮儀和舉止的不可估量的因素，以便確定哪些人**有資格加入團體**、成為團體的一部份、可以組成團體。事實上，只有當每一成員透過並為了團體而存在，或者更確切地說，就是每一成員都符合其存在基礎的原則，團體才能如此長久存在（就像某種超越全體成員的東西）。團體的真正「入場券」，即我們所謂的「團隊精神」（或者在不同狀況下所稱的「法律精神」、「哲學精神」、「高等綜合理工學院精神」等等），也就是承認一切構成團體存在、其身份與真理的內在形式，還有團體必須為了自我再生產而再生產的一切，這些都是難以下定義的，因為「為進入團體而正式強烈要求的技能」此一技術定義是無可化約的。而且，如果社會世襲權在每個身份團體的再生產中，扮演了如此重要的角色（每個身份團體部份涉及社會秩序的再生產），那是因──正如社會組成因新進者加入而引發重大改變的危機時刻所示──這類具備高度選擇性的俱樂部一定會要求先前及外部經驗所取得的東西，而非自學校教育習得的一切，這些都是身份團體固有的東西，具備了持久秉性的形式，這些秉性構成了一種人格特質、身體儀態、表達模式、思考模式，以及所有那些我們稱為「精神」、非常實質的「無法確定之事物」。[26]

　　如同我在其他地方分析高等教師資格會考報告時所呈現的，增補新成員此一舉動的目的永遠都是在選擇「人」、

全人（personne totale）和慣習。以下是有關法學高等教師
資格會考的證詞：「沒有明確的規劃：沒有評分方案，甚
至沒有評分標準；有的只是對人的評斷，而不是加分。每
一個評審團都有自己的標準和方法。經驗顯示這種『印象
主義』的效能，比騙人的數字精確性更可靠」（J. Rivero,
La Formation et le recrutement des professeurs des facultés de
droit françaises, *Doctrina, Revista de derecho, jurisprudencia y
administración* (Uruguay), .t. 59, 1962, pp. 249-261。尚‧里
維羅[Jean Rivero]是巴黎法學院公法高等教師資格會考講
座的主講者，也是行政法的正式教授）。只有在招募醫學
院教授時，才會如此強制採用以「全人」整體直覺為基
礎的增補新成員方式。事實上，我們只要想想是什麼造就
了「偉大的外科醫生」或醫院部門的「大老闆」，就足以
理解這一點了：他必須執行一種**技藝**（通常是在緊急情況

---

26 | 我身邊的親人有很多當醫生的。我們真的是一個龐大的醫生家族。我父親是醫生；他的四
個兄弟中，有三個是醫生。我有八個表、堂兄弟，其中至少有四個或五個是醫生，我沒算過。
我的兄弟不是醫生，但他是牙醫，是巴黎牙醫學院的教授。説真的，每次家庭聚會就**很像在開
一場學院會議**」（巴黎某醫學院教授）。

下），就像戰時統帥使用的一樣，這種技藝意味著完全掌控其實際執行的條件，亦即結合了自我掌控、能激發他人信任和忠誠的自信。在這種情況下，增補新成員的舉動必須顯示的，以及教學必須傳遞或強化的，不僅是一種知識、一套科學認識，更是一種專業技能，或者更確切地說，是實踐知識的一項技藝，是在實作中恰如其份地產生知識的一項技藝，這與整個行事方式、生存技巧和慣習是不可分割的。這就是醫學與純臨床醫學教學的捍衛者要表明的：「這是一種有點學究式的教學……：我們透過各種小問題來學習之……。針對傷寒這種重要疾病，我們相對而言比較不擔心純粹生理學的問題。當然，我們已經知道這是埃伯斯（Eberth）發現的桿菌引起的，一旦我們知道這一點，那大致上就夠了。我們學的是能協助我們進行診斷的症狀醫學；這不是美國人重視的病理生理學，不過那是很棒的，而且也必須這麼做……。但是，為了這種病理生理學而放棄臨床醫學，是很可惜的，臨床醫學曾是我們的強項，有助於我們進行診斷，所以主要是一種實作醫學。」醫院的實習醫生是透過經驗或實例「在工作現場實作中」學習的特權職位，在此培訓的是一大批「優秀的普通醫生」，他們「曾在合格主任醫師的監督下，與患者接觸」，他們也像住院醫生的精英一樣，雖然不是「懂得很

多的頂級醫生」，但「確實知道自己的工作」。值班時，
實習醫生可以獲得「需要做出緊急決定之症候群」的經
驗，「與住院醫生一同執行診斷作業，例如X光檢測、遲
疑等等，還能與共同會診的外科醫生進行協商和接觸，這
真的是在工作現場中的工作……」（臨床醫生，一九七二
年）。導師的專業技能示範與教授的教學課程是完全不同
的，需求的技能也不同，所需的知識概念形成更是不同。
這種完全傳統、近乎手工操作的學習必須逐步執行，對理
論認識的要求較少，而是需要全心投入，將自己交付給主
任醫師或住院醫生，並透過他們將自己交付給醫院和「醫
療技藝」（「之後，我們參與治療措施，協助住院醫生、
第一年或第二年的住院醫生，我們都非常滿意」）。

以此，「比較」彰顯出的困難為其限定了範圍，所以在臨床醫
生和數學家之間、甚至是在法學家和社會學家之間，都存有兩種不
同的知識生產和再生產模式，更廣泛來說，就是兩種價值體系、兩
種生活風格，或者也可以說是兩種設想有成就者的方法。醫學院教
授身為負責任且受尊敬的精英成員，承擔了整個行政和政治責任，
扮演兼具技術性與社會性的角色，他們通常會將成就歸功於其社會
資本、出生或婚姻關係（至少與其文化資本一樣多）；也會歸因於
秉性，例如認真、尊師、私生活檢點（主要由配偶的社會地位、多

子嗣來佐證）、乖乖準備非校內的住院醫生會考學科（一名消息人士指出：「先用心學習，變聰明可以晚點再說」）或甚至修辭技巧，這些都是有用的，特別是確保對社會價值觀與德行的認同方面。[27]

　　各學院與學科的職業傳承具有不同的重要性，若我們可在其中看到一種**專業資歷**，那麼這是可以解釋的（除了任人唯親的直接影響）。專業資歷能讓出身相關環境的行動者（但所有其他方面都是平等的，尤其是年齡方面）在競爭中擁有莫大的優勢，因為這些行動者很大程度上擁有某些明確或不言而喻的屬性，而這正是新進者必須具備的：首先是與專有名詞有關的象徵性資本，就像著名的企業品牌那樣，能確保與先前獲得的支持者保有持久的關係；其次是特定的文化資本，這無疑是一張王牌，因為在被考慮的場域（學院或學科）中的有效資本是較不**客觀化、形式化**，而且它完全被簡化為建構**技藝**的秉性和經驗，此一技藝只能是長期的、第一手的累積。[28]事實上，教授的社會出身與獲得教授職位的年齡，會隨著從醫學院及法學院到文學院、尤其是自然科學學院，而有年輕化的趨勢（或者說，比起法學家和臨床醫生，經濟科學教授和基礎理論研究者是更年輕、更少出身於相關環境），這無疑**部份**解釋了何以知識的生產和獲得過程及手段，在工具、方法和技術方面的客觀化程度（而非僅存於內藏狀態），也有相同的變化：新進者（尤其是那些缺少被繼承資本的新進者）在與前輩競爭時會有更多、更早到

的機會，因為無論是知識的生產與再生產（特別是生產力的獲得
上），學院對這方面的能力和秉性要求不多，它們需要的是各種經
驗和建立在長期熟悉進程上的直覺認識，由於這些能力和秉性是更
為形式化的，因此更適合成為一種傳遞、合理取得——也就是普遍
取得——的對象。[29]

27 | 住院醫生會考中，我們通常會強調修辭、甚至口才的重要性（參見J. Hamburger, *Conseil aux étudiants en médecine de mon service, Paris, Flammarion*, 1963, pp. 9-10）。

28 | 這些都能讓我們假設，「生產與產品商品化所需的特定資本之客觀化程度」和「新進者的機會（即進入的阻力）不同」這兩者之間的關係可在所有場域中見到，首先就是所謂的經濟場域。（以此，在文化生產場域之中，整個十九世紀在劇場——尤其是布爾喬亞階級劇場——部門中出現了最重大的職業世襲權，這絕非偶然。）

29 | 要完全解釋一門科學和一項技術之間的對立，就必須了解，科學實作與客觀化、工具化確切是社會的過程有關：這裡指的當然是書寫的角色，這是與「口頭即刻模擬思想」決裂的工具，或是指所有的形式象徵主義（特別是邏輯學或數學），這些形式象徵主義促成作品文章的客觀化效應，並以象徵主義的自主邏輯及特有顯著來取代直覺（即使是幾何學的直覺亦然），此一自象徵本身中產生的顯著，就是萊布尼茲（Leibniz）所謂的「盲目的顯著」，萊布尼茲也稱之為evidentia ex terminis（按：拉丁文，字面意思為「出界的證據」）。很清楚的，思考方法之客觀化中的這些進步永遠都要在處於並藉由這些進步所預設且完成的某些社會形式中被實現（例如與被制度化的討論不可分割的辯證法，這是邏輯的起源，是兩位對手之間面對公眾的辯論類別）；我們可以根據各學科交流形式的合理化及形式化程度，來區分學科。

　　但是，兩個**學院**之間的對立、科學能力和社會能力之間的對立，也會出現在每一世俗上支配的學院內部（甚至出現在文科暨人文科學學院裡，就這點來看，該學院位於中間位置）。因此，就某種意義上來說，醫學院本身只是獨自重新展現了學院空間（甚至是權力場域空間）的全體性[30]：儘管我們不可能只用幾句話就掌握所有的方面，但是臨床醫生和醫學院生物學家（與自然科學學院的生物學家在社會和學校教育背景方面是相當不同的）之間複雜且多面向的對立，可以描述成**技藝**及**科學**之間的對立（「技藝」來自以前輩為榜樣的「經驗」引導，而且是長期關注個案的結果；「科學」不僅是用來診斷的外部徵候，還想理解一般成因）。[31]這是兩種完全不同的醫學實作概念形成原則，第一種概念首重患者與醫生之間的臨床關係，就是著名的「一對一諮詢」，這是所有捍衛「自由主義的」醫學的基礎，第二種概念強調實驗室分析和基礎研究。由於技藝和科學會依它扮演的是支配還是被支配角色而改變意義與價值，所以此一對立會更複雜。臨床醫生滿足於一種被直接安排給他們的、強烈要求的研究，並援引經濟效益的必要性，在應用研究的一種純技術功能中，限制或維持基礎理論研究者，最重要的是依臨床醫生的要求，利用經過檢驗的分析方法，而不是尋求新方法並提出**長期性**的難題，因為這些難題對臨床醫生來說經常是無足輕重且難以理解的。至於直到那時為止在社會上是被支配的基礎理論研究者，他們之中最有能力追討科學權威的人（亦即正在崛起的分子生

物學的專家，而不是逐漸沒落的解剖學家）越來越傾向於以「科學帶來治療上的進步」之名，表明有權進行一種完全脫離純技術服務功能的基礎研究，他們在相關科學學科方面頗有威望，並成為現代醫學的捍衛者，打破了披上「臨床」視野和「一對一諮詢」概念外衣的常規。在這場鬥爭裡，基礎理論研究者似乎握有未來（亦即科學），但事實上，他們之中最負盛名、也最眷戀傳統的醫學形象（更甚於一般的臨床醫生）的這些人，對直到那時為止完全統一且單純分級化的教授身份團體表面形象提出了質疑。

> 基礎理論研究者呈現的社會和學校教育屬性，使他們位於科學教授和臨床醫生之間。因此，儘管他們的父輩非常類似其他的醫生教授類型（除了小布爾喬亞階級之子的比例高了一點），但是他們的祖父輩更像是科學家：以祖父的

---

30 | 我們可以根據相同的模型來描述法學和經濟科學之間的關係。經濟科學建立於一種自主化過程，此一過程使經濟科學脫離了輔助學科的地位（參見L. Le Van-Lemesle, L'économie politique à la conquête d'une légitimité (1896–1937), *Actes de la recherche en sciences sociales*, 1983, 47-84, pp. 113-17）。

31 | 這種對立與另一種場域中工程師和建築師的對立，是完全相同的：在這種情況下，達人可以援引**技藝整體**不受時效約束的必要性（其次是生活藝術，也就是「人」的生活藝術），來對抗技術的不人性與非審美觀點的強制力。

職業為衡量標準，原生家庭至少有兩代被歸類為布爾喬亞
階級，這樣的比例在基礎理論研究者方面僅有22％，但臨
床醫生佔了42.5％，外科醫生有54.5％（醫學教授總體佔
了39％），科學教授則佔20％。基礎理論研究者的原生家
庭或許較不古老，也不富裕，他們不同於臨床醫生和外科
醫生，沒有薪資待遇和私人患者這兩項收入來源，因此他
們通常不會住在高級區，也很少出現在《名人錄》、尤其
是《法國名人冊》裡，而且值得注意的是，就像科學家一
樣，他們有很大比例為猶太人。在一個社會層面十分同質
且十分關注其同質性的天地裡，這些社會差異足以形成兩
個在社會上不同且敵對的團體，就像其他跡象之間的事實
所證實的，大多數的資訊提供者（無疑全都是教授）似乎
都高估了這些差異：「有點瘋狂的人會去做研究：這些
出身貧困的年輕人選擇研究，而不是致力於人們所謂的
高尚職業」（訪談，基礎理論研究者，一九七二年）。總
之，這一切似乎都指出，這些差異表現在政治對立時，基
礎理論研究者較支持左派，而科學威望較弱的臨床醫生與
外科醫生較偏向右派（不過其科學威望會隨輿論而變動，
例如移植手術的成功與否，而且他們是所有保守運動的矛
頭），但這兩種類型似乎絕大多數都支持一九六八年五月
創立的自治工會（Syndicat autonome），這個自治工會就像

文學院和自然科學學院一樣，擁有所有的行政權力地位。

這種可根據場域而得到不同內容的對立，或許構成了文化生產場域的一種不變因素，以宗教場域為例，那就是正統和異端的對立。就像我們在文學院和人文科學學院中看到的，通過競試這條皇家大道的典型教授所代表的正統性，以及通常歷經困境才獲得認可的研究員、邊緣教授或具原創性教授代表的溫和異端，這兩者是對立的；同樣的，醫學院內有醫療秩序的捍衛者（醫療秩序與社會秩序不可分割，它建立在競試與認可儀式之上，以確保身份團體的再生產），也有異端的創新者，例如醫學研究改革的啟發者，他們以迂迴方式（通常是到國外，尤其是美國）獲致成功，雖然缺少能取得社會上支配位置的社會頭銜，但是他們會在多少頗負盛名的邊緣機構中找到機會，追求更高科學（而非社會上的）成就的研究員職業生涯，例如國立自然史博物館（Museum）、自然科學學院（Faculté des sciences）、巴斯德研究院（Institut Pasteur）、法蘭

32 | 我們無需指出在教授職位之間建立的分級特有的科學影響，這種分級讓某些基礎研究的教授職位（例如細菌學教授職位）成為獲得更高威望之臨床教授職位的純粹跳板（關於這些觀點，請參閱H. Jamous極為卓越的著作*Contribution à une sociologie de la décision, La réforme des études médicales et des études hospitalières*, Paris, CES, 1967）。

西學院[32]。科學與社會威望之間、離經叛道且充滿風險的研究員職業生涯與最有保障但也最受限的教授職業生涯之間，這種二律背反與屬於制度位置客觀性的某些差異有關，與它們對世俗權力的依賴與否以及亦與行動者秉性中的差異有關，這些行動者或多或少傾向於或被判定為科學暨社會方面不可分離的一致性或決裂、屈服或違逆、對現行科學的管理或對科學正統性的重大革新。

科學專業知識與社會專業知識

世俗上是支配的學院（或學科）與比較傾向於科學研究的學院（或學科），在這兩者之間各種不同的對立形式中，我們可認出康德區分的兩種學院：一方面是三大（世俗上的）「高階學院」，亦即神學院、法學院及醫學院，它們能為政府謀得「對人民最強、最持久的影響力」，但也最直接受到政府的控制、自主性最低，同時最直接負責培養及掌控知識的實際使用和一般使用者，例如教士、法官、醫生；另一方面是沒有任何時效的「低階學院」，受到「學者自身理性」的支配，亦即學者本身的法則，無論是歷史經驗式科學（歷史、地理、文法等等）或是純理性科學（純數學、純哲學）皆然。依康德的說法，一邊是建構「某種科學議會右派」，也就是權威，另一邊則是能自由檢視與提出反對的左派[33]：在政治秩序中是支配的學院，其功能是培養有能力執行的行動者，這些行動者能

在一既定社會秩序的法則限制內，執行這些學院聲稱既不生產也不轉變的一種科學的技術與秘訣，而且不會討論與質疑之；相反地，在文化秩序中是支配的學院，為了建構讓其他學院僅止於反覆灌輸及應用的科學的理性基礎，必須妄稱擁有執行活動所禁止的自由，儘管這些活動在實作的世俗秩序中是如此可敬的。

　　醫生或法學家的技能，是一種在法律上受到保障的專業知識，它賦予權威並授權使用或多或少是科學的知識：基礎理論研究者從屬於臨床醫生，表明了科學對一種社會權力的從屬關係，也就是說，社會權力規定了科學的功能與範圍。依康德定義的高階學院所進行的程序，屬於社會魔法，提供了一種不可分割的社會專業知識和技術專業知識，就像在入門儀式中一樣。米榭爾・傅柯（Michel Foucault）建立的臨床概念系譜學清楚揭示了醫學專業知識的技術和社會雙重面向；此一系譜學描繪社會必要性如何逐步設立，這個社會必要性建立了醫學教授的社會重要性，並將其技藝與每個未賦

---

33 | 參見E. Kant, *Le Conflit des facultés*, Paris, Vrin, 1953, pp. 14-15, 28 et 37。康德描述的部份有效性提出了大學場域的不變因素的問題，而且促成對不同時期之不同國族傳統的一種有條理的比較。

予任何特定社會權威的專業知識（例如工程師的專業知識）區分開來。醫學是一門實作科學，其真理和成就引起整個國家的興趣，而臨床醫生「代表醫學秩序之科學一致性與社會效用的主要結構」，是「治療技藝進入社會秩序的接觸點」（就如往昔一位改革者所言）[34]。我們可依相同的邏輯指出，臨床作為的實施本身牽涉到一種象徵性暴力的形式：臨床技能是一種知覺模式系統，它有不同程度的形式化與編碼化，或多或少會完全由醫學行動者吸收，但它實際上是無法運作的，也就是說無法適用於個案（類似法官的判例作為），除非利用患者提供的身體徵候（例如腫脹或紅斑）和口語徵候（例如可見的身體徵候頻率、時段及位置，或是疼痛頻率和時段等等資訊），這些絕大多數都必須**透過臨床調查才會出現**。但是，正如亞倫・齊庫羅（Aaron Cicourel）在分析中清楚指出的，這項會帶來（或真或假）診斷的症狀產生的工作，是在不對稱的社會關係中完成的，在此一關係裡，專家能將自己的認知假設強加於患者提供的徵候，且無須擔心患者默認的假設與自己有關臨床跡象的清楚或模糊假設之間，會出現導致誤解及診斷錯誤的落差，也沒有「將患者的**自發性臨床論述翻譯**成醫學上編碼化的臨床論述」等基本問題（例如將呈現或描述的手指紅斑解釋成炎症）。另一個完全被壓抑的問題，就是資訊取得所費時間的認知效應，專家的認知庫有限（未被提出的問題）或是動用認知庫的能力受限，這可能與缺少經驗有關，但亦和尤其是與急診強加的急就章或成見（連同誘導問

題）有關。

　　一般而言，每一學院內的各科學學科進展都會符合「以社會上是專斷的一種科學必要性，來取代科學上是專斷（一種文化專斷）的一種社會必要性」。[35]儘管科學傾向於獲得社會認可，從而取得社會有效性，而且這兩者會隨著科學價值獲得更廣大的認可而增強（特別是在科技轉變和教育系統作用的效應下），但科學只能以授權形式從外部取得其社會力量，此一授權能在它於社會上建立的科學必要性中，找到其社會專斷的一種正當化。但是，這個法定權威能與技藝（例如臨床學）或學術傳統（例如神學、法學，或甚至文學史、哲學史）維持相同的循環性正當化關係，其基本上是社會的必要性，取決於「博士們的共同意見」此一最後分析，這項共同意見並不紮根於與事實一致且相容的唯一合理必要性，而是源於社會必要性（這個社會必要性來自被客觀地組織起來的秉性系統，以及

---

34 | 引述自M. Foucault, *Naissance de la clinique. Uue archéologie du regard medical*, Paris, PUF, 1963。

35 | 法學院很慢才放棄和貂皮和長袍這兩種法定權威的外在符號，這並非巧合。這兩樣物件是再現的勞動、彰顯法條與其詮釋者權威的某些不可或缺工具，這項權威是官職的行使本身（產生法律之作為）的組成部份。

用以表達、或多或少被客觀化與編碼化的文化專斷）。我們知道，
文藝或政治方面的個體或團體可以產生意識型態結構，讓他們在政
治、美學、倫理等最多元化的領域中，擁有看起來最為一致的「選
擇」，但這些結構實際上是邏輯不同之元素的組合，這些元素只能
透過秉性或共同位置的整合力來凝聚；因此，像哲學史、藝術史或
文學史這類學科，會將本身完全沒有任何道理或存在理由的結構當
成是自主的，或是像法哲學、美學或倫理學，會試圖表現為理性的
一體性，但事實上卻是奠基於信仰的一體性，或簡單來說是奠基於
團體的**正統性**，這些學科僅僅只是增強了這些結構特有的效應，此
一效應恰好存於沒有任何限定、純粹合理的起源之幻覺中。[36]

　　假若能保障學者團體的社會凝聚力、特別是所有增補新成員形
式（其極限是任人唯親，旨在確保慣習的長久同質性）的一切，會
隨著從物理學家或數學家到臨床醫生或法學家而越來越明顯，這也
許是在團體的社會一體性中建立*communis doctorum opinio*（按：拉丁
文，指「學者們的共同意見」）的智識一體性，更加因確切是科學
的一致性更不確定的、以及身份團體的**社會責任**是更為重大的，而
變得必要[37]：如同我們在法學家案例中特別清楚見到的，一個「負
責人」身份團體不可能像知識份子那樣呈現出凌亂的秩序，而不損
害其權威資本，就如同它必須透過「書面理由」來消除矛盾（這些
矛盾是可見的衝突痕跡，衝突則導致它的出現）和導致發現其真正
功能的問題，它必須預先將所有可能威脅身份團體秩序的人，從秩

序守護者的行列中排除。

　　在此，我們必須審查的是心照不宣的委任契約，這些契約構成了不同學院的權威基礎，使其自由受到更嚴格的限制，因為它們被賦予的社會責任更重大；我們還要分析高等教育機構的特權使用者（亦即支配階級的成員）如何獲得這些機構的功能。如同一九六九年全國教育諮詢答覆的分析清楚展現的，大學的社會功能優先於科學功能、「國家幹部的培養」優先於科學認識的進展，這種傾向會隨著由被支配派別到支配派別而越來越強；從自然科學學院教授到法學院與醫學院教授時，亦是如此。因此，「教授賦予其教學行動的功能」及「該行動的特別接收者所規

36｜哲學、文學和法學等理論研究很重要的一部份在於嘗試在理性上建立某些「某某主義」（-ism）的觀念（馬克思主義、自然主義、自由主義），這些觀念就像我們下文將見到對結構主義來說，主要地，若非絕無僅有地是建立在社會必要性之上。

37｜我們可以見到，在其感覺得到的定義中，其對象的特殊性質與法學學科一同，將社會學置於一個完全特殊的位置：假如博士們的意見有可能在此採取了一種正統性形式，但因為對入行缺少學校教育和尤其是社會的強烈考核，而且由於缺乏意見產生者的社會和學校教育出身相關多樣性，所以此一意見通常會任其極度分散。

定的功能」這兩者的**重疊**程度，也會依此成比例增加（所以分裂是不可能出現的，教授可藉分裂之名，利用其相對自主性來滿足自己的利益）。我們懷疑，支配派別自己一直（特別是一九六八年之後）感覺到、有時甚至會表明學院是「青少年腐敗」的地方，首先針對文學院和人文科學學院，其次是自然科學學院（就像一位企業主管在訪談中說的，因為「汙染」效應的關係，所以自然科學學院比精英學校更不「可靠」）。就好像我們已經準備好，一旦執行技術培訓的技術功能有可能威脅或損害社會功能的實行，就會打破委託契約。

有鑑於這些分析，我們更能瞭解學院之間有政治差異的真正意義，我們可以根據公開資訊或直接向教授（依學院而有非常不同的比例）取得的資訊來建立之。雖然自然科學教授通常對政治很陌生，而且幾乎不會公開表明相關立場，但是他們（甚少為工會成員）似乎有點傾向左派。不同於一般印象，文學院與人文科學學院的教授整體而言無疑比自然科學教授更不傾向左派，也就是說他們通常位於中間偏右，或者支持右派而非左派；但是在公開立場方面（例如簽署請願書或支持者名單），少數左派人士的代表性更為強烈，因而也更明顯（如果再納入包括講師和助理教授在內的所有教師身份團體，就會**更加**明顯），然而這是可以理解的，因為在此一

知性場域的歷史狀態中，我們越接近大學場域的「知識份子」端
（因而越左傾），公開宣揚政治問題的社會動力就會越強大。醫學
院教授（除了基礎理論研究者）通常對政治漠不關心，他們視社會
秩序為理所當然，甚少喜愛公開示威的失禮行為，幾乎都屬於中間
派或右派。至於法學院教授，他們比醫學院教授更投入政治，但或
許較少集中於右派，他們更傾向於對政治問題公開採取立場，尤其
或許當他們是少數左派人士時。[38]

　　此一分析假設了一種反省並促使我們反思，什麼是必須透過
行動者的政治意見來理解的，什麼是掌握與評估該意見的條件，也
就是說，我們要思考的，是所謂的「私下的政治意見」（在好友之
間或單獨在投票室裡表達的意見）和「公開的政治意見」這兩者之
間的關係。我們知道而且已能藉由詢問資訊提供者（受訪者的學生

38｜在支持瓦勒里‧季斯卡‧德‧斯坦（Valéry Giscard d'Estaing）參選法國總統的大學委員
會中（Le Quotidien de Paris, 17 mai 1974），醫學院、法學院和經濟科學院的教授比例非常
高，尤其是在巴黎，分別是28、18和64位，文學院只有10位、自然科學學院則為0位；在
外省則分別為18、14及47位，文學院是8位、自然科學學院為7位（巴黎還有5位法蘭西學
會的成員、1位國立工藝學院[CNAM]的教授）。但是各種支持法蘭索瓦‧密特朗（François
Mitterrand）的名單則不允許一種同樣確切的分析，因為被指出的頭銜太模糊。不過，文學院與
自然科學學院在此具有極高的代表性。

或其他教授）有關某些特定教授群的政治意見，以便驗證下列事實：在一定的限度內，對他人政治意見的看法會隨著「評判者」的政治意見而改變，也就是隨著明確或模糊的準則系統而改變，這些系統將行動者分成右派和左派，但它們對右派和左派的定義也不一致；對他人政治意見的看法亦會依「真實的」、「真正的」政治意見之定義而改變（但這個定義通常是模糊的），也就是實際上使此一意見「真實地」表達出來的條件。[39]事實上，如果我們承認政治意見是以明顯表達形式來展現的意見（就像柏拉圖的名言：「表態即說話」），那我們就會明白，這種政治意見的定義就在倫理秉性（或確切是政治的傾向）和市場（被表達的意見必須在這之上被提出）之間的關係中。我們幾乎總是忽略了市場效應引起的變動（其調查效應是面向之一，會根據被調查者的社會特色而改變），尤其是（針對特定團體）私下意見的趨勢與公開意見的趨勢這兩者之間的差距。私下意見會以知心話的模式在好友之間吐露，或是在調查時以匿名方式及不同委婉形式來表達（例如稱「右派」為「中間派」）；公開主張之意見、聲明與表明的意見，以及可被強加成正常或團體規範的意見，就像我們自己感到必須靜靜地或悄悄地遵守的口語模式意見與流行意見。我們必須注意到此一差距，才能避免將採取的立場視作突然轉向或驟然改變，就像在危機時刻選邊站一樣，這與普遍加強將意見公開的趨勢有關，部份要歸因於市場效應。[40]

分析一九六九年成立之全國高等教育工會（SNESUP）成員的隨機樣本，顯示自然科學學院、文學院、醫學院與法學院教授註冊登記的比例分別是15％、30％、6％（幾乎全是基礎理論研究者）與1％，參與偏右派之自治工會的比例或許依相反方向而變化。（因此，一九八三年五月加入全國高等教育工會的教師分散在不同的學院中：法學院1.2％；醫學院3％；藥學院1.2％；文學院26.1％（其中社會學1.9％、教育科學1.1％、心理學1.3％、哲學1.9％、文學4.8％、歷史2.7％、地理2.5％、語言學1.6％、語文系

39｜若我們認為採取公開立場會比私下表達立場（例如向好友傾訴）更「真實」或「真誠的」，我們就忘了公開表明可以是**無可避免的**、甚至是強制的，並不會因此而必然較不「真誠」，例如當這些立場來自某一個要扮演的角色、要捍衛的一個社會認同等等。我們可以從這個角度來分析，與一位行動者「真正的」意見（例如「某某人是左派」）有關的共同意見，在不同情境中，對其公開立場可造成的影響，因為這些公開立場可能意在確認或否認此一共同意見。

40｜顯文學院教授都像是左派的知覺錯誤，讓這些學院裡公開宣稱是右派的教授（相對而言很少見，至少在1968年之前是如此）得以顯得（且對自己來說）像是或多或少是帶有英雄色彩的異端份子，但就像我們在1968年五月中看到的，除了政治立場與新聞上的妥協所引起的非難之外，大多數同事實際上是支持他們的。

7.8％）；自然科學56.3％（其中數學16％、物理學16.4％、
地質學1.6％、化學7.1％、生物學15.2％、機械系與土木工
程學系1％）。儘管所有的自發性樣本本身都有限制，但
是分析一九六九年科學研究拓展探索協會（AEERS）的全
國諮詢結果，我們就能進一步表示，不同學院的教授對教
育系統採取的立場（無論是將工會或政治自由引進大學，
或是改變教授的招聘系統），都與其學院在高等教育機構
系統中的位置極其類似。要知道，關於學術系統與其轉變
的意見，從來都不是由社會出身直接決定的，而是在秉性
和立場之間的關係中獲得定義：因此，「奇蹟倖存者」
（miraculé）[譯註16]將一切歸功於體系，並認為一切都是平
等的，他們是體系與其階級制度最執拗的捍衛者。

　　康德在兩種學院類別（第一種服從其支持的世俗秩序，第二
種超越所有的學科和現世限制）之間建立起來的對立關係，可在司
法學科和社會科學之間的關係中找到其實現和限制。社會科學在高
階學院被保留的場地上，引入世俗上是低階的學院特有的自由、甚
至是不負責任的特色，並逐漸挑戰高階學院對社會世界之正當思想
與論述的壟斷：一方面是用來合理化（具雙重意義）既定秩序的秩
序與權力科學；另一方面是用來思索（而非整頓公共事物）的秩序
與權力科學，思考什麼是社會秩序及國家，並透過歷史比較或想像

中的變動，將既定的國家秩序化約成已實現或可實現之可能性世界中的一個簡單特殊案例。[41]這項操作並非像它看起來的那樣無足輕重，因為它意味著暫停對事態的平常同意，但是對秩序守衛者來說，這已經是一種嚴重的決裂，甚至是一不負責任的證據。

41｜同形式的一項對立甚至在文學院之中被觀察到，該對立可視之為目標（教育社會學）或可取得其對象（藝術社會學、文學社會學或哲學社會學），那就是社會學與正規學科之間的對立。

譯註

譯註1：高中綜合競賽制度創於1747年，每年獎勵普通高中和技職高中最優秀的高二和高三學生，競賽學科類型眾多，競爭激烈，能脫穎而出的學生堪稱是全法國最頂尖的高中生。

譯註2：1894年，法國猶太裔軍官德雷福被判叛國，此一政治冤案讓法國陷入嚴重的衝突與爭議，作家左拉（Zola）甚至公開發表了著名的《我控訴…！》（*J'accuse...!*）一文來為德雷福申冤。德雷福於1906年獲得平反。

譯註3：法國的初等教育約從7歲至11歲，共五年。隨後進入中等教育，前四年為國中，後三年為高中，高中又分普通教育和技職教育兩種課程。

譯註4：文庫本的體積小、價格相對較低、品質也比較不好，但通常只有首印暢銷的書籍才會在重印時改以平裝形式出現。

譯註5：這兩場研討會分別於1956年和1968年舉行，前者討論高等教育暨研究的必要演變，對其後三十年的研究政策有極大的影響；後者於五月風暴期間舉行，討論的是法國教育系統的轉變。

譯註6：巴黎市本身分為20個小區，16、17、8、7區都位於巴黎市西邊。納伊緊鄰在旁，雖然行政上不屬於巴黎市，卻幾乎無法與之區隔。這幾個地方形成巴黎市西邊的高級區。

譯註7：這幾個小區都位於巴黎市塞納河的南岸，可說是南邊的高級區。

譯註8：法國共分101個省，有5個位於海外，其他都在本土，每一省都有編號，例如巴黎為75。92省緊鄰巴黎市西邊，一旁的78省則有名聞遐邇的凡爾賽宮，這些都是大巴黎地區的高級區。至於隸屬92省的納伊，因為與巴黎市過於接近，通常難以與巴黎市區隔。

譯註9：《世界報》是法國極具指標性的報紙之一，其立場與讀者通常被歸類成中間偏左派。

譯註10：二戰結束後，法國承襲前人的構想，分期執行國家計畫，每五年為一期。第六期計畫期限為1971-1975年，以發展法國工業的國際競爭力為主軸，同時兼顧改善人民的生活條件等等。

譯註11：許多私立學校都隸屬天主教教會。

譯註12：這兩所都是法國頂尖的精英學校，培育出許多著名的政治與行政管理人才，通常也被視為偏向右派。

譯註13：oblat原指被送到修道院接受培訓的貧窮家庭小孩，在此指涉由國家教育系統培訓出來的老師，這些出身不高的教師對此一系統具有極高的忠誠度。

譯註14：庫拉交易圈原指西南太平洋群島各部落間的禮物交換回報原則，馬林諾夫斯基（Bronisław Malinowski）曾在《西太平洋的航海者》（*Les Argonautes du Pacifique Occidental*）一書中提及此一制度。

譯註15：這兩位皆出自福樓拜的《包法利夫人》（*Madame Bovary*），藥劑師歐梅是追求虛名的代表，布爾尼祥神父則是無知天真的典型。

譯註16：在此指的是缺乏繼承資本卻能所有成就的人。

「無論如何都不要放棄法蘭西學術院；我明天恰巧要赴勒華-柏柳（Leroy-Beaulieu）家兩週一次的午餐聚會，之後會跟他一起出席一個重要會議，沒有他，我們就無法進行選舉；我已經向他提過你的名字，他當然很清楚你是誰。他確實有提出一些異議。但如果他下一次選舉需要我的團隊支持，我就打算反擊；我會非常坦白地告訴他關於我們兩個的關係，我不會對他隱瞞，如果您要參選，我會請所有的朋友投票給您……，他知道我有很多朋友。如果我能獲得他的協助，我認為您的機會應該會非常高。」

——普魯斯特（M. Proust），《追憶似水年華》（*À la recherche du temps perdu*）

資本種類與權力形式

Espèces de capital et formes de pouvoir

　　由於文學院在學院空間裡的位置，處於法學院和醫學院代表的「世俗」端和自然科學學院代表的「科學」端之間，因此它自一九六七年起無疑就成為能觀察到兩種學術權力鬥爭的首選之地。這兩種學術權力位於場域的兩端，都試圖以近乎專斷的方式樹立威望：醫學院和法學院一樣，其大學權力奠基於不斷累積的位置，這些位置能考核其他位置與其佔有者，此一優勢是如此受到肯定，以致於純粹的研究員（亦即基礎理論研究者）顯得似乎有點「不合適」，而且會被歸類至另一端的自然科學學院，但是比起純粹的科學家，他們在自然科學學院裡更不被認可（除了某些例外）；自然科學學院方面正好相反，因成功投注在僅有的研究活動而取得的科學威望，讓大學區區長、院長或其他科學行政官員在非權力之處執行的被支配權力，看起來像是補償性的代替品（不過我們也有科學上受到承認之行政官員的相反例子）。

　　文科暨人文科學學院的特性，在於不同分級化原則之間的關係更為平衡。事實上，一方面由於該學院參與科學場域（亦即研究邏輯場域）和知性場域，[1]造成知性名聲成為他們唯一的資本和利益種類；另一方面，身為負責傳遞正當文化並因而具備認可和保存功能的機構，它成為擁有社會權力的地方，這些社會權力就像法學院和醫學院教授的社會權力一樣，是社會秩序最重要的結構。簡言之，這類學院會依相同原則而劃分，並據此來組織整個學院空間：行動者與機構有兩類，一類比較偏向研究和科學關鍵議題，或是知性場

域及確切的文化關鍵議題，另一類偏向文化秩序的再生產與再生產者身份團體的再生產、與在文化秩序中實行世俗權力有關的利益，這兩種類型之間的對立，與整個學術場域裡「文化秩序中的支配學院」和「世俗秩序的支配學院」之間的對立是一樣的。

因此，我們可以在這個更有限的範圍內，觀察並描繪「建構這個場域之位置空間的結構」和「為維持或顛覆此一結構而進行的鬥爭」這兩者之間的關係，也就是「客觀」分類和分類的鬥爭之間的關係，前者以場域中所有相關屬性為準則而建構，後者旨在保存或轉變此一分類，同時保存或轉變分類準則的分級。[2]

我們假定，由於法國大學的組織被強烈分級與集中，因此最「有力的」文學院與人文科學學院教授一直出自巴黎的學院（除了極少數例外），所以我們用來作為權力調查起始人口的，是一九六七年巴黎所有主要高等教育機構裡的正式教授，包括法蘭西學院（科學家除外）、索邦大

1｜或許由於教師身份團體擴大，更加是因為這類學院吸收了大量的作家、記者型作家與作家型記者。

2｜從它們客觀的競爭關係來看，學院們首先可被視作某些同質整體，以此能出現在另一個分析層次中作為某些場域而毫無矛盾，這些場域本身就是不同秩序之差異的地方。

學、南泰爾學院（Faculté de Nanterre）^{譯註1}、高等研究實
用學院（第四、五、六科）、國立工藝技術學院（École
des arts et métiers）、國立東方語言學院（École des langues
orientales）、國立文獻典章學院（École des chartes），這
也讓我們排除了「獨立自主的」知識份子或佔據大學以外
位置的知識份子，例如拉岡（Lacan）。某些機構，例如
國立自然史博物館、巴黎天文台（Observatoire）、經度局
（Bureau des longitudes）、國家農業研究院（INRA）、科
學博物館（Palais de la Découverte）等亦不在考慮之列，
因為這些機構並無正式的文科或人文科學教授。在國立文
獻典章學院（其教授身份團體很小）和國立東方語言學院
裡，只有一名教授（而且他還在高等研究實用學院授課）
擁有必備的屬性（我們可在下文找到這些屬性的定義）。
南泰爾學院的副教授比例非常高，但是代表性很低。為了
編纂母群體中附屬於多個機構之教授的主要隸屬機構，我
們採用了社會接受的分級，例如同時隸屬法蘭西學院（或
索邦大學）與高等研究實用學院的人，會被分到法蘭西學
院（或索邦大學），此一舉動代表對分級制度採取的立
場，而這個分級制度本身就是討論的一個關鍵議題。因
此，高等研究實用學院部份只剩下沒有附屬於其他機構的
人，但是這對於該機構最稀有的一項屬性並不公平，因為

無論是第五科「宗教科學」、與索邦大學和法蘭西學院有密切關係的第四科「哲學與歷史科學」，或者是第六科，有鑑於它們對機構的忠誠、對研究的投資、與新聞界和出版界的特殊關係，都會對其教授身份團體產生不可化約的象徵效應和實際效應。

在巴黎一九六七年的學術機構裡至少佔有一個職位的正式教授母群體中，我們選擇了所有至少具備下述兩項屬性的教授。之所以選擇這些屬性，是因為它們在場域中有不同程度的效力和地位：隸屬於法蘭西學會、高等教師資格審查會、巴黎高等師範學院審查會、大學諮詢委員會（學術權力）；參與一九六三年或一九六七年的法國國家科學研究中心委員會（科學權力）；知性期刊的編輯小組成員或叢書主編（知性名聲）；在《引文索引》中的引用比例高於5（科學威望）[3]。這種選擇模式建立在擁有不同權力（無論是在力量、實行模式或效應方面）的客觀指標之上

3｜我們放棄考慮「領導一間實驗室」是決定歸屬的屬性之列：其實，我們很難區分這個頭銜是教授的法定屬性（就像各學院或高等研究實用學院通常會有的情況），或真的是在有效指導一個真正的研究團隊；因此，我們無法將之視為大學權力、一個科學性徵候或參與研究的跡象。

（其中最被客觀化的象徵性資本指數包括科學獎項、是否出現在《引文索引》中），似乎比所有「與名望有關」的方法更為可靠，其中最糟糕的或許是通常會用於此類研究的滾雪球（snowball）取樣法：事實上，除了最初的核心選擇預先確定了後續選擇（亦即最後人口），它會優先選擇以「著名」及「被認可」為基準的權力形式。

為建立研究人口而使用的選擇方式，旨在產生一個被縮減但可靠的大學場域形象，作為依行動者屬性顯示各位置的空間，這些行動者擁有這些屬性特性或職權，他們以能產生明顯效應的武器和權力來競逐，為的是要取得或捍衛之、使之保持不變或轉變之。這種選擇方式與隨機抽樣相反，能透過權力位置佔有者的屬性和權力，來確定權力位置的特性。但是隨機抽樣會破壞結構，主要是因為在結構上具決定性的位置，會由一小群人來代表，有時甚至僅由一個人來代表（這通常會出現在文化生產場域）。事實上，為了建構此一空間的所有建構性關係，我們必須使用個人相關資訊，但這並不表示我們採用了不言明或明確的權力理論作為某些個體擁有的實體，這個實體應該是本調查意在定位（Who governs?）、甚至指出或禁止的（「老闆」或「大學教授」）。事實上，各種與不同位置有關的特定權力種類，其制度化程度很低，難以從被考慮的位

置佔有者中分離出來。除非我們侷限於純粹的理論命題，否則無法提出客觀關係結構的科學性描繪，然而這卻是所有權力的起源。若我們分析所有相關屬性的分佈，就會發現這些權力被視作並體驗成與事物或個人有關的實體或本質，也就是在既定遊戲空間中與個體有關的有效屬性總體：機構成員每一特性的總和（例如巴黎高等師範學院校友或法蘭西學會成員的總數）定義了**機構的社會份量**，後者反過來描繪出每一成員的類似與特定特徵，因為屬性越有助於描繪機構位置的特徵，成員在機構中的位置就越取決於是否擁有這些屬性。[4]

當然，被建構的人口組成取決於選擇的準則（亦即權力）：知性名聲指數的遺漏，例如身為知性期刊的編輯小組成員或叢書主編，都會讓大學人士最為知性（通常也是

---

4 | 隨著名聲的降低，可使用的資訊越來越少，這種選擇程序將研究人口限制在書面來源中最具代表性的母群體內，能促進研究的實際優勢。但是透過明確且特定（亦即妥適）的準則來限定人口，我們獲得的結果是嚴謹的，而不是讓可用文獻的侷限強加於被研究人的範圍（就像那些所有使用《名人錄》之類的人）。以此，研究對象中收錄於《名人錄》的教授比例，與不同大學權力種類之間的關係並不均等，部份是因為某些最有威望的研究員拒絕被收錄在《名人錄》中，作為「世俗」認可的一個跡象。

因此而最著名）的派別消失；同樣的，以在《新觀察家》週刊刊登文章作為準則，這也許會被有最典型大學權力特性的人強硬拒絕，但這能帶入一些記者型學者，雖然最具大學名望的人似乎瞧不起他們，但他們與報紙和週刊有特殊關係，因而被賦予了頌揚和批評的權力，從而能在同一場域中發揮相當真實的影響力。[5]若我們似乎已在可用資訊範圍內引入所有的相關準則，也就是那些能依研究對象來確定重要差異、彰顯當時組成大學場域結構的權力分配準則，那麼無論如何，本研究都會重新找到與再生產現實本身固有的不確定性[6]：為強加上正當分級化原則而進行的鬥爭，實際上會讓隸屬者與非隸屬者之間的界線隨時（尤其是會依不同時刻）被討論、爭論，因此這條界線是變動、不穩定的。[7]因此，透過個人職業生涯邏輯（特別是年齡）或是場域轉變（特別是與新聞界的關係）的影響，幾年前佔據支配位置的人可能就不存在了，例如皮耶・雷努凡（Pierre Renouvin）一九六四年放棄大學權力的位置後，就從此一空間消失了，或者他們會降到空間的下層，例如艾內斯特・拉布魯斯（Ernest Labrousse）在放棄大學權力位置後，只剩下科學威望；[8]相反地，一個因不具備任何決定性屬性而未被選中的人，幾年後可能就中選了。[9]

5｜記者型教授不同於記者（尤其是文化記者），他們**對**大學場域造成某些效應，因為他們可以**在**大學場域中使用新聞界所賦予的權力，連同所有的相關利益（因此，這原本應該必然要考慮這個份量不斷增加的準則，哪怕是為了得到分析某些大學職業生涯的手段，特別是高等研究實用學院的第六科以及該機構的整體演進）。

6｜這項調查無疑低估了大學權力的集中，因為我們在多個案例中皆無法考量權力的**強度**，此一權力與特性（作為徵候）的擁有有關，例如法國國家科學研究中心的委員會主席、大學諮詢委員會主席等身份地位，我們也無法考慮擁有此權力的**期限**：同一地方的各種位置（例如領導整個學科長達數年的大學大主管）在分析中或許比在真實中更為不明確。另一方面，我們永遠無法取得整個人口最直接相關的資訊，例如指導的論文數量、博士生的社會素質（不過我們可以針對某些學科，確認這些徵候與大學權力徵候有相同的變化）。再者，我們不能引入這些額外的區分原則，因為每一原則──例如古典文獻出版社（Belles Lettres）和克林斯西克出版社（Klinsksieck）的對立──都只涉及場域中的一小部份。

7｜無論是為了納入研究人口，或是為了限定在場域中的位置，在所有的不確定因素中，最重要的就是資訊量的不均等，而這取決於資料來源的品質：在其他條件相同的情況下，那些被七、八個不同資料來源所認識的人，有著以下危險：顯現像是其具備的屬性可能比那些被《名人錄》和品質較差之補充資料來源所認識的人還要多。另一個因素是受訪者經常故意不明説父親的職業：此一不確定性尤其會對管理階層和經商者類別造成影響（我們不得不放棄區分中階和高階管理階層、小商人和大商人），甚至會影響教師類別（中等教育教師和高等教育教師的鴻溝通常不明確）。

8｜無論我們如何看待時尚的影響，科學威望或智識威望都會比大學權來得穩固，因為大學權力與**位置**（而非其持有者）的關係較密切。儘管如此，我們知道，科學價值的真正制度性準則是不存在的（或者很少），而且這是此一聲稱承認科學僅有價值的場域中，最具啟發性的特色之一。

9｜至於資訊的收集，我們針對四個學院的有代表性教授樣本，利用相同的程序和和資料來源。但是我們不考慮對康城和亞眠研討會的參與，也不考慮原生家庭的宗教信仰，因為這些顯著的立場只能為研究人口中微不足道的一小部份賦予特徵：相反地，我們加入了所有關於職業生涯和內部權力位置的資訊，因為這些資訊以此種規模，重新取得它們的意涵。

權力空間的結構

　　我們馬上就會看到，被以此建構的人口能從整個巴黎「文科」高等教育機構的正式教授中區隔出來，並透過系統性差異來取樣，由於佔有某些先前位於場域中的位置，教授的不同類別就有更高的重現率：在此，法蘭西學院和索邦大學極常出現，而高等研究實用學院、尤其是南泰爾學院則比在母群體中少很多；同樣的，就學科而言，文學與古典語言文獻學、當代歷史與社會科學及（程度較小的）哲學在此的出現率都非常高，與當代文學、語言學和地理學相反。參與各種不同權力形式（在此不予以區分）的機會與年齡有很密切的關係，會隨被繼承的文化及社會資本指數不同而有所變化：例如社會出身，農夫、工人、雇員的兒子在「有權勢者」人口中所佔的比例較低，而小學老師、手工業者與經商者、尤其是企業家的兒子所佔比例較高；或是例如教育資本，我們可從畢業於巴黎高等師範學院和獲得高等教師資格的年齡來衡量。如果我們能區分兩大權力類別，那麼這些關係無疑會更清楚：事實上，我們將會看到，法蘭西學院教授（例如社會科學和歷史學教授）或企業家之子的超高再現，會隨著教授越是享有知性或科學威望的形象而愈高，而索邦大學教授（例如文學、語言文獻學或哲學教授）、小學老師與教授之子的超高再現則會隨教授形象越偏向確切是大學的權力而越明顯；我們應該能以巴黎高等師範學院校友的頭銜作為共同標準，帶

入兩種與不同秉性有關的權力形式。[10]

　　文科與人文科學場域的建構，以兩種權力的主要對立為中心。確切是大學的權力主要建立在對教授身份團體再生產工具的掌控之上，例如高等教師資格審查會、大學諮詢委員會（用以指派正式教授），亦即奠基於在大學內取得的資本（尤其是巴黎高等師範學院）以及主要由大學（索邦大學）教授持有的資本，特別是正規學科的教授，他們本身經常是教員、中等教育教師或高等教育教師、（尤其是）小學老師之子，此一權力的價值幾乎只侷限在（法國的）大學裡。與這種在社會上被系統化之權力對立的，是所有不

10｜對所有學院的學校成功因素及學校以外的成功因素進行相同的分析，會碰到幾點困難：首先，教育資本的跡象是完全無法相比較的（在不同學院中，高等教師資格或博士學位之類的頭銜具有非常不同的價值），而且在文學院和自然科學學院中，巴黎高等師範學院校友的頭銜並非是普適標準；第二，權力的區分並非全部都像在文學院中如此清楚，而且區分原則也未全然皆同。然而如同我們所見，在所有的學院中，社會和地理上的出身似乎仍與成就差異有密切關係，這可從共同準則（外部名聲、科學貢獻等等）的應用來理解。

同種類的權力，特別可在社會科學專家身上見到：透過指導研究團隊而展現的科學權力或權威；以科學場域之認可來衡量的科學威望（特別是藉由引用與翻譯來衡量的國外威望）；或多或少被制度化的知性名聲，再加上身為法蘭西學術院成員、在《拉魯斯辭典》中被提及，或是由能授予某種經典地位的叢書系列出版作品，例如「理念」系列（Idées）、「觀念」系列（Points）等等[譯註2]，爾或參與知性期刊的編輯小組；最後是與重要傳播媒體（電視及大量印刷的週刊，例如《新觀察家》週刊）的關係，這個指數同時是認可與批評的權力，也是名聲的象徵性資本。[11]

11 | 或許我們可以將這種同時屬於機構和秉性的對立，與兩種科學生產形式的區分聯繫起來。這個由艾爾加・何戴（Elga Reuter）及皮耶・特里畢耶（Pierre Tripier）共同建立的兩種形式分別是「最小化者」和「專業人士」：前者旨在生產目標與方法上合乎現行規範的作品（例如國家論文），將風險降至最低；後者通常隸屬研究機構，他們會生產短篇文章，為科學帶來一種快速的成果（參見Reuter et P. Tripier, Travail et creativité dans un marché interne: le cas du système français de recherche universitaire, *Sociologie du travail*, juillet–septembrre, 1980, pp. 241-256）。

作品翻譯5本以上　法國國家功動勳章　　　　　　　　　　法蘭西學術院

法蘭西學術院
收錄於1968年的《拉魯斯辭典》

榮譽博士

父親為工程師

父親為企業家、　巴黎第16區
公司領導者　　　納伊　　　　　在巴黎其他中學念預備班

在康多塞中學接受中等教育
在卡諾中學接受中等教育

上電視
其他隸屬：高等研究學實用學院第六科

作品收入「理念」系列
作品收入「觀念」系列

在路易大帝中學
接受中等教育

以及就讀巴黎私立中學

法國國家科學
研究中心的委員會

參與編輯小組

2名子

領導研究團隊　　作品翻譯1至5本

父親為公務人員

在國外出生

現代、古代與當代歷史

出生於中央地區

在魯森薩伊中學　父親為經商者
巴黎其他小區　　接受中等教育

未婚　　　　　　　　　　　　　就讀巴黎其他高中

7次以上的引用
社會科學　　　　　　　　　父親為教授、自由業者
其他隸屬：巴黎政治學院等等　父親為畫家
父親為地主　　　　　　　　出生於中型城市

未就讀預備班　　　　　　　　　　巴黎第5、
出生於西部地區　　　　　　　　　巴黎第7區　巴黎第8、17區
參與內閣　　　　　　　　　　　　　　　　　1910年至
參與國家計畫　作品收入「我知道什麼？」系列叢書　以及就讀：
　　　　　　　　　　　　　　　　　　　　78省、92

在聖路易中學接受中等教育
　　　　　　　　　　　5名子女及以上

在《新觀察家》週刊發表　　　就讀公立或私立中學　出生於其他外省
支持密特朗　　　　　　　　　　　　　　　　　　巴黎第4、
　　　　　　　　　　　父親為中階管理人員　　　1
　　　　　　　　　　　父親為高階管理人員

圖示二　文學院與人文科學學院空間
對應分析：第一和第二慣性－屬性軸平面
高等研究實用學院第六科　圖。（個體的對應圖請參閱附件四）。典
型變數（例如婚姻狀況）以細字體表示。

1名子女

1920年至1924年出生

地理
支持季斯卡

出生於西南部地區

1925年及其後出生　　　　　　　　　　父親為農人、工人、雇員

蘭西學會　　其他隸屬:高等研究實用　其他隸屬:　　古代歷史　　其他隸屬:
00年之前出生　　第四科、第五科　國立東方語言學院　　法國國家科學研究中心

　　　　　　　　　　　　　　　1900年至1904年出生

二軸線
4.30%

　　　　　　　　　　　　　　　　　　　父親為高等教育教授　　　　　　　父親為大商人、經商者

國國家榮譽軍團勳章　　　　　　　巴黎第13、14區
　　　　　　　　　　　　　　　　父親為手工藝者

　　　　2至6次引用
　　　　在路易大帝中學念預備班

　　　　　　　　　　　　　　　　　　　　　　　　　　在其他外省的中學念預備班

　　　　　　　　　　高等教育審議會　　　古代文學及語言文獻學
出生於中部　　　未有子女　　　　父親為小學老師
里牛斯山地區
　　　　出生於巴黎

文　登錄於《名人錄》　高等研究實用學院
　　出生於巴黎、　第四科、第五科　一級教育勳章
　　大巴黎地區　　出生於大都會區　哲學　　巴黎高等師範學院校友
　　3名子女　　　　　　　　　　　　　支持弗拉瑟利耶
　　　　　　　　　　　　　　　　　其他郊區
　　　　高等教師　　　　　　　　　外省、國外　　　　　　　大學諮詢委員會
已婚　　　　　　　　　　　　　　出生於普羅旺斯-地中海地區　　　　　　　第一軸線
　　　就讀外省、國外的中學　出生於中部-東部地區　　　　　　　　　　　　5.17%
　　　　4名子女　　　　　　　　　　　　　出生於北部地區
　　出生於東部地區　　　　　　索邦大學
　　1905年至1909年出生　　出生於巴黎郊區
6區　　　　　　　　　　　　　　　　　　　　　　　　　　　現代文學及語言文獻學
1914年出生　　　　　　　未有作品翻譯　　　　　　　未有或僅有1次引用
外省的私立中學
省

15區
1915年至1919年出生　　其他隸屬:巴黎高等師範學院　　　　　在亨利四世中學唸預備班

　　　　　　　　　　　　　　　　　　　　　　　　　　　　語文系

　　　　　　　　　　　　　　　　　　　　　　　　　　巴黎高等師範學院評審團

　　　　　　　　　　在亨利四世中學接受中等教育

　南泰爾學院　　　　　　在外省重要的中學念預備班　　　　　高等教師資格審查會

　　第二個區分原則造成較年長、較具認可頭銜的教授與較年輕的教授相互對立。前者的認可頭銜可以是大學的（例如隸屬法蘭西學會、其次是法蘭西學術院），或是科學方面的（例如被引用或作品被翻譯），或是純粹社會性的（例如收錄在《名人錄》、獲頒法國國家榮譽軍團勳章或法國國家功勳勳章）；至於較年輕的教授，由於他們缺乏被制度化的威望符號，而且擁有的學術權力形式較為低階，因此其定位特別負面。此一對立也出現在大學機構之間，一方面是法蘭西學院（特別是古典學科方面的專家，尤其是古代歷史學和考古學），另一方面是高等研究實用學院和南泰爾學院；教授之間也有這種對立，一邊是擁有最充足科學權力的教授（法國國家科學研究中心委員會成員），另一邊比較偏向學校教育的再生產（高等教師資格審查會成員），或是擁有一定的名聲但缺乏學術權力。這種對立與被繼承資本的系統性差異相對應：各種形式的社會成就程度，會隨著在社會上越接近巴黎布爾喬亞階級而提高；一方面是企業家、工程師或官員之子，另一方面則是學院教授之子，他們通常在巴黎或外省大城出生，絕大多數都唸過私立學校，他們與通常出身外省小鎮的小農、工人或雇員之子形成明顯的對立，而中間區域則由來自社會與地理空間為居中地區的教授所佔據。[12]

　　至於第三個因素則是大型**大學權勢集團**（Establishment）與所有具負面形象之默默無名者的對立。大型大學權勢集

團由「傑出大學人士」及「大老闆」組成，他們絕大多數
都在索邦大學，支配了整個學科，而且經常會累積內部再
生產的控制權（例如在巴黎高等師範學院教書，隸屬高等
教師資格審查會、大學諮詢委員會、巴黎高等師範學院評
審團）和高度的外部認可（上電視、作品收入「理念」系
列、作品翻譯）。所有具負面形象的默默無名者通常是極
冷門學科（尤其是古代歷史學）的專家，而且遠離世俗名
聲及內部權力，他們是法蘭西學院的學者和大學邊緣學科
的專家，例如經濟學家、社會心理學家，他們因學術生涯
（通常不是巴黎高等師範學院校友）和社會出身（通常是
在國外出生的商人之子）而成為「環境」中的陌生人（參
見下方圖示三）。

12｜值得注意的是，當我們將所屬機構（法蘭西學院、索邦大學、南泰爾學院，以及高等研究
實用學院第四科、第五科、第六科）視為能闡明案例的變數並使之中立，在此描述的關係結構
就得以維持（在扭曲之外）。

　　前兩條軸線劃定的空間被分成不同區域，這些區域與位置和秉性的分類相呼應，其對立方式非常不同：（幾乎）純大學權力的區域（位於表示東南方）匯集了最平常之學科的正教授（階層最低，是所有古典學科的現代變體，例如外語、現代文學及語言文獻學），尤其是許多對一九六八年五月運動有激烈反應的教授，或是公開支持遭學生抗議的巴黎高等師範學院院長羅伯・弗拉瑟利耶（Robert Flacelière）。此區域與法蘭西學會認可之內部威望的區域（位於東北邊，主要聚集了重要學者）對立，也與具備外部名聲、年輕（或地位低微的）導師區域（位於西南邊）對立，特別是高等研究實用學院的第六科；該區域與具備重要科學威望的上半部（位於北邊）幾乎沒有共同之處，我們可在北邊找到居梅齊爾（Dumézil）、班韋尼斯特（Benveniste）、居朋-索梅（Dupont-Sommer），若是社會科學與歷史學的專家（位於西北邊），就會結合智識威望，例如李維史陀（Lévi-Strauss）、阿宏（Aron）、佩魯（Perroux）、布勞岱爾（Braudel）、居畢（Duby）（參見本書跋的圖示「文學院與人文科學學院空間」）。

　　很顯然地，在作品、主題與風格層面上，這完全彰顯了重要學者與正教授的差別。雖然進行最後分析時，我們沒有選擇出版地點，儘管其有著人口比例過於有限的特徵，但是出版地點無疑是此一對立的良好指標：一方面，克林斯

西克（Klincksieck）這間由德國書店創於十九世紀的古老出版社，匯集了許多學者與水準極高、學識淵博的的專業作品；另一方面，法國大學為抵擋日耳曼的影響，於二十世紀成立了古典文獻（Belles Lettres）出版社，集結的是更關注法式雅致而非博學的作品。為了提出一個對官方教育規定之文化沒有太大爭議的概念，我們必須用其自身的語言系統來提及這些作品，這些作品「巧妙地排除障礙，用有吸引力的清楚形式謀取要點」，這些語法學家質疑「近代語言學在術語上的大膽獨創」，對於引進新科學時的「繁瑣科學工具有點害怕」，這些評論者只專注在「進一步理解文本、增加文學的樂趣」，這些教授讓人強烈感到他們並非循規蹈矩者，因為他們的授課「充滿機智與玩笑的煙火」（所有引號裡的段落皆摘錄自訃文）。

相較於博學者，社會科學專家享有的特權或許取決於《引文索引》的影響，《引文索引》對於第一個因素的限定非常重要，對不同學科和不同研究員也更加有利，因為他們日漸向社會科學和美國傳統靠攏。我們也可看出與中型及大型傳播媒體（新聞界、電視）之關係的重要性，因為在三十個人當中，有九個曾出現在一九八一年四月號的第六十八期《閱讀》期刊（Lire）排行榜中（第38-51頁），他們都享有科學及／或智識威望。

以及就讀巴黎的私立中學

作品收入「理念」系列　　作品翻譯5本以上

作品收入「觀念」系列

上電視

高等研究實用學院第六科

現代、古代與當代歷史

作品收入「我知道什麼?」系列叢書

法蘭西學術院

78省、9

參與編輯小組

巴黎第16區
納伊

在巴黎其他
中學念預備班

參與內閣

參與國家計畫

法國國家功勳勳章

作品翻譯1至5本

父親為地主

父親為企業家、公司領導者　其他巴黎中學

地理　　父親為工程師

7次及以上的引用

在康多塞中學接受中等教育

1910年至19

在卡諾中學接受中等教育　1名子女

巴黎其他小區

領導研究團隊

2名子

在《新觀察家》週刊發表

支持季斯卡

5名子女及以上

喪偶

其他隸屬:巴黎政治學院等等

出生於西部地區　　　　出生於中型城市

在路易大帝中學
接受中等教育

1925年及其後出生

榮譽博士　出生於中央地區　法國國家科

研究中心的委

社會科學

父親為中階管理人員

父親為高階管理人員　出生於其他外省

父親為公務人員

在詹森薩伊中學
接受中等教育

就讀公立或私立中學

巴黎第4、

巴黎第5

未就讀預備班　父親為教授、自由業者

父親為農人、工人、雇員

以及

父親為畫家

支持密特朗

1

高等實用學院第六科

圖示三　文學院人文科學學院空間

對應分析:第一和第三慣性 —— 屬性軸

平面圖。(典型變數以細字體表示。)

巴黎第7區

1920年至1924年出生

在國外出生

巴黎第8、

在聖路易中學
接受中等教育　父親為經商者　出生於西南部地區　未婚　法蘭西學院

高

第三軸線
3.49%

其他隸屬：巴黎高等師範學院

巴黎高等師範學院評審團

支持弗拉瑟利耶

索邦大學

大學諮詢委員會

出生於東部地區

高等教師資格審查會

在亨利四世中學念預備班

父親為中等教育教師

⋯省

在亨利四世中學接受中等教育

3名子女

語文系

⋯05年至1909年出生

父親為小學老師

巴黎高等師範學院校友

出生於巴黎

出生於巴黎、大巴黎地區

⋯4年出生　　高等教師

哲學　　父親為手工藝者

在其他外省的中學念預備班

已婚

出生於普羅旺斯-地中海地區

其他隸屬：法國國家科學研究中心

女　1915年至1919年出生　2至6次引用

父親為大商人、經商者

出生於中部-東部地區　巴黎第13、14區

⋯錄於《名人錄》

在路易大帝　1900年至1904年出生

法國國家　　4名子女　中學念預備班

其他郊區

譽軍團勳章　未有子女　　出生於大都會區

外省、國外

出生於中部庇里牛斯山地區　　一級教序勳章　　出生於巴黎郊區

第一軸線
5.17%

⋯學
⋯員會

父親為高等教育教授

現代文學及語言文獻學
語言學

外省、國外的中學

在外省重要的中學念預備班

⋯15區

未有或僅有1次引用

⋯6區

未有作品翻譯

就讀外省的私立中學

古代文學及語言文獻學

法蘭西學會

⋯900年之前出生

南泰爾學院

高等教育審議會

其他隸屬：國立東方語言學院

17區

其他隸屬：高等研究實用學院第四科、第五科

⋯等研究實用學院第四科、第五科

古代歷史

　　嚴格建立在機構之上並限制在機構內的權力位置佔據者，例如
大型競試的評審團或大學諮詢委員會，從世俗上來看是（目前的）
支配者，但是從大學認可、尤其是知性名聲的角度來看，他們是被
支配者（其著作幾乎未被翻譯過）；他們在學校教育方面的成就斐
然（通常是高中綜合競賽的獲獎者、巴黎高等師範學院或高等教師
會考的榜首），他們是頌揚與認可辯證法的完美產物，這種辯證法
吸引了系統核心裡最傾向、也最能完整無缺地再生產此一系統的
人。一般而言，他們自身的專業知識越是依賴實行專業知識的機構
條件，他們對該機構的依附程度就會越高（就像語言文獻學或一般
語言教學的例子），也越受恩於機構，就像出身低微的奉獻者或是
在學校環境中長大的奉獻者（小學老師之子）。[13]

正教授與身份團體的再生產

　　要取得和維持大學資本，就要先佔據能支配其他位置與其持有
者的位置，例如所有負責掌控進入身份團體群體的機構、巴黎高等
師範學院會考評審團、高等教師資格審查會、博士學位審查團、大
學諮詢委員會：此一身份團體再生產單位的權力確保其持有者能擁
有法定權威，此一權威具備某種功能特性，與階級位置比較有關係
（但與作品或個人的卓越性較無關），不僅可施加於快速更新的學

生，也能適用追隨的博士候選人，這些追隨者通常是講師招聘的來源，且會與之維持模糊且持久的依賴關係。[14]

> 我們可從與一組資訊提供者的訪談中，看到此一再生產權力的理想型化身，在這個特例中，此一再生產權力幾乎與作品的科學價值無關。「某甲畢業於雅典法蘭西考古學校（École d'Athènes），但是他沒有堅持走考古這條路。他轉到文學史，而且傾向於普及推廣。他參與所有的大學會議、大學諮詢委員會、法國國家科學研究中心，所有要做

---

13 | 對大學以外之世界幾乎全面的排除，通常被視作一種有選擇性地拒絕世俗上的妥協，但這或許只是一種承擔排斥的方法。隨著新聞界在知識份子生活中越來越重要，這種排斥也越來越強烈。除了新聞權力擁有者的見證外（參見Mona Ozouf在C. Sales, L'intelligentsia, visite aux artisans de la culture, le Monde de l'éducation, février 1976, p. 8中的聲明），我們還能援引其他證據，例如巴黎某哲學教授在宣稱「哲學研究最好跟新聞界保持一段可觀的距離」後，遺憾地表示雖然他盡了全力，但還是沒能在法國《世界報》上發表文章。

14 | 「權力的要素之一就是指導論文，這些論文會為他們找到講師和助理教授。這是一種主要的行動手段」（歷史學家，1971年。無論是在此或是在其他情況下，若要提供能更準確地指出資訊提供者在空間中之位置的指示，就使他們的匿名性有被看穿的危險）。

決策的地方都有他的身影。他去年依舊以驚人的票數選入法國國家科學研究中心……。他沒有任何智識威望,但是他有權力……。他很有名,即使他的作品很差。讀他的東西是在浪費時間。他是法國的古希臘文化的基‧戴‧卡爾（Guy des Cars）^{譯註3}……。他寫了一本希臘文學史。這本通俗化的著作由許多片段組成,就像綜合果汁。他針對的是老實的大眾。這不是一本講希臘文學的書,而是就像書名說的,是一本希臘的文學歷史。這說明了一切……。我們可以好好思索一下這個某甲現象。他一直被視作無能力的……。一個這麼差勁的人,如何能如此接近頂峰?艾拉斯莫系列叢書（collection Erasme）裡最一無可取的就是他的書。我們可以說它沒有什麼內容。他進入精英學校、他是高等教師會考的榜首。這在那個時代是很有用的。他著作等身,他的研究速度很快,因為他很少去思索。他決定一切,毫無顧慮」（訪談,古典文學教授,一九七一年）。這無疑是個極端的例子,但是其主要特點可在其他地方見到:「某乙有智識威望,但這是特例。事實上,他不是研究員──請注意,這是大家對他的評語,這開始經常出現,不過是七、八年前開始的……我記得我在一九六三年的時候說過:我的同事都像這樣地跳起來了!『什麼!他的地理概論不是研究?』『我不認為是;

不，那不是研究，那只是摘要……。這個人只做摘要、通俗化，他只是個老師』」（與一群地理學家的訪談，一九七一年）。「我覺得不能高估威望。就地理學來說，知性價值遠不及大學權力來得重要。我想到的是某丙，大多數的人覺得他的論文不好：但是他在大學裡很有權力，比起他建立在知性價值之上的權力大許多……。組織越來越多，因此取得資金、計畫、政府資助的研究等等就越來越重要，此時知性水準自然不是最重要的」（地理學家，一九七一年）。

　　每一行動者在每個他所佔據的權力位置上，所能實行的半制度化權力範圍，也就是他的「份量」，都取決於所有他把持的權力屬性（在此就像其他情況一樣，無疑就是使用「校長先生」、「院長先生」等敬詞所造成的），以及所有可能從不同位置中獲得的交換可能性。換句話說，每一行動者會將他持有的份量帶進次級機構裡，這個份量是他身為最高機構成員而擁有的，但也是他個人持有的（例如身為校長或重要選民）。在一個以競爭為基礎的分級世界中，這個最高機構是他參與之低階機構的成員確實嚮往的。這就解釋了以下事實：法蘭西學會的成員幾乎平均分佈在學術場域的「大學人士」和「學者」（或「知識份子」）這兩極之間，他們能在整個場域（特別是最學學術性的部門）中執行重大的考核與審查權

力。資本在此也會通向資本，是否持有具社會份量的位置決定和辨明了新位置的佔有，而這些新位置充滿了其佔有者的整個份量。[15]

這就足以讓我們說明，何以尚-巴提斯特‧居羅塞爾（Jean-Baptiste Duroselle）用皮耶‧雷努凡來形容每個大學專制者：「我們覺得他已經獲得了關鍵職位，彷彿是出於某種自然的必要性，無須策劃謀略，也不用想方設法。我們最後總是會找上他。」一旦完成了初步累積，剩下的就只是合理管理這些獲得之事物：「如此，除了佔據他大量時間的眾多委員會、理事會，他從一九三〇年代末期起也獲得了三個職務，並幾乎保有至一九六四年，這三個職務合併在一起，讓他可以將權力擴展至法國歷史文獻學：領導索邦大學的歷史學部門、擔任大學諮詢委員會的歷史學部門負責人、接任法國國家科學研究中心的歷史學委員會主席一職……。他成功地考核了這些職位的候選人價值，對任命擁有影響力。由於幾乎每篇論文都在巴黎進行答辯，而且他是索邦大學自一九三八年以來最資深的當代歷史學家，所以他成為所有評審團的主席，他也受邀參與極少數在外省舉行的重要博士論文答辯，因此他私底下認識了許多未來的副教授。[16]他讓大學諮詢委員會同意了候選人多於空缺的『有限名單』，所以他能避開所有未經他批准的

部會任命。再說，高等教育總司在提出任命之前，都會先
徵詢他的意見。由於他也考核博士論文的準備（哪怕是藉
由管理法國國家科學研究中心的職位來實現），他實際上
握有了無須言明的優勢權威。」[17]

一般而言，受到考核之位置的累積是有權勢者之間的服務
交換條件，這些交換使他們得以建構並維持追隨者：只有
在機構總體的範圍內來看，才能理解這些服務的流通，而
且此一流通很少採取一種可見、直接且立即的交換形式。
所謂的直接且立即的交換，指的是例如在單位一中，根據
某乙的建議而任命某甲的學生，要交換的是在單位二中，
根據某甲的建議來任命某乙的學生；受考核之位置的網絡
越廣泛、越多元（在教學機構與研究機構中；在大學叢書
與期刊，以及場域另一端的報紙和週刊中等等），交換循

15｜「社會份量」的隱喻完美表達了場域邏輯，對應分析能透過數學運算來重建此一邏輯，這
個數學運算類似於重新找尋一個重力點系統的慣性軸。

16｜所有重要的國家論文都集中在巴黎（居羅塞爾表示，1939年11月至1948年12月，共有
11份當代歷史學論文獲得「優秀」的評語），因而能全面掌控教職資格招聘。

17｜皮耶．雷努凡最後還在這些位置裡加了巴黎文學院院長、國家政治科學基金會（Fondation
nationale des sciences politiques）主席的職位（參見居羅塞爾為皮耶．雷努凡撰寫的訃文，in
Revue d'histoire moderne et contemporaine, XXII, octobre–décembre 1975, pp. 497-507）。

環就會越長、越複雜、越無法被圈外人所理解,例如某乙的「推薦」有利於某甲的學生,其回報可能是某甲在編輯小組會議、選舉委員會或後援會上讓大家關注到某乙的著作,並由某甲的「意識型態家族」成員在週刊撰文評論。在此邏輯之下,我們可以理解,巴黎高等師範學院校友的頭銜不但證明獲得了專業知識,更證明了一種在學校教育機構方面之秉性的獲得,而且在權力的累積中扮演很重要的角色:當學院關係透過不斷交換而得以妥善維持,其代表的社會資本就成為僅有的跨學科團結基礎之一,這就解釋了每當要取得並保持位在地方小型封建制(這類制度侷限於一個學科範圍內)之外的大學權力位置、甚至是威望地位(例如法蘭西學院賦予的名聲),此一社會資本總是扮演了決定性的角色。作為實際或潛在關係的社會資本,身為巴黎高等師範學院校友此一事實會對所有把持的社會權力產生加倍的影響;因此,我們在這些權力分級的位置越高,這個事實的作用就越大。

由於學術資本的累積需要時間(這是可以理解的,因為持有的資本與年齡有很密切的關係),所以在此一空間裡,間距是以時間、時間差距和年齡差異來衡量。由此可知,場域結構會以豪華職業生涯形式向行為者呈現,從巴黎高等師範學院、講師、博士論

文、取得合格證書、能力清單與在索邦大學授課，最後進入法蘭西學會，所有其他歷程都會依此而被客觀衡量。這些行為者傾向於將此歷程（這也是一種競爭和比賽）的每一重要階段與正常的取得年齡結合起來，因此參照之下，我們在任何生理年齡點上都可能顯得過於年輕或年長。事實上，由於分級化的權力位置是以時間劃分，因此分級制度的再生產假定了保持差距，也就是要維持**接替的順序**。正是這種順序受到那些想要「越級晉升」者的celeritas（按：拉丁文，「速度」之意）威脅，例如將在其他領域取得的屬性或權力帶入大學秩序中。與之不同的是gravitas（按：拉丁文，「嚴肅」之意），我們認為這個健全的緩慢本身就建構了一個可靠的擔保（例如撰寫論文），而且它是最真實可靠的obsequium（按：拉丁文，「溫馴」之意）憑證，無條件地遵循了被建立順序的基本原則。[18]

　　長期競賽無法抑制經常性革命的威脅，這種競賽導致人人相互

18｜我們隨後會說明，這就是為何前輩和新進者之關係的危機來自於與和諧的決裂。對大多數的新進者來說，這種決裂出現在被內藏的期望結構（期望）和客觀結構（可能的歷程）之間，同時受到晉升或然性結構的轉變和行動者秉性修正的影響。在這種情況下，「老人」與「年輕人」就會「與時代脫節」，前者看到的是一種被感受成一項正常訴求、野心勃勃的企圖，後者看到的是彷彿要恢復倫理秩序、「大學教授式」的保守主義。

鬥爭，一邊是已經在這場競爭裡的人，另一邊是具備競爭秉性的人（這些秉性是競爭所必須，也因競爭而獲得強化），這場鬥爭透過其邏輯本身，有助於再生產作為時間間距系統的秩序：一方面這是因為競爭假定並激起對共同關鍵議題的承認；另一方面是因為競賽無時無刻都被侷限於幾乎位於同一競爭位置的對手，而且會由位階更前面的人做出仲裁。

很顯然的，若沒有能使支配策略實現與有效的結構，這些支配策略將一無是處。同樣的，只有新進者（例如講師）同意進入這場競賽遊戲且承認關鍵議題，權力的有效性才會真的對他們有影響，而權力的有效性則來自對「能處理對手進展之策略性位置」的掌控。再者，學術權力的實行假定本身在社會上取得的能力和傾向，才能利用場域提供的各種可能性：有能力「擁有學生」、安置學生，還要保持學生的依賴關係，從而確保持久權力基礎。「擁有安置妥當的學生」這件事（地理學家，一九七一年）可能首先假定著操縱他人時間的一整套技藝，或者更確切地說，就是操縱他人的職業生涯節奏（學程）、加速或推遲亦是不同的成就，例如各式競賽或考試、論文答辯、文章或作品發表、任命大學職位等等。反過來說，這個技藝也是權力面向之一，通常只會在申請者或多或少是有意識的同謀下才會被使用，以此維持了一種溫馴服從的秉性，有時甚至維持到相當年長，這種秉性簡言之就是有點幼稚，可用來描述各種年齡好學生之特徵（例如在德國，論文指導者被稱為

Doktorvater，意指「博士之父」）。

> 「對講師和助理教授而言，他們要在期刊發表文章之
> 前，常常都會稍微停滯不前……。特別是在巴黎，他們可
> 能要等上一年或兩年，這對他們想要登錄助理教授資格
> 名單（LAFMA）[譯註4]可以是令人厭煩的」（地理學家，
> 一九七一年）。「主管有權力，因為他們有權讓講師取得
> 任命。他們在兩方面有權力：首先是選擇講師，然後是
> 讓他們為此付出回報。講師登錄助理教授資格名單後，就
> 不再是約聘的：因此我們制訂了登錄規則；某些主管要求
> 撰寫一定頁數的論文；其他人則認為這是一個熱情問題」
> （文學老師，一九七一年）。

在權力很難或無法被制度化的情況下，[19]要建立**持久的**權威和
依賴關係，需要的是**期待**，就像對某個未來目標感到興趣一樣，它

19｜比起運用在公營或私營企業上的官僚權力，更少被制度化、有關大學身份團體再生產程序
條例的權力，比文化生產場域中常見的認可權力更加被制度化。話雖如此，此一制度化的程度
在文學院比在醫學院還低，因為醫學院的主任醫師握有一系列被制度化的考核工具，例如所有
一連串的競試（實習醫師、住院醫師、總醫師、高等教師資格等等）。

不斷（亦即保持期待的這整段時間裡）修正了指望被期待事物的人；此外還需要**使人期待**的手段，這具有雙重意涵的刺激、鼓勵或保持希望，透過承諾或有權不使人失望，也可以是推翻預期或對預期失望，例如使人抑制或克制不耐，使人忍受或接受推遲、不斷打擊希望和對預期的滿足，這就像承諾或令人鼓舞的、並且是不斷延期、推遲、暫緩的保證人之談話。

以此，學術權力包括兩種影響力，一方面是對期望產生影響（這些期望本身建立在參與遊戲的秉性、對遊戲的投資和客觀的不確定性之上），另一方面是對客觀可能性起作用，特別是限定潛在對手之天地的範圍。只要一名外省教授想要進入索邦大學，或是一名索邦大學教授或法蘭西學院教授希望進入法蘭西學會，對其入選有影響的法蘭西學院成員或索邦大學教授就能指定他做其助手、在選舉中能獲得他的選票（特別是在指定其繼任者的選舉裡），或僅僅是能從他那裡獲得敬畏和證明能力（我們將明白這裡不可能有例證，後者也許從分析中去掉了其專斷的外貌）。這種權威建立在對職業生涯的期待之上：一旦我們依戀某事物，就會身陷其中。但是這些期待本身取決於可能之未來的客觀存在，這些可能之未來並不完全確定，但也非完全不確定。假使為了讓機制運作，顯然必須有數名具備相同頭銜、隸屬相同教育世代的對手來競爭相同的職位，那麼他們的數量必須夠少，才能合情合理地憧憬被提供的職位、預先自認為與其持有者是一樣的（當客觀可能性低於某個門檻時，這

就成了不可能的），但數量也要多到足以讓他們絕不會失去期待。
在以此定義的自由空間內，導師會依次要屬性（年齡、性別、巴
黎高等師範學院校友的身份）來仲裁不同對手之間的競爭，同時
會提醒優先次序和優先權（「我會將您登錄在資格名單上，但不
是在某甲之前」）、承諾和分級。來自普瓦捷（Poitiers）、雷城
（Rennes）或里爾（Lille）的「弟子」每週會前來參與他的研究所
討論課，就功能和運作來看，這些課程更接近於美國各種教授協會
舉辦的年度大型專業會議，也就是更接近academic marketplace的邏
輯，[20]而非德國傳統的研究討論課：對於那些想要成功的人來說，
參加這些會議幾乎是必要的，這類會議聚集了所有覬覦職位的對
手，也許是對導師或前輩對手的模擬式服從、藉此灌輸與強化科學
研究倫理關係的地方，這比任何其他因素更能決定學術生產的形式
和限制。[21]

20 | 參見T. Caplow and R. J. McGee, *The Academic Marketplace*, New York, Doubleday and Co., 1965 (1re éd., 1958), p. 99.

21 | 相同邏輯可見於十九世紀準備參加羅馬大獎的畫家私人工作室。所有的一切都是為了讓學生（甚至是最年長的）處於絕對服導師的狀態之中（例如必須通過一系列的階段，素描對象會從雕刻作品進階到石膏、人體模特兒，然後是繪畫等等，節奏由導師決定）。年紀較大的學生可能會被留在素描階段。沒有人知道要在特定階段花多久的時間。例如在以參賽獲獎聞名的德拉霍許（Delaroche）工作室裡，只有最頑強的人才能在各種操弄和陰謀所引起的沮喪中倖存下來（參見A. Boime, *The Academy and French Painting in the Nineteenth Century*, Londres, Phaidon, 1971, et J. Lethève, *La vie quotidienne des artistes français au XIXe siècle*, Paris, Hachette, 1968）。

時間與權力

依賴關係與其命運取決於「主管」的策略，這些策略與主管的位置和秉性有關；同時也取決於「顧客」的策略，在此當然是在各方操作的條件限制之內，其中最重要的，也許就是相關學科的職位市場張力（市場張力越強、新進者之間的競爭也越強，支配者就越容易操作）。若不將教授列入考量（他們在大學空間裡的此一區域中，也許只佔少數）──就像某位資訊提供者所言，這些教授「會在知性上提供刺激、協助工作並督促發表」（語言學家，一九七一年），我們可見到，已經適應其位置的「主管」（具備了足夠的手段技巧，以便安置他們的追隨者、確保他們一個職業生涯及以此取得權力的接替）必須在以下兩點之間找到平衡：一是盡可能長期掌握其「培養的新手」，防止他們過早獨立，甚至成為活躍的對手（特別是就追隨者來說），二是必須充分「督促」他們以免讓他們失望，還要保持他們的忠誠（例如不要讓他們與對手結盟），同時確認其權力、藉此強化學術威望和吸引力。

但是，要比較分析這兩種主管的策略，也許只需引用一位內行的資訊提供者就夠了：「曾有那麼一段時間，某甲身邊圍繞了各式各樣的人；有很多最優秀的人都想跟他合

作。他是否讓他們失望了？除了那些在地理位置上離他很遠的人，他並沒有鼓舞他們……他們並非他的講師；他確實有督促他的講師們，這些講師通過了博士論文答辯，而且非常快就嶄露頭角，例如某乙才三十八歲就在索邦大學任教，諸如此類的。至於其他人，他則讓他們繼續當助理教授。他拖延著他們。像某丙，他曾是他的講師，但是他並不關切他。其他跟著某甲的人，他們最後終於當上老師，但也都已過了四十歲。他們趁六八學運之際到凡仙大學（Vincennes）譯註5任教。如果沒有凡仙大學，他們仍只是索邦大學的助理教授。這也讓某甲的學生們目前都無法獲得權力，除了某丁。某些人對他忠誠，就像某乙，但即便如此……。若他們取得權力，他們就不再對某甲忠誠，要不就是他們無法取得權力。有些人轉到某戊門下，有些人在沒有某甲的情況下起步，並在準備提交博士論文時歸到某戊門下，一旦獲得博士學位，就獲得他的協助」（地理學家，一九七一年）。

也許很少有社會世界的權力會依賴如此的信仰，就像霍布斯（Hobbes）所言，這真的是「擁有權力，就是擁有力量」（avoir du pouvoir, c'est être crédité de pouvoir）。因此，在「將覬覦者帶向最有權勢之保護者」的策略影響下，若不考慮這些覬覦者帶來的貢獻，

我們就無法完全理解大學權力集中的現象。這些慣習策略因此比意
識更為無意識。同樣的，根據其頌揚者的說法，導師似乎是「由於
某種自然的必要性」而取得支配的職位，「無須策劃謀略，也不用
想方設法」，同樣的，最有經驗（也是最受青睞）的學生並不需要
算計或權衡機會，就能向最有影響力的導師表達其感激與擁護之
意。這也是另一個造成「資本通向資本」的效應。事實上我可以們
確定，不同「主管」持有的學術權力資本與其顧客的數量、以教育
資本來衡量的素質有很密切的關係，這些顧客代表了其象徵性資本
的尺度和展現。

指導的論文數量就足以區分出不同學科的大「老闆」。
例如，數據最為確定的歷史學[22]：吉哈德57份主要論文，
拉布魯斯四十二份，雷努凡二十三份，吉哈爾（Guiral）
二十二份，佩華（Perroy）二十一份，莫拉（Mollat）與
穆尼耶（Mousnier）十九份[23]。同樣的，在希臘語方面，
費爾南・羅伯（Fernand Robert）三十三份主要論文（三
份副博士論文、三份第三階段博士論文），德・羅米利
女士（Mme de Romilly）二十一份（四份副博士論文，九
份第三階段博士論文），弗拉瑟利耶二十份（八份副博
士論文），香特漢納（Chantraine）十七份（八份副博士
論文），哈爾女士（Mme Harl）十六份（十二份第三階

22 | 計算依據是《法國本土各文學院提交之當代歷史論文一覽表，1966年10月1日決議》（*Liste des thèses d'histoire contemporaine déposées dans les facultés des lettres de France métropolitaine, arrêtée au 1er octobre 1966*），n=756，其中347份為主論文，60份為副論文，271份為第三階段論文，78份為學士論文。這份名單是法國學院當代史教授協會（association des professeur d'histoire contemporaine des facultés françaises）要求建立的，我們可在J.-B. Duroselle, Les thèses d'histoire contemporaine. Aires cultivées et zones en friche, *Revue d'histoire moderne et contemporaine,* janvier-mars 1967, pp. 71-77找到對這份文件的描述。

23 | 即使加入副論文，此一分級也幾乎沒有什麼不同，但若納入所有的指導論文，包括第三階段論文（更別提若只有這些論文），此一分級就會被大幅修正。雖然吉哈德、居羅塞爾、莫拉、佩華一直位居前十名，而且順序沒變，但是我們也見到雷蒙（Rémond）與萊哈特（Reinhardt），以及接下來所有巴黎政治學院（Science Po）和高等研究實用學院的教授。若我們只考慮指導第三階段論文，此一差距會更明顯：雷蒙（南泰爾學院、巴黎政治學院）44份，維拉（Vilar）（索邦大學、高等研究實用學院）20份，萊哈特（索邦大學、巴黎政治學院）18份，謝諾（Chesneaux）（高等研究實用學院）14份，蓋尼亞傑（Gagniage）（索邦大學）及葛羅塞（Grosser）（巴黎政治學院）14份，拉佛（Lavau）（巴黎政治學院）12份，余爾蒂格（Hurtig）（巴黎政治學院）、魯里耶（Lhuillier）（史特拉斯堡大學[Strasbourg]）、杜夏（Touchard）（巴黎政治學院）10份。這些計算的意義被以下事實限制，即部份教授——在此主要是巴黎政治學院的教授——也會指導其他學科的論文，不過這些論文並沒有被計算在內。

24 | 這些計算建立在人文科學之家（MSH）針對研究員所做的調查，其中身為論文指導教授的總數（包括準備當中與通過答辯的論文）：因此，與高等教育古代語言學系教師協會（APLAES）於1971年6月公佈的《希臘文暨拉丁文研究一覽表》（*Liste des travaux en grec, en latin*）相較之下，這些計算低估了指導論文的比例，尤其是因為並非所有該學科的研究員或教授都有回覆這份調查；但是這份計算比起在兩個相對接近之日期內提交的論文、每一教授指導的論文總數及其代表的社會資本名單更為正確，因為這些計算考慮了在法國大學市場上準備要真正著手進行的論文。

段博士論文）[24]。或是在哲學方面：呂格爾（Ricœur）十份（四份副博士論文），伊波利特（Hyppolite）十份（三份副博士論文），舒爾（Schuhl）十份（三份副博士論文），冉克勒維奇（Jankélévitch）七份，華爾（Wahl）六份（三份副博士論文），龔迪亞克（Gandillac）六份（七份副博士論文），阿爾基（Alquié）五份（一份副博士論文），古耶（Gouhier）四份（十二份副博士論文），康吉萊姆（Canguilhem）四份（四份副博士論文），蘇里歐（Souriau）四份（二份副博士論文）[25]。我們觀察到，在所有的學科裡，學者或傑出研究員（特別是當他們隸屬法蘭西學院，通常只指導很少數的博士候選人，而且領域十分明確）及正教授中最有權勢者（指導大量且通常十分多元的研究工作）之間有顯著的差異。

然而，正是當我們重視候選人的社會素質之際，最有意義的差異就出現了：事實上，我們見到場域中最具能力屬性的候選人——男性、具備高等教師資格（甚至在此一會考中表現優異）、巴黎高等師範學院校友——會圍繞在最有權勢的「老闆」身邊，因而也最具潛「能」（正如隨後的職業生涯清楚所示）。以此，在體系人才或許會相遇的哲學界裡，[26]本身是巴黎高等師範學院校友的尚·伊波利特曾任該院院長、索邦大學教授、接著在法蘭西學院任教，

他與保羅・呂格爾完全不同。呂格爾不是巴黎高等師範
學院的校友，他曾在南泰爾學院及美國教書，也是胡塞爾
（Husserl）的譯者和評論者，他的權威和名聲與伊波利特
至少旗鼓相當，尤其以身為黑格爾（Hegel）的譯者和評論
者聞名，而且他還有身為現象學家、語言哲學家和評註家
的作品，但是他門下博士生的社會素質卻明顯低劣許多。

25｜這份名單依賴的是1967年人文科學之家的調查，帶來了與希臘文論文名單的相同評語。
尤其可以確定的是，這份名單低估了博士候選人的登記總數：例如亨利・古耶在一份訪談中，
宣稱門下一直都有50至80名博士候選人，每年約有15份論文通過答辯；另一位較不出名的
教授表示，他在調查期間有25至35名博士候選人，包括國家論文與第三階段論文候選人，
並參與了5或6份論文答辯。清點1965年至1968年提交至索邦大學的論文名單《1965-1970
年在法國註冊的文科暨人文科學國家博士論文題目目錄索引》（*Répertoire raisonné des sujets
en cours des doctorats d'Etat – lettres et sciences humaines – inscrits en France, 1965–1970,
Université de Paris X-Nanterre et Centre de documentation sciences humaines*）則有些微不同，這
是可以理解的，因為它更能掌握不同老闆在一有限期間內的吸引力，而非他們在職業生涯期間
所累積的追隨者資本（以此，1961年進入法蘭西學院的伊波利特倒退了，而退休的蘇里歐和
華爾則消失了）。一項嚴謹的分析必須區分大學世代，大學世代與生物世代並不重疊，這使得
生理年齡相同、但於不同年齡進入索邦大學的教授，在其追隨者數量和素質方面可能完全無法
比較；最有權勢者通常都是那些年輕時就握有權力的人，他們掌權的時間更為長久。
26｜透過這份已經引用過的哲學論文名單（這些論文由被研究的作者自行登記和分類），我們
在不同指導教授之間重新分配論文，並將每份論文與其作者的可利用特色連結起來（摘自人文
科學之家對研究員的調查）。

伊波利特的十位「博士候選人」皆為男性、九位為高等教
師、六位為巴黎高等師範學院校友，調查期間有六位在巴
黎，四位已經是副教授、二位為助理教授、二名講師、四
位是法國國家科學研究中心的研究員。呂格爾的十名候選
人中，有八名為男性、八名是高等教師，沒有任何巴黎高
等師範學院的校友，只有二名是巴黎人，有五名助理教
授、三名講師、一位副教授、一位天主教學校的教員。這
項簡單的評估讓我們清楚瞥見論文在正規學科中的功能和
運作，透過論文，論文指導教授絕對地控制唯一可能的位
置，也就是一個學院裡的教授職位。[27]

　　一個大學職業生涯的成就取決於「選擇」一位有權勢的老闆，
但是他不一定最有名，甚至也不一定在技術上最能勝任；因此，以
「哲學家」來說，對將於一九七〇至一九八〇年代掌權的世代而
言，最具威望的職業生涯取決於一九五〇至一九八〇年代向索邦大
學教授提交的論文主題，而這些教授本身三十年前都在艾米爾・布
列葉（Émile Bréhier）和里昂・布倫士維格（Léon Brunschwicg）門
下。藉由吸引某些最「有前途」的學術資格候選人投入哲學領域中
明確劃定範圍之區域的專家門下，例如舒爾、吉東、古耶、康吉萊
姆，這個專業化效應看似抵制了壟斷進程，實際上卻是強化了此一
進程：事實上，依據眾所周知但未言明的分級制度，最一般的主題

也是最負盛名的（在諸多指數中，以下事實可作為證明：較專業的主題會保留給副論文，而第二指導教授都是專家）。只需要察看提交給最具吸引力之「老闆」的主題名單，就足以瞭解論文指導教授（客觀上）期待的，（除了少數例外）不是真的指導研究、在方法學或技術上提供意見，或甚至啟發哲學靈感，而是某種素質的認可和相關的自由，以及更無意識的職業生涯指導、庇護。因此，我們可在伊波利特那裡找到一些有關於黑格爾的主題（這些都是罕見的「邊緣主題」），還有對萊布尼茲、尼采、阿蘭的研究，或是對希臘歷史思想、感官現象學等等的研究。簡言之，大老闆與其追隨者之間的知性親近性，顯然遠不如將他們結合起來的社會親近性。

事實上，儘管主題的「選擇」和老闆的「選擇」似乎遵循兩種不相關的原則，但它們都在兩種不同邏輯中表達出相同的秉性：在

27｜比較高等研究實用學院院長暨索邦大學教授艾內斯特・拉布魯斯（或是同樣隸屬兩個機構的皮耶・維拉），以及長期擔任大學諮詢委員會主席的索邦大學教授路易・吉哈德這兩人門下博士候選人，顯示當正統大學（例如歷史學方面）再也無法壟斷職業生涯，情況就會不同，因為其他機構也提供了這些可能性，例如高等研究實用學院、巴黎政治科學院。路易・吉哈德大多數的學生都以某些晦澀不明的職涯聞名，或者揚名於大學之外，例如路易・梅爾馬茲（Louis Mermaz）、尚・艾倫斯坦（Jean Ellenstein）、路易・梅克桑多（Louis Mexandeau），而許多艾內斯特・拉布魯斯的學生則是該世代最負盛名的歷史學家，有很大比例在高等研究實用學院或凡仙大學任教。

主題重要性和作者好評中顯示的哲學卓越的意涵，會同時表現在對「老闆」的選擇上，這位老闆透過其大學位置（至少就像透過其作品一樣），可以在被考慮的時刻表現得就像是最當行出色的哲學教授，同時仍佔據最佳位置，以便向具哲學野心的覬覦者確保充分實行哲學活動的社會條件，具體而言就是在一個學院裡的一項職位。彼與此的「選擇」都表達了此種在知性與社會上不可分割的投資意涵，將申請者中最著名的導向最重要的對象及其最有威望的位置。就像選擇配偶一樣，「選擇」老闆有部份也是一種從資本到資本的關係：就擇定老闆與主題的高度而言，學術資格候選人肯定了他對自身高度的看法，與對不同潛在老闆之高度的看法，這有點像是一項好或壞的知性品味，連同每個可能的allodoxia（按：拉丁文，「誤認」之意）效應。老闆是「被選擇者」，而非「選擇者」；然而其學生（不一定是門徒）的價值卻賦予了他一種智識認可的形式，有助於創造他的價值，就像他協助他們創造他們的價值一樣。[28]

> 透過合作伙伴的每個相互「選擇」（他們連「選擇」的原則都能相互配合），注定要作為判斷與分類程序產物的連帶性就會被構成，而且這些程序都奠基於清楚的準則和明確的規則之上。到處都一樣，我們必須避免解釋為一種規則效應、有意且有條不紊之意向的效應，或是旨在實用意涵傾向的規律性效應。客觀化（尤其是匯集多項個別策略

成果所進行的統計）本身會產生必須有意識防範的理論扭曲：客觀化顯現了行動者屬性與其實作之間的關係，我們可能會試圖將之解讀為利益被深思熟慮過的一種犬儒式計算。由於（他人的）這種天真行動之功利主義哲學為日常論戰的一般基礎，這種解讀就更有可能發生。這種日常論戰有時會被偽裝成科學，通常會從忿恨中汲取其清醒的假象。

法律上賦予某些人的大膽、甚至魯莽，為多數人抱持的制度上的審慎提供了最佳的理由和最穩當的藉口。透過對「傑出者」的崇拜而謀得機會、它鼓勵的大膽假象、阻止的卑微與艱澀工作，使得它似乎沒有像表面上那樣與academica mediocritas（按：拉丁文，「學術中庸」之意）的謹慎、懷疑和忿恨式的知識論、對知性自由與知性風險的恐懼形成對立；它與「嚴肅」、謹慎投資及微薄利益的呼籲相結合，為的是破壞或阻止任何可能危及秩序的思想，這個

28｜我們可以從這個角度來理解繼承者必須對其前任致上的頌詞，其內容錯綜複雜地混合了對「老闆」的承認聲明——依感激之情——和對「導師」的智識認可的聲明。

秩序建立在對知性自由的不信任、甚至是非常特殊的反唯智主義形式之上。無論是在論文答辯或是在評註中，爾或是在不支持當時任一前衛思想的中立課堂上，我們對創新和知性創造的無聲抵抗、對思想和心靈自由與批判（這些經常會引導學術評判）的厭惡，或許都是認可某一制度的效應，只有接受制度限制卻對此一無所知的人，才能獲得與制度思想有關的法定保證。沒有什麼會比博士論文更有助於強化想要得到的秉性；這要藉助對「博士之父」此一父權的擴大控制，它會試圖影響所有的實作，特別是出版品方面，方法是透過自我審查、對導師與大學生產的必要崇敬，尤其是透過深切的依賴關係，在這層關係裡，權威維繫了學術資格候選人，而且它通常與真正學徒的技術必要性無關。[29]

我們通常會將焦點放在答辯的儀式，但這無論如何都遮掩了重點，那就是順從的等待、對學術秩序的認可。正如規定考試的條例所提醒，在中世紀，考試是掌控鞍具業的方法，因此任何導師都會有導師，*nullus assumi debet in magistrum, qui sub magistro non fuerit disciplus*（按：拉丁文。假如不在導師指導下學習，沒有人能成為導師）。任何被認可的導師都會承認一名導師，並透過這名導師，承認會認可他的神聖導師學院之知性評判者。簡言之，任何導師都會承認制度的價值和制度層面的價值觀，這些價值觀都源於對非制度化思想的拒絕、對學術「可靠性」的頌揚，此一標準化工具表面上是科學與道德的標準化工具，然而它通常只是一個工具，將個人和

集體的限制轉變成科學美德的選擇。

　　就像所有制度化程度低、排除委託給某些代理者的權力形式，[30]嚴格意義的學術權力必須不斷花費大量的時間來累積與維持。結果就像韋伯指出的，取得與行使學術場域的行政權力（例如院長或大學區區長的行政權力），或是能影響選舉人團或各種理事會或委員會之重要選舉人的一種非正式權力，事實上都會危害科學權威資本的累積，反之亦然。就像前資本主義社會中的象徵性資本累積，由於經濟與文化機制的客觀化程度不高，因此學術權威的特定資本累積需要個人的付出（亦即時間），才能控制可累積與行使學術權力的機構網絡，也才能進行交換，這些交換都是一個契機，能逐步建構行政部門資本，對於共犯關係、聯盟和追隨者的建立是不可或缺的。

29｜理所當然地，社會必要性只能透過技術必要性的偽裝來實行。因此，在雙方合謀之下，這兩種必要性之間的雙重遊戲往往會成為規則，構成了自由同意真正**學徒**合約之建立的主要障礙之一，其中所加的強制力和控制是為了使合約自身消亡，同時提供作為真正知性自由條件的研究工具。

30｜我們將在文化生產或再生產機構中見到，權力意味著一種文化的權威形式，以及某種**制度魅力**。

為了說服自己，我們只需要想像以下這位隨處可見其身影
的教授如何運用時間：馬塞爾‧居利（Marcel Durry）於
一九四四年獲任索邦大學教授，並在三十多年內累積了
各種行政職責、不同的負責人職位、參與各種最高階的
「拉丁美洲」（latinerie，他喜歡如此稱呼）單位。這是
一位經常領出席會議車馬費的人：他是索邦大學的拉丁
研究所所長暨院長，長期擔任高等教師資格審查會及大
學諮詢委員會的主席，他也是拉丁研究協會（Société des
études latines）的理事、國際古典研究聯盟（Fédération
internationale des études classiques）的主席，也曾擔任羅
馬-雅典協會（asssociation Rome-Athènes）的主席，亦是
吉雍姆‧布戴協會（asssociation Guillaume Budé）的行政
委員會成員（「他從不缺舞台」）、古典文獻出版社的行
政委員會代表、委拉斯蓋茲之家（Casa Velasquez）的行
政委員會成員。「內閣經常向他尋求諮詢」，但是他依
舊有時間「在歐洲各地」旅行，他甚至去了北非的君士
坦丁（Constantine）和巴西，而且是帶有任務的（參見J.
Heurgon，馬塞爾‧居利的訃文，in *Bulletin de l'association
Guillaume Budé*, 1978, n 1, pp. 1-3 et P. Grimal, *Revue d'études
latines*, 55, 1977, pp. 28-32.）。我們將會發現一個第二線
老闆的典型形象，他比較像是副院長而非院長、是財務

長而非主席、是秘書而非負責人，但他在皮耶·維耶米
耶（Pierre Wuilleumier）的職業生涯回顧中是忠誠的，無
疑也是機構良好運作的不可或缺人物（F. Robert, *Bulletin
de l'association Guillaume Budé,* mars 1980, n 1, pp. 1-4, et P.
Grimal, *Revue d'études latines,* 5, 1979, pp. 29-31.）。

為參與這些儀式、典禮、會議、代表團而犧牲的時間，也是
累積此種特定象徵性資本形式（大學信譽的名聲）的最必要條件：
團體賦予的認可，能換得對該團體及其價值觀、義務、傳統和儀式
的認可，透過這些儀式，團體重申其存在和價值。團體賦予的認可
在此是某種內部權威形式的基礎，相對獨立於科學權威。我們需要
一整部專著，才能理解大學人士的交換邏輯：學者會藉由審查論文
（要求同事參與審查由他指導論文的人，並心照不宣地提供回報，
因而進入了一個不斷交換的循環之中）、選舉（支持同事參選的
人，也會獲得該同事在其他選舉中的支持）、編輯小組（這裡也有
類似的機制運作）、招聘委員會等等機會進行交換。這也許讓權力
累積的邏輯成為「義務孕育義務」的惡性循環形式，這種權力的逐
漸累積會引起產生權力的誘惑。

但是在此，我們必須注意一位資訊提供者描述的最新學術
場域狀態（約一九八〇年代），隨著諮詢單位的發展，時

間等同於學術權力的邏輯似乎到了極限:「隸屬這個委員
會有很大的好處,因為別人會來徵詢你、請教你,你隸屬
這個關係網絡(如果你參與這場遊戲),這個網絡會讓你
去認識幾乎所有的人:因此,你會被邀請至學院參加專家
委員會、甚至可能會請你去演講。有次,某甲邀請我去某
地演講,這為我帶來了四、五百法郎。不過這不是我關注
的,重點是這對找工作有利。對於一個完成博士論文的助
理教授來說,跟這些人一起工作,即使這些人跟他不是同
一陣線(某些人是工會選出的代表,其他人則由右翼政府
任命),無論你要不要,隸屬這個委員會在客觀上就是如
此。我們習慣每一次開會時,都會與助理教授、教授一起
在餐廳用餐……。隸屬這個委員會有極大的好處,因為大
家都會認識你;對於尋求教授職位的助理教授來說,論
文一旦通過,如果他隸屬某個較偏遠的地方委員會,同
時那裡也有職缺,當地的專家委員會就會立刻預先擇定
他。除了透過出版或嚴格意義的智識認可,這也為你創造
了一個社會關係網絡」(社會學家,一九八○年)。當這
些新類型的權力在工會及抽象概念式行會主義的幫助下發
展起來,權力比以往更需及時付出代價,也就是要放棄特
定權威資本的累積;這些都能讓我們假設,抽象概念式鬥
爭的激烈化對於縮減科學研究的總體時間有重大影響(此

一並非故意產生的結果，符合那些最無法從研究中獲利者的利益）：「有七份報告要寫，對那些有訣竅的人來說，這很快，最多只要一天。但是出席會議，這真的很花時間（一週）。那一年，我們出席過為期一週的會議，還有一次持續了三天半。這實在很累人。此外還有辦公室會議，委員會成員之間必須分配文件。我代表助理教授出席。我在那裡待了大概兩個小時，或者至少也有半天。『啊！這個人的論文指導教授是某某人，所以不能有某某人』。而某乙每年更要花好幾個半天在內閣，因為內閣直接與各主席合作、下達指令。主席的工作比委員會的基層成員還多……。有一件事會花掉很多時間，那就是打電話給委員會的成員。我覺得這尤其打擾到教授，不僅只有委員會成員，還有住在外省的人等等。工會活動者還必須寫信給工會會員進行匯報、籌備會議（全國高等教育工會的代表）。我相信這整個加起來要花掉大約一個月的時間，總而言之，那一年對我來說非常繁重。但是和法國國家科學研究中心比起來，這都不算什麼；有些人兼任法國國家科學研究中心和高等大學諮詢審議會（CSCU）的職位，他們每年要花掉三個月的時間」（社會學家，一九八〇年）。

因此，沒有什麼比時間分配結構更能總結位居學術場域兩端者

的對立，因為不同的資本類型會對應不同形式的時間分配：一邊是投入學術資本累積與管理工作（包括其「個人性的」工作）的人，這些工作有很大一部份是用來生產知性工具，這些工具也確切是學術權力的工具，包括課程、教科書、字典、百科全書等等；另一邊是尤其投資於生產的人，其次是能累積外部名聲等象徵性資本之代表性工作。事實上，我們應該可以根據分配給生產的時間，或是分配給直接推銷其產品的時間（尤其是科學的交流工作，例如研討會、會議、講座、相互邀請等等），爾或是分配給公眾活動（特別是政治類活動）的時間，將最具外部威望的人再加以劃分，這些公眾活動隸屬知識份子的社會角色，而且是在公共關係和廣告的邏輯範圍內（但也不一定會被如此認為），例如與記者往來頻繁、為報紙撰寫文章、參與請願或遊行等等。

可以理解的是，學術權力經常與科學資本與其帶來的認可無關。在一個實際上與法定上都不必然是此類權力的世界裡，也許對其最有自信的擁有者而言，世俗權力就像一種低階的權力形式，是一個替代品或安慰獎。我們也明白，面對那些獻身研究並有所成就的人，這些致力於行政管理的大學人士會有什麼樣的深刻矛盾心理，特別是在對大學忠誠度薄弱且很少回報的大學傳統中。

這些都讓我們相信，導向世俗權力位置的初始或稍後取向，取決於慣習的秉性，以及取得場域中唯一獲得正式認可之關鍵議題（亦即科學成就和智識威望）的機會，這些秉性本身則透過預測和

self-fulfilling prophecy（預言自我實現）效應來製造機會。在位置與秉性、慣習與場域之間建立起來的循環因果關係邏輯，使得較無回報的科學投資會接受或尋求具替代性或補償性的科學以外的投資，這些投資反過來又造成科學投資收益的縮減。結果，再也沒有什麼比試圖決定「最少的智識成就是否為決定性原則或這些負面使命的效應」這件事更徒勞的了。這些負面使命導致了學術權力或大學行政管理的位置，或是再次造成此一特殊的工會主義形式，這個形式在教學或研究中，代表了世俗成就的一條次要道路。由於案例不止一個（至少在一九六八年五月危機之前是如此），因此大學所允許的學校文化秉性，似乎極為自然地就導向了某些管理職位。

　　所以，大學空間裡的這些區域由行動者佔據，是很合乎情理的，這些行動者是為學校教育機構而產生的，也是由學校教育機構所產生的，他們只需遵循其自身的秉性，就能無限制地產生機構再生產的條件，首先就從最重要的部份開始：那就是強加上對文化的需求和憧憬的限制、鼓勵忽視這些限制、約束對世界的看法並贊同這種殘缺的看法，這會導致以「普遍文化」之名，將這個最特別

31｜從這個角度來看，我們不會過度關注**課程規劃**。課程規劃定義了**在學校教育方面有收穫**的知識世界、以此有助於**思想課程規劃**的生產與再生產，在追隨者（學生及未來的導師）的調整中扮演了決定性的角色。

的獨特性理解為一種普世性。[31]奉獻者總是最傾向於認為，除了教會，再也沒有其他救贖——尤其是當他們成為文化再生產機構的高階權威人士，此機構在接受他們的同時，也利用了他們對其他文化世界的積極無知，特別是他們的消極無知。這些當之無愧的奇蹟倖存者是其精心挑選的受害者，是自滿與貧乏的稀奇混合物，對外國觀察者造成即刻震撼，例如里奧·史匹哲（Léo Spitzer）[譯註6]，他曾多次提及「學校教育的孤立」、法國拉伯雷專家的「國立與索邦大學的雙重自給自足」[32]。

> 法國大學的文化貴族特權政治主要源於與學校教育系統最有關的小布爾喬亞階級（索邦大學的核心成員為小學老師之子），如果我們忘了他們或許比其他人（例如德國人或英國人）更缺乏文化貴族特權政治遺產所能謀得的一切，而且沒有意識到此一缺乏，那麼我們就無法理解法國大學最持久的特點。窮人的知性貴族主義是文化貧困之惡性循環的根本。我們不需要引用國家特徵，就能理解「平等主義者的雅各賓主義」和「學校教育的貴族主義」在競試制度中的結合，會對所有的科學成就產生極為矛盾的秉性：因此，集體對抗所有被客觀化的表現分級制度——這個制度會阻礙所有對科學身份制度化指標的研究——可以和傑出知識份子無與倫比的狂熱連結起來。

　　正規學科的正規教授主要來自教師身份團體，尤其是其中下階層，他們幾乎都讀過文科預備班和巴黎高等師範學院，他們通常會在那裡教書，結婚對象也常常是老師，他們擁護他們所擇定的學校教育機構，因為這個機構選擇了他們（反之亦然），而此一完全被制約的支持，是全然、絕對、無條件支持的。認可的辯證法有助於將行動者推向其在社會上被構成的秉性所在，該辯證法在此全面運作，而且只有最精細的私下語言（infra-linguistique）傳播科學才有可能辨識出這些徵候。機構在增補新成員的程序中，透過這些徵候來確認會認可它的人，無論是所謂的「可靠者」（也就是認真對待學校教育建言或指令的人），或者是作為互補的「傑出者」——傑出者經常被視作早慧者，亦即很快就在學校測驗中取得好成績的人，他也會衡量贊同「可靠者」價值觀的早慧度，最早慧者意味著

32 | L. Spitzer, *Études de style*, préface de J. Starobinski, Paris, Gallimard, 1970, p. 165, n. 26, et p. 159, n. 2.

33 | 這在法學院或醫學院中或許是較真實的。「可靠者」的氛圍是贊同布爾喬亞階級正常狀態之價值觀的徵候，而在這兩個學院裡，由於傑出者和可靠者之間的對立並無直接關連，而且最傑出者同時也是最可靠者，所以對「可靠者」氛圍的苛求就更加強烈。可靠者很早就清楚表明支持該身份團體的傳統，完全相反地，早慧的可靠者不會排斥法定且受到控制的濫用，亦即在時間和社會空間中慣常受限的濫用。

很年輕就成為資深者。[33]

　　嚴格意義的學術權力是正規學科的典型，例如法國文學史、古典文學或哲學，這些正規學科都與課程規劃、學校測驗有很深的關係，並藉此與中等教育相連結，它們透過課程規劃、競試課程與主題來向教師身份團體持續反覆灌輸秉性，從而直接控制了再生產之舉。被投資社會權威的此類學科教授（如同他們積極捍衛法國語言和文化、積極捍衛負責支持他們的機構所顯示的），使其教學與「科學」實作的重點屈從於考試和競試的強烈要求。

> 這種近乎司法的功能在語法學家身上清楚可見：他們在沒有意識到語法模稜兩可的情況下使用之（可以實證或規範意涵來理解），同時說明什麼是語言、語言應該是什麼：「語言學家扮演的是雙重角色：一方面，他要發現語言系統的性質，另一方面則是向年輕人傳授其規範。作為觀察家和發現者，他是語言學的科學的創立者，但是身為教授和法規制訂者，他與教士、法官或王子隸屬相同的制度。就像他們建立或管理宗教、法律或禮節規章，他也會建立與詮釋『良好的』語言系統或『正確的』言語系統的規章」[34]。

　　正規學科的正規導師將很大一部份的時間花在作品的產出，這

些作品的教育意向或多或少都被巧妙地否決了，它們既是特權（通常在經濟上有所收益），也是文化權力的工具（將知識標準化、將正當的研究成果正統化）：這些當然就是教科書、「我知道什麼？」（Que sais-Je？）系列叢書^{譯註7}，以及無數的「綜合論述」叢書，特別是種類繁多且有利潤的歷史類書籍、字典、百科全書等等。[35]這些「廣博的綜合論述」通常是集體合作，除了能獲得廣大的追隨者並使之滿意，還能透過選擇，首先對教師身份團體產生認可（或排行榜）效應，再透過教師身份團體，對不同教育層級的學生造成認可效應。[36]這些綜合論述出自課程，也注定要回到課程狀態中，而且經常將難題及爭論予以制度化及正統化，導致知識停留在過時的狀態，然而這些難題與爭論必須以被客觀化且內藏的學校

---

34 | 參見E. Haugen, *Language Conflict and Language Planning*, Cambridge, Harvard University Press, 1966, p. 4.

35 | 我們知道法國大學出版社和索邦大學教授之間是有關連的，這些教授是主要系列叢書的當然主編，這些叢書會出版獲得補助的論文，以及在社會上獲得機構權威所讚同的綜合著作。（我們應該要根據相同的邏輯來分析大學印刷工坊的運作和模糊功能。）

36 | 在場域的另一極，排行榜效應會透過新聞媒體來實行，特別是文化性質的週刊，它能在某些形勢下直接影響大學生群眾。

課程規劃，持續存在下去。這些綜合論述是再生產之重大教學的自然延伸；作為正當的普及化，此種延伸必須反覆灌輸「博士們的共同意見」所獲得且同意的一切，並藉此將之建立成經過認證、學術上被批准與認可的合格知識（不同於「時尚」及所有的現代主義異端邪說），因而也值得被教授與學習，而非生產新的、甚至異端的知識，或是製造能生產此一知識的能力與傾向。

更普遍而言，研究與教學之間的結構性落差（依據學科，這個落差可大可小），使得所有層級的教師都傾向於在防衛性的厭新主義中，找到避免過時的方法，而且他們會濫用教學所確保的壟斷情境，對於他們無論如何都難以傳遞的知識採取錯誤的距離，這種情況並不罕見：「至於那些目前不做研究的人，他們的作法是以傳播理論來搞壞理論；他們試圖與他們所傳播的作者做出區隔，對難題與處理難題的方式提出偽批評、偽意見或偽立場」（語言學家，一九七一年）。

在此，我們必須對傳記和參考書目進行詳細的分析，將作品與伴隨而來的再生產活動（被公開表示的課程、被改正的競試等等）聯繫起來，並檢查研究活動與教學活動之間的時間分配狀況，最後還要在這些活動內，確認賦予準備研究用教學和培育教師用教學的位置何在。[37]在這最新的

對立中，我們可以找到不同機構和不同教授賦予第三階段博士論文與高等教師會考的指標。根據不同的學科，第三階博士段論文也許有非常不同的目的，即使是在同一學科內，也會依據導師的科學轉行程度而有所不同，儘管如此，第三階段博士論文仍代表了有可能在制度上擺脫野心──那就是在國家博士論文制度的鼓勵下，要單獨花上多年時間創造獨特且全面的傑作，並找到適合研究要求的表達方式，例如針對某一詳細主題，提出具原創性貢獻的科學文章。事實上，我們觀察到，從傳統學科移向研究型學科時，提交或準備博士論文的比例會降低，但相反地，提交或準備第三階段博士論文的比例會增加（我們知道，第三階段博士學位首先發展於自然科學學院中，試圖取代高等教師資格，以便獲取高等教育教職）：因此，例如B級學院沒有提交及準備第三階段博士論文的教師比例

37 ｜有趣的是，我們可以計算在附屬機構或其他地方的「附加」教學時間，以便衡量教學方向的強度：這都讓我們相信，越接近「再生產者」端，就越常遇到能獲得可觀經濟利益的人，他們在知性上以非常經濟學的方式，在索邦大學、巴黎高等師範學院、塞維涅學院（école Sévigné）等等增加相同的競試課程規劃，尤其是高等教師會考的課程。

從社會學40％、語言學59.7％、拉丁文暨希臘文73.6％，升到文學75.1％（這些數據來自一九六七年針對文科與人文科學研究員的調查，並獲得論文彙整總計的證實，總計顯示，一九六八年在巴黎提交的第三階段論文分別是社會學三十二篇、人類學十七篇、心理學十四篇、希臘文十一篇、英文三篇）。

第三階段博士論文的變化讓我們明白，新的生產模式和文化作品的評價模式的制度化有其困難。事實上，很顯然地，就這點而言，大學風尚優先於法律規定：主要是因為不少教授大量招收第三階段博士生，顯示出對此的不重視。第三階段博士受制於研究工作，幾乎全部缺少了學院正規學科的市場價值（這個市場一直受到高等教師會考與其學校教育訓練的支配），與傳統證書（尤其是高等教師資格）之間的競爭依舊激烈，即使是在社會科學市場上亦然。這就是為何最具研究教學性質的機構幾乎都缺少社會份量的原因之一，例如法蘭西學院、高等研究實用學院：「第三階段絕對沒有任何價值。看看這個例子：我們兩年前就獲得了巴黎高等師範學院文科高等教師資格的豁免權。結果呢？我們是首批建議巴黎高等師範學院校友不要使用這項豁免權的人。他們從中獲得了什麼？第三階段學位？但是第三階段學位又帶給他們什麼？什麼都沒

有……。我們被迫告知真相，甚至是極為現實的真相，然
後我們又回到選擇老闆這條路，有時還必須揭露一點體系
方面的事」（文學教授，一九七一年）。「最好的文憑是
高等教師資格。即使是第三階段的論文，也仍位居於其之
下，這是很明顯的」（古典語言，一九七一年）。「要成
為講師的話，高等教師資格能讓你快速升等，重點真的就
是高等教師資格。一九六八年的時候，它幾乎要崩解；但
是現在，它的發展比任何時候都還要蓬勃：老闆的招聘政
策讓它再次變得重要」（歷史學家，一九七一年）。

　　儘管此一世俗權力與智識威望及科學威望是有所區別的，但是
它讓自己成為真正的智識或科學權威（尤其是在其時間活力的限制
內），進而能在研究領域造成改變方向及延遲的效應，如果我們沒
有意識到這一點，那麼我們就無法理解此一世俗權力在文化秩序內
的運作。之所以會如此，那是因為它能透過對整個正當機構的權威
效應，以及對掌握覬覦之位者有意或無意的順從，從而取得各種必
要的認可與尊敬（最明顯的就是參考引用和各種奉承）。進一步來
說，有鑑於對既定文化秩序的內在臣服，所有那些將真實或被預期
的一部份價值歸功於學校認可的人，往往都會承認在科學或智識方
面要求立法的正當性，而這是所有的世俗權力都能彰顯的，事實上
它每一次都會透過任命、提供資金，更別提透過認可的作為（例如

論文審查會），介入有關智識或科學關鍵議題的世界。

> 累積並未被完全排除，我們在空間的中心地帶發現很多教
> 授能聚集與調和老闆的權力和學者的權威：前者幾乎絕對
> 掌控了所有的學術命運，後者通常意味著兼具索邦大學的
> 教席與高等研究實用學院的討論課。在這兩種權力類型完
> 全不同的兩端之間，「誤認」找到了客觀的基礎。這兩個
> 極端之間存在著所有的中介情況，為個體與集體的惡意提
> 供了支持，沒有此一惡意，知性或科學生活可能就難以維
> 持下去：它讓舊式的論文指導教授認為自己是因科學專業
> 技能而成為受到歡迎與諮詢的導師，造成此一有點自欺欺
> 人現象的原因是權力機構指定給他的昔日學生之同謀或縱
> 容。

　　這種對再生產機制及身份團體未來發展的影響，在醫學院中最
為明顯，主要是以增補新成員的方式來控制大學身份團體的加入與
否、老闆與其追隨者之間長久的保護與依賴關係、對權力之制度位
置的掌控，例如招聘競試審查會、大學諮詢委員會、學院顧問、甚
至是改革委員會。[38]但是，學術秩序最可靠的社會與科學（這兩個
層面不可分離）保證，或許就在於複雜的機制，它讓世俗支配的機
構在邁向顛峰之時，也讓學術啟蒙獲得進展。在醫學院裡，就是透

過一系列的競試來進行（如同一位觀察員指出的，這大大推遲了對實驗室科學方法的真正傳授）；在文學院裡，則是藉由對博士學位的漫長等待。也就是說，在這兩種情況下，都是透過對秉性的持久強化，這些秉性獲得最初的增補新成員程序認可，而且不會試圖與巧妙混合了學術正統性的知識和權力進行異端式的決裂

著名的異端份子

Lectore（按：拉丁文，「閱讀者」之意，這裡指大學裡主要負責傳遞知識的人）優先會被導向文化再生產及再生產者身份團體的再生產，但是那些在場域中所佔位置與lectore的位置對立的人，會優先致力於研究，不過他們也會履行教學任務，但多半是在學術邊緣機構，例如法蘭西學院或高等研究實用學院：他們通常是研究團隊的領導者，很少出現在學術權力位置上（這些位置會讓持有者花掉很多時間，指導的論文數量也會變少）。他們主要存於新的學科

---

38 | 關於醫學院裡的權力基礎，請參閱H. Jamous, *op. cit.*, pp. 108-111。

之中，特別是民族學、語言學、社會學，或者出現在非正規的邊緣
學科內，例如亞述學、埃及學、印度學、漢學、伊斯蘭研究或柏柏
爾研究、印度語或文學等等，但也會出現在方法上有所革新的正規
學科裡，例如社會經濟史。他們的名聲大幅超越了大學場域的範圍
（至少其中一些是如此）。這些「大師」累積了最有威望的學術認
可頭銜（例如法蘭西學會，這是長期一系列依賴關係的頂峰），有
時再加入大眾最知曉的「知性」認可指數（出版文庫本、收入《拉
魯斯辭典》，或是成為法蘭西學術院的一員）、知性場域的權力位
置跡象（知性期刊的編輯小組成員、系列叢書主編等等）、揚名海
外（被大量引用、作品翻譯）、經常以外語書寫等等，他們的名字
都與「某某主義」的概念聯繫在一起（至少對那些已經建立了學派
的人來說是如此），其弟子或門徒多於追隨者——儘管象徵性資本
往往會伴隨某種社會權力（至少在某些狀況下是這樣）。

　　象徵性權威通常會出現在新學科的專家身上，但這不應該
　　遮蔽了以下事實，那就是這些學科結合了舊式權力和新型
　　權力（前者例如大學諮詢委員會，後者與這些學科提供的
　　研究有關，例如掌控法國國家科學研究中心及他處的研究
　　員職位、研究基金等等的委員會），能讓某些「轉行」的
　　老闆實現權力的集中，這些權力與正規學科的小型學術采
　　邑是不成比例的。由於位置的規模明顯擴增，那些能同時

透過博士論文和大學諮詢委員會來控制高等教育職位、並透過法國國家科學研究中心委員會來控制研究員職位與大部份資金的人，擁有前所未有的交換可能性，因而可以直接或間接（特別是藉由對進入身份團體的掌控）長期決定某一學科的整個方向。

若法蘭西學院或高等研究院的教授，以及各學院弱勢暨邊緣學科的教授，或甚至正規學科中最專業的教授（例如基督教哲學史家）主要位於研究端，那是因為他們幾乎完全避開了加諸於學院的支配學科的強制力，這些強制力首先來自眾多課程規劃和大量的聽眾，連同每項官職與隨之而來的威望和權力。他們可以自由選擇授課主題、探索新的目標，他們只需專注於少數未來的專家，而不是針對每年考試與競考規劃的課程，向一大群學生（其中多數注定要教書）陳述早已完成的研究狀態（這些研究通常由他人完成），還認為這必須不可避免地要歸功於學校測驗的邏輯。

這兩端之間的對立不應與學院和大型機構之間的對立混淆。法蘭西學院本身除了有遵循十八世紀學者象牙塔傳統的專家，甚至是最古典的學科（例如古代語言學系），也有一些「傑出的大學人士」，他們遵循一系列古典手續（待過高等修辭特別班和索邦大學），除了一般的傑出學

術成就，還有偶爾從新聞界取得的世俗名聲[39]。我們還可以補充說明，純粹的學業成就（巴黎高等師範學院的入學成績和高等教師會考的成績都很好）始終都是透過雅典法蘭西考古學校與考古學成為學者的途徑。學院方面也有教授轉向研究，尤其是社會科學和小型學科，亦有正規學科中最專業的領域，例如哲學、歷史學。

相對地就是邊緣位置（即使其中一些是有威望的）通常會傾向於或多或少完全排除再生產機制的權力。知道這些職位的特色後，我們就能明白，佔據這些職位的人從未完全與大學秩序決裂：相較於單純再生產的「正常」歷程，以及這些歷程所確保的心理和社會安全感，他們幾乎全部履行了一種或多或少決定性的繞道而行，然而他們（就像其中某些非法國出生的人）對「正常的」職業生涯並不全然陌生。[40]

關於這些大學邊緣或大學以外人士的學術歷程，最典型的例子就是克勞德·李維史陀，就像他在某次訪談中回憶的（順帶一提，對他來說，教學永遠排在研究之後）：「我的第一份教職是在蒙德馬桑（Mont-de-Marsan）當哲學老師，五十年後我才退休。在公立學校教書教了五十年，這真的是很漫長。我在中學只待了兩年半，因為我一九三五

年就到巴西聖保羅大學（São Paulo）教書。從那時起，教學和研究就緊密相繫。對我來說，教書一直是一種面對大眾的考驗，我必須明確表達我的想法，就算只是一個暫時或錯誤的表達也一樣，這些隨後都會出版。我所有的書籍首先都是用口頭方式表達的……。在我的職業生涯中，我總是無法抓住機會。前往巴西帶來重大的改變。機會來臨前，我完全沒有想過要去那邊。巴西內地的探險打亂了我的大學常規。接著就是徵召和戰爭。停戰後，我回中學教了幾個禮拜的書，但是維其（Vichy）政府頒佈了反猶太法^{譯註8}，我就被解職了。由於美國同事對我早期的研究有興趣，所以我才有機會前往美國。因此我在紐約待了幾年，巴黎解放後，我就被召回法國。但是我只在巴黎待了六個月，就是一九四四年至一九四五年的冬天。然後我又回到美國，擔任大使館的文化參事。一九四八年，我回到

39｜1968年之後，「傑出大學人士」的比例似乎有所增加，因為那場危機讓重要學者和修辭學家的關係更為親近，但在此之前，他們是極為對立的。

40｜由於正統大學對外國人極為排斥，邊緣機構（特別是高等研究實用學院）就成為兩次大戰期間接受德國移民、1945年後接受來自於東歐流亡者的地方。

法國，在人類博物館（Musée de l'Homme）和高等研究實用學院教書，一九五九年到了法蘭西學院。所以，這是一個相當波動的大學生涯，其中最令人印象深刻的，無疑就是這都是在大學之外進行的」（《解放報》[Libération]，一九八三年六月二日）。[41]其中一些有名望的邊緣學者與傑出人士，都與索邦大學有爭執或糾紛。我們也知道，法蘭西學院有多位最著名的大師長期以來都遭索邦大學「宣判」：因此，在一九六〇年代左右，學士候選人若想拿到學位，就不能在古爾維奇（Gurvitch）面前提到李維史陀，或是在厄爾貢（Heurgon）面前提及居梅齊爾，最有名的例子就是調查期間的班維尼斯特和古胡（Gourou）。

相較於正規學程、相關思想模式和生活風格，所有的繞道而行都有相對風險，藉由能承擔這些風險的秉性，我們無疑就能建立可理解的社會和地理起源關係，而且總體而言，它比平常教授的社會地理起源關係更為有利：經常觀察其影響，我們就會觀察到法則，認為在各式各樣的投資裡，承擔風險的傾向都與客觀安全感及其激起的自信有關。[42]以此，研究型教授和教學型教授這兩者之間的對立，再度出現於大學場域裡（當大量的作家和評論家踏入教師身份團體時，這是很正常的），而作家和教授、「藝術家生活的自由與大膽」和「**學術人精確及有點狹隘的嚴謹性**」之間的結構性對立，

則或許會減弱。

　　這意味著，位於研究和文化生產端的教授就像對立端的教授一樣，會依分級制度來依序分配（在第一個區域裡，法蘭西學院對高等研究院，在另一個區域裡，索邦大學對南泰爾學院）。在這兩種情況中，分級制度的原則就是他們擁有的資本量（一邊主要是科學或智識資本，比如隸屬法蘭西學會、身為實驗室負責人，另一邊最重要的就是大學資本，例如參與大學諮詢委員會），以及與他們本身有密切關係的巴黎高等師範學院校友身份和年齡（還有其他變因，例如婚姻狀況或出生地）。在最具大學性的部門裡（南泰爾學院在此位居被支配位置），分級化原則純粹是大學性的，分級只對

41｜我們也能以喬治·居梅齊爾為例，其職業生涯有一大部份是在國外進行的，而且完全在正統大學之外。

42｜若我們在最傑出的專家當中重新找到某些宗教人士，例如希臘宗教史家費斯居吉耶爾（Festugière），這無疑是因為他們的科學使命與少數派的倫理－宗教秉性有關，這些秉性證明了他們在世俗大學中的非凡研究地位（我們或許能以相同邏輯來解釋被支配階級的奇蹟倖存者）；至於左派天主教徒，例如馬魯（Marrou），他們在科學上佔據的位置先進，那是因為他們必須同時反對支配性的世俗傳統，對抗可在研究語言系統和文明歷史的學者會社（belles-lettres）（例如厄爾貢及顧塞爾 [Courcelles]）、以及反共和主義傳統的「人道主義」反作用力（在此，天主教的審查採取講究禮節規矩和優雅的文學審查）中找到的羅馬天主教傳統。

應於年齡、少數頭銜（例如巴黎高等師範學院校友）及學科的分級，其頂端是哲學和古典文學，底層則為地理學。在另一端，少數擁有名聲之每個屬性之教授，以及其他更不出名的教授，這兩者之間的分級則依象徵性資本而建立，這些更不出的教授通常與高等研究院、社會科學有關，也與知性場域有關，主要是因為他們或多或少會頻繁參與新聞界。[43]

統計學分析一旦刪去了兼任成員，就很難重建高等研究實用學院第六科的位置，也無法解釋這個在大學上是弱勢的機構何以能在大學場域擁有決定性的份量。這就是為何在此我們必須關注機構本身，以及無疑只有它執行的**機構效應**（所有其他法國大學機構都無法做到這點）。調查進行期間，亦即在一九六八年前夕，它只是一個邊緣機構，但是富有威望與活力，不同於所有其他的高等教育機構，因為它沒有一般學院的學校教育束縛（例如準備考試和招聘競試，尤其是高等教師會考），而且它也有一種科學暨行政指導的組織行動（此一行動具備了一項在科學與制度上是有野心的計畫）。它在此一階段囊括了許多正式隸屬於其他機構的教授（「兼任者」），並向其提供新型研究活動的物質和機構條件（辦公室、行政人員，最重要的或許就是開放和事業精神），這類研究活動通常是長期且集體合作的，歷史研究中心（Centre de recherches historiques）[譯註9]的大型事業就是一個範例。

第一批社會科學「實驗室」，例如社會人類學實驗室（Laboratoire d'anthropologie sociale）[譯註10]、歷史研究中心、古代社會比較研究中心（Centre de recherches comparées sur les sociétés anciennes）[譯註11]等等，它們都不是法國國家科學研究中心、索邦大學或法蘭西學院所創，而是高等研究院成立的，後者逐漸配備了集體研究工具，例如文獻中心、圖書館、製圖實驗室、計算中心等等，還推出了一系列的出版物（一九五五年至一九七〇年共出版了十七份雜誌）。此一發展讓該機構無論是在研究領域或是在研究教學方面，都成為優秀的社會科學創新之地，其中最重要的發展因素之一，或許是有風險的投資政策，這項政策首先是基於對機構邊緣性的肯定和合理使用，例如關注其他機構尚未涉及之處、接納未知或被遺忘的學科、招攬有前途的研究員等等；接著是建立法國非常特殊的、

43 ｜ 我們越接近研究端，就越看到象徵性資本和大學身份地位之間的間距可能性增加，某些最有威望的知識份子能佔據完全是次要的大學位置，例如在調查進行當時的路易・阿圖塞（Louis Althusser）、羅蘭・巴特（Roland Barthes）、米歇爾・傅柯（Michel Foucault）。
44 ｜ 高等研究實用學院的主要原創性（也就是它為一種真正的社會科學研究發展所帶來的決定性貢獻）被極小化，那也是因為調查掌握了此一原創性，當時它最成功的投資早已帶來了可觀的利益，但這些利益經常被歸功於其他機構（特別是法蘭西學院）。

對機構的一種真正的忠誠性；[44]最重要的是該機構對外國
的開放態度，第六科一直特別歡迎來自其他國家的教師、
影響力、創新、甚至資金。[45]

雖然我們沒有描述漫長且緩慢的演變，特別是一九六八年之
後巴黎各學院的轉變，以及高等研究院位置的改善，但我們仍注意
到，無論是在領導團隊方面（一九六〇年代的科學研顧問全都由兼
任者組成）或是在教師身份團體中，身兼多職之教授的份量都趨於
衰退，這些人員（主席、職員、科學顧問）在今日都純粹由內部招
聘。因此，雖然調查刪除了第六科的兼任成員，低估了此一機構於
一九六七年的份量，但是隨著時間的流逝，它提供了一個相當準確
的演變形象；然而這個形象非常不同於它成功維持的形象，原因包
括年鑑學派集體累積的象徵性資本、有威望的兼任者帶來的象徵性
污染效應、與媒體及出版社或多或少是有組織的聯繫而帶來的公共
關係：有很大一部份的教授缺少正統大學的頭銜和權力，也沒有可
與大師比擬的認可頭銜和科學作品。其成員的屬性幾乎無法以兩種
對立的方式來描述，無論是以其對手缺乏的語言系統，或是以有選
擇性的拒絕的語言系統來描述皆然。我們同樣可以如此描述教學法
模型（主要是研究所討論課，而非課程）、授予的頭銜（主要是高
等研究院或第三階段博士學位的文憑，而非高等教師資格）、甚至
是教授的外部名聲（有些人認為這是與新聞界不良妥協的效應，其

他人則覺得這是向世界及「現代性」開放的證明）。這種**結構上的不協調**屬於機構的章程條例，也就是高等研究院依賴其他學院（至少不久前還是如此）授予學位（尤其是博士學位）、它所授予的兩個證書之間的差距（一個是即使沒有高中畢業證書，也能取得的高等研究院文憑，另一個是尚未獲得大學市場廣泛認可的第三階段博士學位），更別提還有大學生群眾的相關重大分散性。

　　突破學術慣例、結構上傾向於教學法及科學創新的機構，其異端傳統會使成員變成每個研究價值觀、向外國與科學現代性開放的最重要捍衛者；但是，這些異端傳統在相同範圍內鼓勵了口頭上的致敬、有名無實之虛幻，而且促使囊括了活動之享有盛名的辯解，這些活動能以真正最少的代價，獲得最大的象徵性利益。因此，隨著機構的老化，憧憬與實現、理想表象與科學暨教學法實作之間的距離也會不斷擴大。所以我們或許能理解，為何填補這個結構性差距的必要性，總是如此沉重地加諸在整個機構身上（它必須不斷極

45｜與外國（尤其是美國）的關係，是行動者、學科與機構之間最強而有力的區分原則之一，同時也是尋求認可的象徵性鬥爭中，最具爭議性的關鍵議題之一。第六科是科學「國際主義」高度發展的地點之一；它曾是許多科學新事物的進口處，也是向國外出口的最重要基地之一（特別是在歷史學與符號學領域中）。

力遷就有損其自主性的公共關係政策）；至於那些最不確定能實現
被高聲宣揚之科學性抱負及現代性的教師們，他們也必須違反舊有
的大學規範，亦即全面禁止與新聞界妥協，以便在機構之外取得部
份獨立於機構內部認可之（尤其是在所謂的文化新聞界中）名聲的
象徵性資本。機構位置在結構方面的模糊性，強化了被此一模糊性
所吸引者的秉性，為他們提供了各種生活的可能性與自由，這些生
活就某方面而言是在他們的智識手段之上：這就解釋了，為何這個
模糊性意味著大學場域抵抗新聞界準則和價值觀入侵時的弱點。[46]
對於每個迫不及待的覬覦者來說，他們反對冗長的生產週期與長期
投資（最具代表性的是巨著般的博士論文，尤其是歷史學家的作
品），會轉而選擇短期的生產週期（侷限於日報或週刊的文章），
且會優先考慮銷售成績，從而犧牲了生產，對他們來說，新聞界提
供了一種憑藉和一條捷徑：它能快速且毫不費力地填補憧憬和各種
可能性之間的差距，確保他們獲得被分給重要學者和知識份子之名
聲的一種次要形式；在機構朝向他律性（hétéronomie）演進的某個
階段中，它甚至可能變成機構內部本身的晉升途徑。

共謀的對手

　　獻身於偉大聖職的奉獻者、以高等研究院為中心的少數現代主
義異端創始者，這兩者的結構性對立孕育了根深蒂固的衝突，但是

此一衝突並不排斥共犯關係與互補性。在法國，這些社會對立特別強烈，因為大學場域長久以來都受到文學場域價值觀的支配，這些社會對立的運作就像「認識論上的對偶」，讓人相信各種可能性的世界被劃至兩個極端位置，使得我們無法察覺這兩個場域都能在對手的範圍內，找到對其限制的最佳辯護。無論是在哪個領域，完整保存傳統主義（intégrisme）都以現代主義真實或被假定之大膽所提供的簡易為藉口，進而更堅定地服從慣例，而現代主義則在完整保存傳統主義極為明顯的過時之中，找到部份革新的理由，透過自由與簡易，這種半革新有助於創造新的學術慣例（例如，結構主義符號學今日在法語教學系統中獲得慣常的認可）。

　　這種鉗子效應是對場域結構施加強制力的範例說明。只要我們認為智識或科學行動者、機構、潮流都處於孤立狀態，獨立於將他們結合起來的關係之外，那麼這些強制力

46｜以此，高等社會科學院（EHESS）成為大學場域和新聞界場域的交換中心。那些結合了有關一個大學機構之權力（亦即關於某些職位和職業生涯的權力）、以及有關新聞界與出版界之權力的人，都能透過某些流行於大學場域中的資產（像是某些職位、晉升）和某些流行於新聞界場域中的服務（例如書評與慶祝）這兩者之間的一種十分複合性的交換流通，來累積與行使一種重要的象徵性權力。

就會一直隱而不見或無法理解。為了讓作為位置空間的場域社會學成為我們在此勾勒的文化生產社會學，我們必須將符合主要位置的歷程和相對應的生產演進聯繫起來，例如編纂有意義案例的專著（這是社會規範試圖禁止的，因為這涉及同時代的人）。

事實上，我們不應該過份強調差異性，甚至過份注重分析邏輯所自然導向的對立，進而忘了顯現於對抗中的連帶和共犯關係。劃分場域的對立既不是暫時的矛盾（目的是不可避免地朝向一種最高團結），也非不可超越的二律背反。然而，沒有什麼會比接受摩尼教的善惡二元論看法更天真的了，這種看法區分出兩派，一邊是「進步」與「進步主義者」，另一邊是「抵抗」與「保守人士」。就像整個權力場域或大學場域，在此也沒有一項支配原則可以絕對支配，而是多個相對獨立之分級化原則的競爭性共存。不同的權力既相互競爭，也彼此互補，也就是說，它們至少在某些關係中是有連帶關係的：它們相互參與其中，其象徵性的有效性部份來自於它們從未是完全排外的，這都是因為世俗權力讓那些完全缺乏智識權威的人，可透過學校教育束縛（特別是課程規劃的強制）來確保一種或多或少是專制的、關於精神的權力形式，而且智識威望的形式十分特別，通常十分侷限在世俗權力的形式裡。

競爭性分級化原則的多樣性是強加一種支配性支配原則的鬥

爭基礎，它讓每一個場域（文科暨人文科學場域、學科子場域、學科內的專業領域）就像整個權力場域一樣，提供了無數的滿足感，這些滿足感的作用即使像安慰獎（例如世俗權力位置），也是無可取代的。或許甚少有社會世界能為惡意的工作提供如此多的客觀支持，這種惡意的工作會導致對無法瞭解之事物的拒絕或對不可避免之事物的選擇。分析大學人士（更廣泛而言，就是支配階級的成員）在特定場域及權力場域中的位置，會發現他們比我們預期中的更為無限地心滿意足（特別是對他們自己），但是對相對的特權（以及社會世界）更為無限地不滿意。這或許是因為他們懷念所有支配原則和每個卓越形式的累積，卻沒有意識到與競爭性分類學多樣化有關的心理優勢，因此，若我們累積了每項分類原則，我們就會獲得幾乎和個體一樣多的分類，這些個體因而被建構成無法比較、獨特、不可取代的；而且我們無法察覺，限制個體之間的競爭會對整個階級造成什麼影響。這並無法阻止他們持續做出反應——無論是零散的（特別是在增補新成員的程序或稱呼世俗權威時），或是集體的（利用行會主義的捍衛政策，這個政策或多或少巧妙地偽裝成普世主義式的追討）——以便挫敗或阻止同一個人累積智識權威和大學權力。

　　沒有什麼比爭論能更清楚呈現不同權力與不同（正統或異端）表達之間的結構性同謀關係（權力透過表達來呈現並獲得正當化），此一爭論讓正當的評論文學文本的壟斷持有者雷蒙‧皮卡

（Raymond Picard）與現代主義評註家的代言人羅蘭‧巴特形成對立。在如此創造出來、近乎實驗性的情境下，我們看見其運作就如同一個充滿鬥爭的場域，這兩個陣營會以各自的傑出人士為中心，並在此一力量場域中確定對立原則。事實上，我們只需要知道這兩個主角在大學場域中佔據的位置，就足以理解讓他們對立的真正爭論原則，而且就像最有經驗的觀察家所指出的，我們無法在他們各自的立場聲明裡找到這個原則，這個聲明只是被合理化地再次表達所佔職位、文學和社會科學研究、索邦大學與高等研究院等等之間的對立。

雷蒙‧皮卡很清楚這一點，他譴責羅蘭‧巴特不知道「大學裡的實作方法極為多樣」，並認為他沒有權利藉由反對「學術評論這個為了大肆攻擊而提及的幽靈」來定義「新批評」（nouvelle critique）[47] [譯註12]。事實上，無論是新批評的敵人或捍衛者，都會將所有與大學**機構**對立的一切納入「新批評」中：至此，「新批評」就像七頭蛇（hydre de Lerne）[譯註13]，包含了存在主義、現象學、馬克思主義、結構主義、精神分析等等，且會根據其代表所宣揚的意識型態來調整他們對文學作品的「研究進路」[48]。羅蘭‧巴特清楚地表明了此一評論扎根於人的科學、社會學、歷史學、精神分析學之中；其擁護者必然會譴責學術評論「繼續表現得彷彿馬克思、佛洛伊德、阿德勒（Adler）、索緒爾、李維史陀從未說過什麼似的」[49]。當這位「新批評」的代言人假定「閱讀」的規

則就是「語言學的規則，而非語言文獻學的規則」[50]，他可說是濃縮了每項社會鬥爭原則。此一衝突顯示了先於其存在的分界，與一九六八年突然再度出現的衝突幾乎一模一樣：出現在現代主義陣營裡的是親近社會科學與哲學的作家或評論家，巴特的支持者雜亂地列舉出同樣位於學術機構邊緣、有時甚至是身在國外的人：《如是》雜誌（*Tel Quel*）[譯註14]，尚-保羅·沙特（Jean-Paul Sartre）、加斯東·巴謝拉（Gaston Bachelard）、呂西安·高德曼（Lucien Goldmann）、喬治·普萊（Georges Poulet）、尚·史塔羅賓斯基（Jean Starobinski）、賀內·吉哈德（René Girard）、尚-皮耶·理查（Jean-Pierre Richard）[51]；傳統主義陣營裡則有正統大學人士、巴黎高等師範學院或文科預備班的畢業生、通常也是畢業於巴黎高等師範學院或文科預備班的保守派記者，例如西蒙（P.-H. Simon）、提耶

47 | R. Picard, *Nouvelle critique ou nouvelle imposture*, Paris, Pauvert, 1965, p. 84; *et Le Monde des* 14 et 28 mars, 4 et 11 avril 1964.

48 | J. Piatier, La « nouvelle critique » est-elle une imposture? *le Monde*, 23 octobre 1965.

49 | J. Bloch-Michel, « Barthes-Picard: troisième round », *le Nouvel Observateur*, 30 mars-5 avril 1966.

50 | R. Barthes, *Critique et vérité*, Paris, Seuil, 1966, p. 53.

51 | *Le Monde*, 5 février 1966。我們還可加入莫宏（Mauron）、盧塞（Rousset）。

爾‧莫尼耶（Thierry Maulnier）、尚‧高（Jean Cau）[52]。這場守舊派與現代派的爭執，在大學場域和知性場域中激起巨大的騷動（某位評註者說這是「文學界的德雷福事件」）[53]，在此一爭執中，場域的邏輯似乎已經事先分配好了各個角色。

在機構這邊，lector發現自己被迫在正統性上建立明確的信仰表白、博士的主流意見、沉默的信仰，而且無須辨明：他呼籲揭露一個機構的無意識思想，清楚表明其謙遜而虔誠之職位的真相（此一職位通向超越他的一種崇拜）。他身陷其位置的明顯性，無法提出其他方法，除了他的*ethos*，[譯註15]也就是立場所引起的秉性本身：他是（而且他也想要）「有耐心及謙遜的」[54]。他不斷宣揚「謹慎」[55]，提醒功能的限制，這些甚至是對官員的限制：他宣稱「滿足於編輯文本，這是一項重要且艱鉅的工作」，要「堅實地確定關於拉辛（Racine）[譯註16]的一些瑣碎小事」[56]。他獻身於尋常崇拜的被常規化與正在常規化中的工作，選擇在作品面前**自我隱去**，他只能「解釋並使之受到喜愛」[57]。但是，如同所有的代理者，這位循規蹈矩的人在其謙遜中找到極為堅信的原則，而這份謙遜使他贏得身份團體的認可：意識到他在表達（而且最好不要明說）整個信仰團體的最終價值觀，也就是「客觀性」、「品味」、「清晰度」、「常理」，他覺得質疑大學秩序（他是此一秩序的產物）的構成可靠性是可恥的，他覺得有權利和責任去揭發與譴責對他來說是無禮欺騙與不當誇張之效應的一切。他的一位捍衛者清楚表明，這些有

點自命不凡的覬覦者，其淺薄傲慢及不耐煩的意圖引發了禮節規矩之守護者的倫理恐懼：「我同意，某些人有辦法樹立威望並使人敬畏；其他人則在文本前自我隱去，無論如何都不需要他們的存在……。如果我是《小拉魯斯辭典》（*Petit Larousse*），我會將這兩種評論家類型定義如下：一是『巴洛克式評論家』，等同或優於創作者，自己因而成為創作者；讀者會加入作品之中，使作品完整、完善、改變或扭曲之。二是『古典評論家』：這是作品的謙遜僕人。」[58]這種教會語言系統清楚說明了，這些「神職人員」面對厚顏的lector的hubris（按：古希臘文，「傲慢」之意）時會出現的憤怒，因為lector這個微不足道的先知聲稱能取代真正的先知，也就是auctor（按：拉丁文，「作者」或「原創者」之意），竄奪了不屬於

---

52 | 我們可在巴特的著作中找到一份支持雷蒙・皮卡的文章目錄，*op. cit.*, p. 10, n. 1。

53 | R. Matignon, Le maintien de l'ordre, *L'Express*, 2-8 mai 1986.

54 | R. Picard, *op. cit.*, p. 69.

55 | *Id.*, p. 72.

56 | *Id.*, pp. 78-79.

57 | R. Picard, « Un nihilisme confortable », *le Nouvel Observateur*, 13-19 avril 1964.

58 | E. Guitton, *le Monde*, 13 novembre 1965.

他的auctoritas（按：拉丁文，「權威」之意）。

　　事實上，這就是羅蘭・巴特自認為的先知角色：他拒絕學校機構提供的「乏味的文本解釋」，因為這個機構無趣、只會重複和編纂，他採用政治語言系統來揭露被「文學國家」守護者所奪去的權威[59]；深奧難懂、炫耀所有的外部科學性信號，隨意且經常不精確地使用累積自語言學、精神分析和人類學的詞彙，他高度肯定其「顛覆」的意向[60]與「現代性」的主意。[61]他與大學「神職人員」的謙遜進行雙重決裂，將自己定位成現代主義派的解釋學家，能使用最新的科學武器來強行解讀文本，是一名能利用詮釋來重新創作的創作者（詮釋本身就是文學作品，因而超越了真實及虛假）。他採用變色龍策略，讓自己成為精神分析家、語言學家、人類學家，以便揭露索邦大學的朗松式蒙昧主義，並化身成作家，宣稱有權利以不容置辯的主觀主義來對抗唯科學主義者賣弄學問的繁文縟節、吹毛求疵，從而洗去實證主義的庸俗缺陷。[62]他肯定自己能結合頂尖研究員的科學想像力與前衛作家破除傳統的自由，可以消除傳統與直到那時無法相容之功能間如此強力的社會學式對立，例如聖伯夫（Sainte-Beuve）與馬塞爾・普魯斯特（Marcel Proust）、巴黎高等師範學院和沙龍、毫無魅力的科學嚴謹和文學家啟發的業餘愛好，而且顯然都能從中獲益，以此，就像結構人類學獲得社會成就後經常發生的那樣，他試著累積科學的獲利、哲學或文學的威望。彷彿在科學時代一樣，「現代化」（aggiornamento）無可避免地要藉由這

種由邪惡評論家向科學美德致上的敬意而被承認。

　　要評估此一鬥爭的模糊性，只需比較上世紀末「新索邦大學精神」、「老派的文學索邦大學及當時關係密切之社交界評論家」這兩者之間的爭戰。前者以涂爾幹（Durkheim）、朗松、拉維斯（Lavisse）、塞諾博（Seignobos）為代表；後者包括勒梅特（Lemaître）、法蓋（Faguet）、布魯奈提耶爾（Brunetière），並獲得整個文學界的支持，例如阿加東（Agathon）調查[譯註17]。社會學、心理學、歷史學等等新科學就像一九六八年五月中的德雷福，它們根據幾乎相同的原則，與舊有的文學學科對立，就像科學對抗創造、集體工作對抗個體靈感、國際開放對抗國家傳統、左派對抗右

59 | Barthes, *op. cit.*, p. 13.

60 | *Id.*, p.14.

61 |「我們怎能否認人文科學、精神分析、馬克思主義、社會學可帶來對巴斯卡（Pascal）、拉辛和馬拉美（Mallarmé）的闡明呢？在不拘形式的繪畫和量子理論的時代裡，如何批判伽利略（Galilée）和菲利普·德·尚貝涅（Philippe de Champaigne）時代具備的僅有工具呢？」（R. Matignon, *l'Express*, 2-8 mai 1966）。.

62 |「閱讀雷蒙·皮卡時，有時會以為是在考高中畢業會考」（J. Duvignaud, *le Nouvel Observateur*, 3-9 novembre 1965）。

63 | 參見C. Charle, *La crise littéraire à l'époque du naturalisme*, Paris, Pens, 1970, pp. 157 et sq, et A. Compagnon, *La Troisième République des lettres*, Paris, 1983.

派。[63]但是，明顯的相似性不應掩蓋了已經發生的失之交臂：「新索邦大學精神」的頹廢承傳者至少同時帶有阿加東重視的「修辭通順」及朗松的「科學強烈要求」這兩種特性；至於一九六○年代的符號學家，他們在科學與政治的「進步主義」方面，對抗這樣一位對手及其古老的思想模式，例如「人與作品」系列叢書（L'homme et l'œuvre）。這些符號學家實際上是在文化出版的協助和廣大學生的支持下，持續進行古老的鬥爭，那就是「文學家和社交界評論」與「科學主義」、「實證主義」和「新索邦大學」的「理性主義」之間的鬥爭。但是，這種對抗社會科學「還原性唯物主義」、永無休止的鬥爭，這回以完美的諷刺描繪來呈現，並以科學之名來實現，這種科學伴隨以符號學、甚至結構人類學，聲稱能調和科學嚴謹的強烈要求和評論作者的社交優雅。

現代化

這種爭論可能是直到那時被建立之象徵性力量對比轉變的矛盾表現之一，而這一直存於整個學校教育系統內，進一步來說，就是在科學與文學、科學文化與文學文化、學院的科學定義與文學定義之間──依照教授身份團體和精神權力或能力的雙重意涵。[64]雷蒙・皮卡的小冊子是舊學科第一個明顯有力的回擊，這些舊學科曾握有支配權，與學校教育機構和文化的再生產有直接關係；他也反

對那些以部份轉行為代價的人，這些人同時要求科學的「現代性」和文學的優雅，意圖入侵保留給正規學科的領域；這都要以大學生群眾和知性大眾為基礎，其強烈要求或期待都由在知性要求下的新聞界所表達及塑造，而這個新聞界則由最知性的新聞工作者和最像新聞工作者的知識份子融合而成。

儘管在傳統的教學定義中，大學生並沒有真的被視為競爭的關鍵，甚至不是此一競爭的仲裁者，但是在內部鬥爭中，他們實際上扮演了一個決定性的角色。大學場域作為這些鬥爭的地點，首先就為（無論是真實或假想的）前衛

64｜高階官員及科學管理者是受到重視的專家治國論現代主義持有者及一種新權力（不同於生產權力和再生產權力）的擁有者，科學素養的現代主義捍衛者在此找到盟友，他們與文學素養的傳統主義捍衛者對立，但這不應遮掩了第三方的崛起，那就是經濟政治素養，其份量傾向於隨著它在政治場域中的象徵性效力增強而增加。（科學研究拓展探索協會的全國大學調查回覆分析顯示，純粹的專家治國論立場讓整個學校教育系統的運作屈從於生產力的迫切需要，雖然這個立場實際上並沒有在教授身份團體中被再現，不過有很大一部份的教授——特別是自然科學學院的教授——與國家高階管理人員一致希望給科學帶來秩序，關注罕見科學手段的增加與集中，並在專家治國論意志下將科學手段的使用予以合理化）。

運動提供了最少部份的信徒和活動份子，這些人在反對大學機構時是必要的。[65] 以此，大學生和初級教師人口的增加，是文化產品需求量增加及此一需求品質轉變的原因：我們尤其可以肯定的是，每件知性上的「新事物」都能在文學院的新興學科學生中找到經過挑選的群眾，這些知識份子憧憬著難以被鎖定的知覺與評價的類別，傾向於採用知性專業的外在符號，而且通常傾向滿足於仿自流行科學的看法，例如符號學、人類學、精神分析或馬克思學。新類型的生產者正是在此時，於這個新群眾（及想要征服之的出版商）所提供的可能性中，找到機會來重新定義可發表者的限制、消除研究與論說文主義或新聞界之間的界線，並將普通的文化視作真正的前衛征服。

想要完整解釋大學場域內部的象徵性力量對比演進，就只能分析總體過程，這些過程導致學術場域的自主性減弱，造成外部認可單位（特別是文化新聞界）的影響增加。比起內部單位要經過冗長的認可過程，才會讓某些生產者和產品獲得宣傳與名聲，那些外部認可單位的速度更快、範圍更廣。我們必須從這個關係來分析混合了機構與行動者的屬性，包括與媒體關係密切的大學機構（例如高等社會科學院），文化週刊如《新觀察家》週刊、《文學雜誌》（*Magazine littéraire*）、《文學新聞》（*Nouvelles*

littéraires），非常普及的期刊如《歷史》（*Histoire*）、
《爭論》（*Débat*）等等，它們在結構上混合了各種類型，
模糊了有限生產的場域和大量生產的場域、新聞從業人員
和大學人士或作家之間的差異，更確切地說，就是模糊了
「短期文化生產與其每年快速包裝的產品」（這些產品用
盡各種方式，勇敢地談論最重要的議題，沒有參照、註
解、參考書目或索引）和「長期進行與其流通緩慢的產
品」（例如博士論文越來越常注定交給大學出版社的晦暗
命運，或是科學期刊的原創性文章，這些文章遭到高度普
及的中等文化生產者毫無顧忌、不加區分地汲取，這些中
介者急於從其文化偷運品中獲取立即性的利潤）之間的差
異。我們必須重建（但是要如何進行，才不會被指責為像
是嚴格的警方調查？）每個連帶網絡和交換循環，透過

65｜在整個十九世紀裡，這個大學生群眾在知識份子和藝術場域逐步走向自治（特別是相較
於學術權威）方面，或許扮演了一個決定性的角色，他們提供只有「布爾喬亞藝術」才擁有的
「前衛」作品，也就是說，此一群眾重要到足以辨明生產當局和特定傳播的發展與運作（前衛
電影就是很明顯的例子），從而有助於知性場域的自身封閉。無論如何，利用場域之外的群
眾，也能用於建立真正的創新，或讓無能與保守正當化（例如利用政治化，這經常用來作為無
能的藉口或為失敗辯解，繪畫領域亦然）。

這些網絡和循環，所有被定義為具雙重歸屬和雙重身份的行動者（例如作家型記者與記者型作家、記者型學者與學者型記者），都傾向於彼此承認具有一種文化認可權力，並透過知覺和自我辯護式的評價錯誤，在其排行榜或新的認可單位（編輯小組、出版社等等）裡，將同儕與同行中最著名的學者或作家連在一起，並在為他們取得廣大的成功後，換取評論家的認可。[66]必須卸下這些策略的邏輯性（透過這些策略，這個寄生蟲般的認可權力會累積起來）：分析了獲得認可之著名大學人士或知識份子與新聞從業人員之間的交換（相互利用不可避免地可能會相互蔑視），這些新聞從業人員宣稱能使他們獲得認可，例如某位記者型學者因訪問沙特或李維史陀而出名，並使自己被挹注了權力，能認可所有他引入該系列的人，首先就是由其同儕為他在其他日報或週刊做相同的事情，將其有關結構主義或拉岡派精神分析的評論，或是對極權體制或意識型態的揭發之作，認可為正當作品；或者我們應該描述的是，在媒體中取得及實行的象徵性權力資本轉移至大學市場的條件和形式（特別是高等社會科學院，這是最不抵抗侵入的點），或是將大學權威形式轉移至新聞界與出版界市場的條件和形式（例如清點大學人士為新聞記者的著作而撰寫的紀要）。

　　社會科學在強加上正當文化鬥爭之一項被革新的定義中，扮演特洛伊木馬的角色，為了理解這個非常特別的位置，我們必須將社會科學重新置入它們多少都會參與的兩個空間中，亦即文學院和自然科學學院。若我們以巴黎高等師範學院校友的比例為指標（文學院則以高等教師的比例為指標），學科的社會分級顯然大致上符合學生和教授的社會出身分級（但是過度選取的效應會造成干擾）。

　　以此，假如以一九六七年A級教員中的巴黎高等師範學院校友比例來衡量不同學科的價值，可獲得以下分級：哲學及古代語言學系40％；法語39％；心理學27％；社會學25％；歷史24％；語言學19％；地理4％。在一九六七年經過挑選的索邦大學與南泰爾學院教授暨副教授人口中，可得到如下結果：德語和希臘語75％；拉丁文66％；哲學60％；少數外語（斯堪的納維亞語、俄語等等）53％；法語50％；歷史48％；心理學35％；社會學30％；英語

66｜參見附件三「法國知識份子排名，誰來判斷評判者的正當性？」。

22％；西班牙語和地理10％；義大利語和民族學0％；在講師與助理教授方面，此分級幾乎是一樣的，但是比例較低。

在沒有深入分析細節的情況下，我們觀察到，社會科學位居雙重被支配位置，一是在自然科學越來越佔支配地位的分級裡，二是在舊有的分級中（但今日，舊有的分級受到從自然科學和科學價值到文化交易所崛起的威脅）。這解釋了為何這些學科仍就是成績不佳或成績中等之布爾喬亞階級孩童的避難所。[67]我們可稱之為**科學效應**，這是多數符號學研究的典型，也是一九七〇年代興起的語言學暨精神分析、精神分析暨經濟學等等不同人文科學詞彙或多或少有點夢幻組合的典型，這些學科都以此被理解為在社會上被定義成具雙重社會否定（既不具文學性，也無科學性）的學科企圖，目的是透過符號的倒置來顛覆情況，並透過科學嚴謹和文學優雅或哲學深度的神奇結合（並在此一結合中），累積文學（或哲學）前衛主義和科學前衛主義的威望與利益，這些威望與利益長久以來都是具有排他性的。若我們只見到支配的循環結構所描繪出的歷史過程的一個關鍵時刻（這個過程試圖讓文學文化的大本營臣服在科學文化之下，而科學文化在此之前一直都是被支配者），那麼我們將無法理解，支配的循環結構如何能讓依傳統準則而被（雙重）支配的學科，從另一方面來說也能同時支配了支配著它的學科。

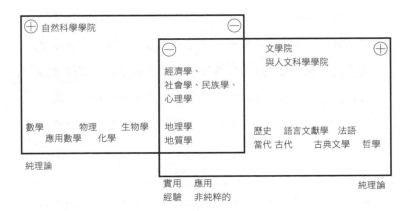

67 | 社會科學也是某些「硬」科學專家的一個避難所，他們通常會透過社會科學的一種批判性與使之貶值的描繪，向其出身領域提供必要的奉獻（他們一直受到此一領域的支配），但是他們很難掌握社會科學的特定邏輯；而且他們還會使用其特定資本，以方法學上的一種審查形式來支配社會科學，但此一形式通常與科學的真實邏輯沒有任何關連。

對於所謂的「結構主義」，我們或許可由以下事實來解釋其社會成就：文化新聞界在此一標籤下所匯集的人至少有一個共同點，那就是似乎為整個世代的教授和大學生帶來了解決矛盾的神奇方案，無論是在最向外開放的正規學科（例如哲學、文學或歷史學）中，或是在社會科學裡，都讓他們能在「科學」領域上進行重建。只要分析結構語言學和符號學的社會用法，就足以為證，無論是在教學中（在或多或少是有控制的情況下借用這些學科，已經成為對抗紊亂的最後一道防線，對最為現代主義的年輕教授而言更是如此），或是在文化生產裡（這些社會用法能進行代價最少的轉行）皆然。

在一個以傳統人文學科和有科學要求之的新學科（語言學、心理學、社會學、人種學、甚至符號學）對立而構成的空間中，與佔據之位置有關的利益（最無意識的一部份）永遠都存於最純粹的知性衝突之中；在理論、方法、技巧、甚至風格方面的看法，這都是某些社會策略，可藉此確定和宣稱擁有各種權力。或許我們必須提防在相關性中看見因果關係，此一相關性可在一既定學科中的研究份量和與學科總體有關的大多數特色中觀察到，首先就是教師的研究秉性；但是，就像法國社會科學的案例，當研究首先而且通常是一種遁詞，或是傳統職業中被排除者的避難所，大學學科內部就會

出現專業的研究員，他們以研究為主要活動，並在以此為目的而設置的機構（例如法國國家科學研究中心）中獲得官方認可和報酬，這類專業研究員身份團體的出現，本身就構成了與大學模型最具特定特色的一項決裂：教學活動與研究活動的融合，讓學校教育問題和主題經常成為具科學抱負之出版品的來源，而最「個人性的」研究則通常提供了準備大型競試的課程教材。

此外，當研究員的數量增加，教師的地位也會有所變化。教師本身區分成舊制招聘者和新進人員，他們經常呈現出與研究員類似的學校教育及社會屬性[68]：透過學科所屬的機構、負責資助研究與任命新研究員的委員會及理事會，以及或許是最重要的研究員身份制度化（試圖將研究與科學出版建構成所有實作的主觀規範，並將教學投資降級至第二線），這些新的連帶與新的需求成為不可或缺的，可用來對抗隸屬教授身份團體的效應；同樣的，與官僚機構的關係有助於發展文化作品生產及流通的制度化新模式，例如思辯社、研究組、研討會等等，藉此，新的思想和表達模式、新的主題、構思知性研究與知識份子角色的新方式都能深入知性天地。公

---

68 | 參見以下第四章。

共或私人對應用研究的需求、關注社會科學之社會應用的讀者群出現（高階官員與政治人物、教育工作者和社會工作者、廣告商和健康專家等等），這些都有助於新種類文化生產者的成功，他們存於大學場域內（就廣義而言，這越來成為常態），與學術自治的基本原則以及無私、無償、無視於認可與實作要求等價值觀斷然決裂：這些科學經理人忙著為其「實驗室」尋求資金，經常參與各種委員會及理事會，以便取得其事業良好運作所需的關係、資訊和補助，他們舉辦研討會，目的是介紹其產品、增強生產力，他們也會引進新的難題（這些新難題通常是直接借用的，毫無先於實行者的批評），並以新方式來討論這些難題；他們的作品含有某種語氣和風格，結合了實證主義式分析的中立性與官僚主義報告的平淡性，目的是獲取威望的效果、以科學權威來掩蓋專家建議。[69]

對官僚主義式嚴謹的追討定義了各種形式的**負責任的知識份子**（特別是政治或工會組織的成員），此一追討實際上必然無法與權力和全部抱負保持批判性的距離，這些權力和抱負定義了知識份子的社會人格，例如在法國即由左拉（Zola）、伏爾泰（Voltaire）、沙特、紀德（Gide）等人來代表。[70]在新型態的認可當局中，這個文化衝突場域的新主角找到理所當然的支持，這些當局至少在政治上能平衡大學或智識當局的份量，例如尚·慕蘭俱樂部（club Jean-Moulin）[譯註18]、展望研究中心（Prospective）、未來學會（Futuribles）等等，最像知識份子的管理者和最像管理者的知識份

子在此交換對世界的看法；又或者例如各種理事會（尤其是國家計畫委員會、適用於策劃者的研究補助委員會），政府部門的研究員或研究行政主管可在此協商以決定科學的未來，更不用說某些構成官僚文化秩序的機構（例如政治研究學院），而閱讀半官方報紙的評論更是行動派知識份子的晚禱^{譯註19}。[71]

但最重要的是，大型生產單位如法國國家統計局、國家人口統計研究院（INED）、法國生活狀況調查研究中心（CREDOC）、法國國家衛生暨醫學研究院（INSERM）等等，它們在社會與技術上越分化，支薪的研究員也就越多，這些研究員再也沒有傳統作家或教授的魅力光環（傳統作家或教授是小型的獨立生產者，他們使用

69｜此一新市場的出現，轉變了教授本身之間的機會分佈，特別是在地理學與社會學上。一位觀察家指出了這點，他意識到新的評價準則和新能力自此是被涉及的：「機構越來越多：最重要的就是獲得資金、任務，還有各部會、行政區、塞納省等等補助的研究，此時，智識水準對資金授予來說就未必是有影響的」（地理學家，1972年）。
70｜對於知識份子一項新定義之**訴求**的一種理想型表達，請參閱M. Crozier, La Révolution culturelle, *Daedalus*, décember 1963。
71｜可以確定的是，國立行政管理學院的地位提升，對巴黎高等師範學院來說是不利的，非常有助於此種對知識份子之支配性描繪的轉變。

的是自己僅有的、通常會被視為神聖禮物的文化資本）。[72]由於其研究的產品通常標示著完成這些研究的條件：這些「報告」和「分析」常常依據大量生產的標準化規範，趕在期限之前完成撰寫，還要證明對已完成之作的花費是合理的，最後加上無止盡的方法論註解、大量的附錄等等，它們不是在詮釋結果或將之系統化，與著作或科學論文及最為傳統的博士論文不同（但這些博士論文也有社會需求的特性，它們必須顯示並誇耀無法總是能展現某些無可爭議的成果的研究）。

事實上，獨立研究機構的發展強化了新區分原則的作用，這些原則涉及知性生活的每個面向。在學校教育系統最書呆子氣的部門中，我們可於早期階段觀察到的差異，是學校教育系統運作本身的產物，而且是系統運作（亦即分級制度的再生產）不可或缺的，這些差異與區分了教師和研究員、舊制招聘產物及新制招聘產物的差異不同，後者更為明顯，而且往往會由「不同法則支配之世界的多樣性」取代「有差異的統一天地（這些差異由支配的分級化原則所產生）——至少長遠來看是如此。[73]

位置與立場

以此，我們明白，大學空間中的位置（例如它可以**僅由大學準則和屬性**來定義）也與採取的「政治」立場關係密切。事實上，我

們觀察到，在從大學僅有屬性來被建構的空間中，這種緊鄰性和距離非常符合一九六八年五月衝突及**其後**各種衝突裡的「政治」親近與敵對。例如所有支持羅伯・弗拉瑟利耶的提案簽署者在大學空間中所佔據的位置，非常接近其「受到威脅的」同儕；同樣的，在請願書、聲明、作品等等中公開採取立場、支持或反對一九六八年五月運動的教授，他們在大學空間中佔據的位置是截然對立的，**支持者**完全位於圖示的西南區域，**反對者**則位於東南區域。若是如此，這實際上是因為不同的教授傾向於將捍衛身份團體與捍衛受到保護的市場聯繫在一起（這個市場能向他們確保提供受嚴格掌控的學校教育群眾），這個傾向會因其產品價值取決於市場穩定的程度而改

72｜在只有統計數字才能顯示的無感轉變當中，最重要的一點是受薪生產者的數量大幅增加（這與電台、電視、公私立研究機構的發展有關），以及獨立的文藝或法律職業（也就是智識手工業）的沒落。

73｜從教學與研究時間的分配角度來看，以下兩個極端的對立非常明顯：一邊是文學院的正統學科教授（或者在非常情況下是精英學校預備班的老師），另一邊是更完全地致力於研究的社會科學教授與研究員。相同類型的對立也出現在養成教育和專業實作之間：「完美的連續性」是文科預備班或理科預備班教授的學校教育及職業生涯特徵，幾乎與文科或語法學教授一樣，與之對立的是幾乎沒有連續性的社會科學研究員（有時我們會故意強調這一點，為的是要顯現他們的轉變和決裂）（參見以下第四章）。

變，或者也可以說，會因其專業能力（亦即特定資本）取決於機構所賦予的法定擔保程度而不同。[74]最傳統學科中的最傳統導師，會因學校教育機構與擔保其壟斷的市場遭到質疑，而有激烈的反應，激烈程度與其產品對市場的依賴度是密切呼應的：一般教授的文化產品（尤其是他們的課程）通常缺少學校教育市場之外的價值（很少被國外翻譯），會因機構遭到危機而有可能貶值，這個危機因為更形式化、更強大之學科（例如語言學或社會科學）的新產品進入市場而出現。[75]例如語言文獻學，這是歷史悠久的典型學校教育學科，它突然被語言學送到古董收藏櫃中，其命運代表了大多數文科學科會遭遇的限制，即使是最受到保護的學科亦無法避免，例如文學史、古代語言學或哲學。[76]這場危機猛烈衝擊巴黎高等師範學院的語言文獻學家，這些人具有高高在上的法定確定性，完全不熟悉語言系統科學的演變以及國內外邊緣機構（例如高等研究院、法蘭西學院）的變化。面對語言學的入侵，他們發現自己突然貶值了，接著是被降級或受制於危險且一開始就注定失敗的轉型；語言學獲得某些邊緣人的引進與捍衛，這些邊緣人通常不是巴黎高等師範學院的校友，而是來自外省或出身「低階」學科（例如當代語言）的人[77]。我們觀察到，這兩個位置在社會空間中的每一次更迭（無論是悄然地或是突然地），都會有所影響，從前佔支配位置的舊時支配者會發現自己（不知不覺且不情願地）越來越移向被支配位置，我們可以說，遵循其法定高度造成了他們的衰退，因為這個高度禁

止他們降低身份、及時進行必要的轉型。顯然地，我們想到的是資本主義興起之初，貴族與布爾喬亞階級之間的關係；但是我們也可以援引一九五〇年代貝亞恩省（Béarn）「顯赫」農家的長子為證，他們在婚姻市場發生危機期間，為了避免與門第比自己低的人締結婚姻，因而注定要單身（這場危機發生的主因，是小農與低層公務

74｜不同學術資本種類對大學市場的依賴是有差別的，這種情形在移民至外國時也很容易見到：失去了能影響所有在學校教育上被擔保之文化資本的價值，似乎更強烈地觸及到與國家學校教育機構之特殊性最直接相關的類別，例如文學史或法律。

75｜在退休時所發生的個人危機中，最能清楚見到法定壟斷的效應：最專制之統治的結束，通常會這些必然作者之課程的一種突然崩塌所標示出。

76｜哲學與社會科學的關係遵循同樣的邏輯，不同的一部份是「哲學家」能逃脫此一共同命運（確實也還有一部份但微不足道「語法學家」），代價是或多或少是大膽的轉行策略，這些策略主要在於「建立」、「思考」或與社會科學（尤其是結構主義）合併，並以此至少挽救了往昔的抱負與支配的表象。那些致力於職位舊定義者的命運只是更為艱困。社會科學（特別是民族學與社會學）在1950年代顯得像是某些避難學科，但是那些有機會追隨康莊大道（亦即巴黎高等師範學院和高等教師資格）的人對此有點鄙視，這些社會科學今日對他們來說，就像在使哲學面臨一種難以忍受的威脅，而且無論如何都會侵佔哲學一直在追討的國王位置。

77｜關於其名字與最狂熱抵抗1968年五月運動有關的語言文獻學家，一位資訊提供者表示：「他是從前被稱為語法學高等教師會考的純粹產物；他的論文是一篇有關辭典學或詞彙學的論文……。這個人……怎麼說呢……他曾說……他很自豪能成為（巴黎高等師範學院）同屆第一個通過博士論文的人，而且他是故意選擇這類專業的。事實上，語法學對他來說不是一個研究對象，而是一個晉升目標。他說了又說，就像他吹噓沒備課一樣」（古典文學，1971年）。

員的相對立場改變）。因此，我們可以理解出身低階布爾喬亞階級或普羅階級、具高等教師資格之巴黎高等師範學院校友的苦澀，他們固守著往昔居於支配的專業和位置，但是他們很晚才發現，他們的投資報酬率非常不合比例（這個變化就像大陸漂移一樣地難以察覺）。學業有成的同意受害者透過認可效應，首先獲得中等教育的教職，接著透過大學、講師或外省學院教員等職位的擴張（連同每個相關效應，例如外省孤立、教學負荷的效應等等），他們看見其不幸的競爭者起初被降至受到鄙視的位置，但在正統學科與新學科之間的轉變關係下，被提升至「研究」先鋒，這些競爭者通常沒有其他頭銜（除了是創造流行之團體的成員），而且在他們眼裡與沒有其他美德——除了有「膽量」，這個「膽量」通常與更高的社會出身有關，能讓他們面對邊緣機構的投資風險。[78]

---

78 | 我們必須牢記這些分析，才能理解在面對五月運動時，這些次要或主要文化股份持有者悲愴的絕望反應，因為這些股份就像俄國債券一樣，突然貶值（參見第五章）。

譯註

譯註1：即後來的巴黎第十大學，位於巴黎市西邊的南泰爾市。

譯註2：「理念」是伽利瑪出版社的第一套大型口袋版叢書，涉及所有的知識領域；「觀念」是瑟伊出版社（Seuil）的口袋版叢書。

譯註3：戴·卡爾是法國暢銷小說作家，著作等身。

譯註4：講師升任助理助理教授的候補名單，空缺會依名單順序填補。

譯註5：即巴黎第八大學，以人文社會科學研究聞名。1969年創於緊鄰巴黎市東邊的凡仙市，當時名為凡仙實驗中心，深具開放、創新的精神。1980年被迫遷至巴黎市北邊的聖丹尼市[Saint-Denis]。

譯註6：奧地利語言文獻學家暨文學理論家，主要研究法國文學。

譯註7：法國大學出版社於1941年創立的口袋版系列叢書，介紹各種不同的人文科學知識。

譯註8：李維史陀是猶太人。

譯註9：創於1949年。

譯註10：由李維史陀創於1960年。

譯註11：創於1964年。

譯註12：新批評主張文學批評評論應以作品本身為主，無須過多關注作者，這和皮卡與朗松代表的舊批評形成對立，舊批評注重作者的背景，以博學和考證為基礎。

譯註13：比喻難以斷絕的禍根。

譯註14：創於1960年的前衛派文學雜誌。

譯註15：希臘文，「精神特質」之意。

譯註16：法國十七世紀的三大劇作家之一。

譯註17：亨利·馬西斯（Henri Massis）和阿弗烈德·德·塔得（Alfred de Tarde）分別於1911年和1913年，共同以「阿加東」這個筆名發表了兩項態度保守的調查報告。

譯註18：創於1958年的智庫，是新左派運動的一員，強調專家治國，於1970年解散。

譯註19：這裡指的是中間偏左派的《世界報》，這份法國頗具權威的報紙是發行於傍晚的晚報。

「年齡的表述與年齡的間距，都與社會及其各部份的組成、需求、潛力有關。在我們的舊社會中（特別是在戰前），所有的職位都被佔據了，除了按年資，沒有其他方法可以晉升，每個人都必須排隊，等待輪到他，年輕人與年長者之間隔著一個緊密、無法壓縮的群眾，其厚重程度讓他們知道，在加入年長者的行列之前，必須跨越各個階段。」

──哈布瓦克（M. Halbwachs），《社會階級與型態學》（*Classes sociales et morphologie*）

身份團體的捍衛與平衡的打破

Défense du corps et rupture des équilibres

　　大學場域的結構在任何時刻裡，只不過是行動者之間的力量對比狀態，或者更確切地說，是個人權力（特別是透過所屬機構而取得的權力）之間的力量對比狀態；在此結構中的所佔位置，是各種策略藉由修正或維持不同權力的相對力量（或者也可說是不同種類資本之間的平衡），來改變或保有該位置的基礎。但是，若危機（特別是一九六八年五月危機）確實會依據事先存在的分裂線來區分場域，導致教授對學校教育機構和社會世界採取的任何立場，都會在最後的分析中，於場域所佔位置裡找到其本源，那麼我們就不應該下結論，認為內部鬥爭的結果僅依賴於現有的力量和不同領域的策略有效性。社會場域的全面轉變影響了大學場域，特別是透過型態上的變化，其中最重要的就是大學生追隨者的大量增加，造成教師身份團體不同部分的總量不均地增長，因而也決定了各學院和各學科之間的力量對比轉變，尤其是內部不同等級之間的力量對比轉變。

　　這就是讓舊秩序捍衛者感到困惑的地方：此一變化突然發生，主要是因為教師需求的相關成長，造成大學生數量可能會改變大學市場的運作，並透過職業生涯的轉變來修正教師身份團體內部的力量平衡，於是他們成為*numerus clausus*（按：拉丁文，「名額限制」之意）的捍衛者，無須商議就共同致力於捍衛教授身份團體，以對抗不可避免的擴增效應。以此，想要理解不同學院為回應大學生人數增長問題而出現的變化，我們不僅要考慮大學生人口型態轉變在

每一情況下的特殊形式，也就是**外部變數**，例如擴增重要性、時間點、強度和時段，還要考慮遭遇此一轉變之機構的固有特色，亦即**內部變數**，例如支配著不同學院及各學科招聘與職業生涯的原則。

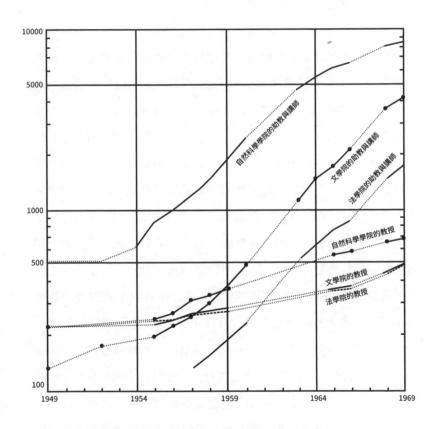

圖表一　法學院、文學院與自然科學學院的教授身份團體演進

　　戰後幾年的出生率上升與就學率的普遍增長[1]，造成大學生人口急劇增加，使得一九六〇年代的教授身份團體愈益擴增，各學院的學生人數編制也不斷擴大（但是程度不一）[2]。此一過程最直接的結果，就是學院提供的職位大幅增加（至少對某些類型的教師來說是如此），以及職業生涯的一種加速。

　　值得注意的是，大多數關注大學轉型的人，在學生人口增長方面只看到**數量效應**（無論是群眾還是「大眾化」的層面），就像自學者或半學術性社會學家通常會做的那樣（例如針對都市化問題）。我們無疑都記得有關「質與量」、「菁英與群眾」、「群眾與品質」的爭論，這些爭論讓一九六〇年代的學者型記者和記者型學者風靡一時。然而，我們可以提出一個普遍法則，那就是除了社會行動者不可避免會實行的**純粹無意識的擁擠**效應（這些行動者具備生物形體和佔據空間的屬性）、因「不被注意」而更為具體的匿名化與「不負責任化」的社會效應，**型態因素只不過是透過每一場域的特定邏輯來發揮作用**，這個邏輯讓這些效應有了特定形式。我們不能無意識地從大學**規模**的擴張跳到大學官僚主義的複合性增加（再說，我們能確定這點嗎？），也不能根據學者刻板印象，將「共同體」轉變成「群眾」，或至少將*scholar*轉變成*educational worker*。同樣地，要理解科學管理者身份團體的出現與其在大學權力結構中日益增加的重要性，只能透過分析整個場域的結構、在其中進行的鬥爭、每一陣營能從學生及不同類別教授的數量增長效應中

所獲得的利益（就像我們可在美國大學中清楚觀察到的，它們因地位的關係，所以比法國大學更直接從屬於需求）。這就是為何想要分析型態轉變對教授身份團體、該身份團體對大學世界與其劃分之看法的效應，就要以學術場域的**結構史**為基礎，而且我們至少必須在可用資料的範圍內來概述這個場域。

1｜由於無法在此提醒就學率增加的因素，我們可參考P. Bourdieu, Classement, déclassement, reclassement, *Actes de la recherche en sciences sociales*, 24, november 1978, pp. 2-22, *et la distinction*, Paris, Éd. de Minuit, 1979, pp. 147-157。

2｜關1949年至1969年各學院學生人口、教師身份團體（按級別）、編制比例和級別之間關係（A級學院／B級學院）的型態轉變數據，請參閱附件二。

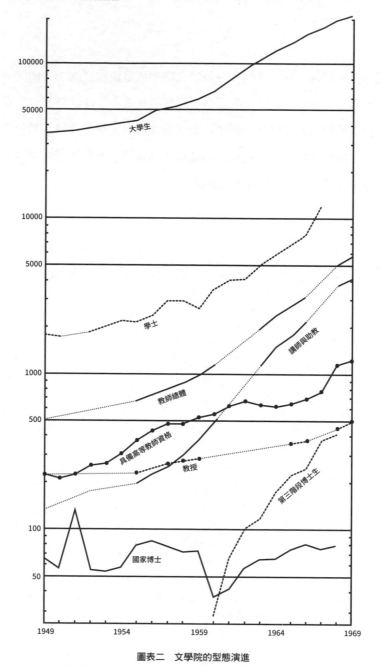

圖表二 文學院的型態演進

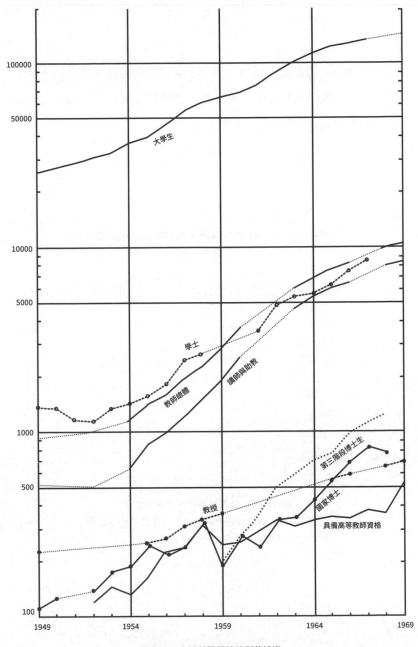

圖表三　自然科學學院的型態演進

　　大學市場的就業率增加，提升了學校教育證書可取得的經濟效益，這可在教學系統歷史不同時期的巴黎高等師範學院校友以及高等教師職業生涯差異性裡，清楚見到。[3]

1938年與1969年兩屆巴黎高等師範學院校友所從事的職業
（百分比）

	1938年 （n=535）	1969年 （n=629）
教師：		
一高中	44.5	16.4
一預備班	6.5	7.5
一學院	24.6	46.8
研究員	1.5	6.8
其他職業	22.9	22.5
總計	100	100

統計數據來自巴黎高等師範學院年鑑
（這些百分比的計算並沒有考慮未列入年鑑的校友職業，
1938年有30.7%，1969年為31.7%）。

　　巴黎高等師範學院校友於一九三八年與一九六九年擔任高中教師與學院教師的比例正好相反。此一轉變或許比數字所表明的還要重要，因為大多數在高中任教的巴黎高等師範學院校友隸屬於更早的學級：一九六九年的時候，一九二〇年至一九二九年學級的巴黎高等師範學院校友有四十名在中等教育教書、三十一位在高等教育任教；相反地，一九四五年至一九五九年學級的巴黎高等師範學院校友，有二十三位是中等教育教師（其中五名在預備班教書）、一百五十位在高等教育任教（比例為一比六・五）。同樣地，儘管新的高等教師人數大量增加（一九六五年至一九七〇年平均每年有九百七十位，但一九四五年至一九五〇年平均每年僅二百五十名），不過一九四九年至一九六八年文科高等教師任教於高等教育（而非中等教育）的機會大幅上升。此一演進對科學證書持有者來說，似乎更為明顯：一九四五年至一九五九年學級持有科學學歷證書的巴黎高等師範學院校友，於一九六九年只有7.6％在中等教育教書，一九一九年至一九三〇年學級持有科學學歷證書的則有46.5％在中等教育任教；文科方面的比例分別為11.6％和31.7％。

3｜涉及到分析學校教育證書整體價值的長期波動時，假如我們選擇研究兩屆巴黎高等師範學院校友的社會際遇，那是因為此一頭銜（不同於各種高等教師資格，**更別提**與學士學位不同）所構成的學校教育證書價值在各種可協商的市場中，或許都是最穩定的，亦即在各種大學子市場、甚至是在外部市場上最為穩定（儘管程度較小，因為國立行政管理學院的競爭造成它的貶值）。

1949年至1968年任教於高等教育的高等教師數量演進

	中等教育 （中）	高等教育 （高）*	高／中
1949年	5000（100）**	510（100）**	0.10
1960年	7200（144）	1100（217）	0.15
1968年	6020（120）	4200（823）	0.69

來源：統計與形式分析處，

以及A. Prost, L'Eenseignement en France, 1800–1967, Paris, A. Colin, 1968, p. 462.

* 估計值

** 1949年的基數為100

　　擴張情況為年輕一代謀得的好處過於可見（尤其是在老一輩的眼中），主要是讓他們能以最小的代價（例如花費在中等教育的時間明顯縮短）跨越高等教育的**門檻**，但是我們不應該忘了，每個類別的教師都從此一有利形勢中，程度不一地獲益。因此，職缺數量的增加、持有所需證書（博士學位）之教師的匱乏，這些都為在擴張之時已於外省學院任教的教授和副教授，提供了更多進入巴黎大學的機會──巴黎的大學是整個學術分級制度的頂端，在此之前只有少數人才得以進入。[4]（相較於較年長的同事，一九六〇年之

後獲得巴黎文學院正式教授職位的人，以及從前在外省任教的巴黎文學院正式教授——他們通常不是巴黎高等師範學院校友或高等教師——其比例分別是80％或34％比89％或47％，而且正如我們所見，南泰爾學院的教授也是如此。）此外，雖然我們知道，大學的擴張讓在此期間獲得博士學位的中年教師，得以加速其職業生涯的進展，但是我們也見到，此一雙重轉變一方面為在系統舊狀態之卓越準則中居第二順位的教師帶來最高的位置（他們不太可能擺脫身份團體的傳統價值觀），另一方面也為下一世代的教師帶來最高的位置，這些教師在大學與智識模型發生危機期間（至少就文學院而言），最容易也最能溫馴地服從大學生產的規範。

在（A級學院）正式教授或副教授方面，雖然單純的向上移動以及對所需擴張的限制（事實上，我們觀察到正式教授的編制比例下降，這在文學院中尤其顯著），能讓我們回應新的需求狀態，且不會大幅更動舊時的招聘原則，但是教師身份團體的低階層卻非如

4｜在文學院，1949年至1969年的教授或博士學位數量變化極小，但是講師和助理教授的數量急速增加，特別是1959年之後。再者，儘管高等教師資格持續佔據中心位置，但第三階段論文的數量也以一種非常快速的節奏增加。

此：在這種情況下，因短缺而強加上的策略，可能會威脅（至少就長遠來看）到教授身份團體的再生產，迫使教授更加大量從**有限儲備**中，汲取傳統上被認為正當的候選人。然而，不同的學科在三種基本關係下也有所區別：編制需求的大小（與學生大量增加有關）、各學科的高等教師儲備量、正式教授唯獨使用此一儲備量的傾向（這種傾向主要與他們的學校教育證書有關）。[5]新學科與正規學科在這三種關係下極為對立，我們甚至可以將之視為兩個不同的市場（或是兩個不同的子場域）。事實上，若想要理解各地區、部門或職業的薪資變化，我們只能放棄被**統一的**勞動力市場的假設、拒絕匯整完全異質的數據，以便研究運作的法則（特定的資本與投資形式、招聘與職業生涯的規範、無論制度化與否的衝突管理之程序等等），這些法則是各種相對自主的場域所特有，而這些場域是（生產者之間、生產者與一位追隨者之間）持久關連所構成的空間，共存於同一個經濟空間；同樣地，想要理解在職業生涯中所觀察到的變化，以及透過職業生涯而在不同學院與學科的教師實作及描繪中所觀察到的變化，我們只能假設這些不同單位構成了如此多的不同市場，在這些市場裡，形式上相同的證書可能有不同的**價值**，可謀得的報酬也確切是**不可共量的**（例如大學「權力」或智識威望）。因此我們可立即見到，A級學院（傾向於保留高等教師資格做為新進者的招聘準則）成員中的高等教師比例在正規學科中（古代語言學系97％、文學96％、歷史87％）高於新學科（社會學

53%、心理學50%），這些新學科脫離了舊學科（例如哲學），得到一種自主的存在，它們並未被排入中等教育課程，因此都沒有招聘競試，亦無自己的人力儲備。[6]若我們補充說明這些新學科的擴增率明顯高於舊學科，我們就能明白，在此被建立的新教師招聘模式與古典學科是完全不同的。[7]

5 | 接下來的分析以人文科學之家於1967-1968年間進行的調查統計數據（已於上文使用過）為基礎。這項調查首先是為一份年鑑做準備的，一開始就被設想成以一項科學分析為對象。這項調查行動的負責人尚‧維耶（Jean Viet）先生讓我們參與問卷的研擬，並在其中加入一系列有關社會出身的詳細問題。雖然調查的回覆率很高（整體來說將近80%，單就歷史學來說是86%，文學研究則為67%），但是這項調查仍苦於具備有通訊調查所固有的缺點。再說，就像我們可以驗證的，假如我們知道回覆的傾向會隨著對機構的認同程度而改變、負責人會以徹底清查分級中高階研究員與教員的首要目標、B級學院教師的定位同時是更困難且不確定的，這都可讓我們理解，為何B級學院的教師在所有學科中的代表性略低，就像抽樣人口結構與整個高等教育導師整體人口結構的有系統比較所呈現的。根據同樣的邏輯，相較於巴黎人和男性，外省人與女性的代表性似乎略顯不足。

6 | 以此，社會學只能在一種哲學學士學位證書（倫理學暨社會學證書）架構下，存在於文學院中，其教師身份團體與哲學教師身份團體的區分既非招聘、也不是研究風格。社會學於1958年獲得獨立，創立了社會學學士學位，當時也是學院的大學生群數量最多的時候。

7 | 參見附件二b。

功能性替代

　　正如每個實際選擇，負責招聘的教授受到一種不言明、然而大體上有分級的準則系統所引導，在心照不宣的情況下，致力於捍衛教授身份團體的社會恆定，其代價是一系列的功能性替代。由於合格候選人的儲備過去較少或因之前的招聘而被削弱，所以他們就更加受制於這些功能性替代。根據不同學科（亦即根據所需人力和正當申請者儲備量之間的關係），他們必須或多或少地完全放棄與學校教育證書、性別、年齡有關的次要要求，但是他們默默地、甚至無意識地將這些次要的強烈要求納入招聘的實行中（所屬學科在學術分級中的位置越高，擁有最罕見屬性的人力儲備越豐富，招聘方式就會更加嚴格）。像法國文學這類佔據大學分級高階位置的學科，其精心挑選的成員幾乎都是高等教師，而且有很大的比例為巴黎高等師範學院校友。在這類學科中，擴張初期以來招聘的教師數量相對而言眾多，因為教師身份團體於一九六三年至一九六七年間倍增，沒有耗盡十分豐沛的人力儲備，但巴黎高等師範學院校友在這些教師中的相對比例逐漸下降，造福了聖克魯高等師範學院（École normale supérieure de Saint-Cloud）的畢業生（這在以前是很罕見的，至少在正規學科中是如此），更普遍而言，這造福了未就讀精英學校的高等教師，而古典文學高等教師資格擁有者的比例也同時下降，有利於傳統上名聲較不響亮的語法學或當代文學高等教

師資格擁有者。

> 以此，在一九六〇年之後招聘的教師中，巴黎高等師範學院校友只佔文學系的20％，但佔一九六〇年之前招聘的34.4％；相反地，在一九六〇年之後招聘的教師中，聖克魯高等師範學院的畢業生佔了7.4％，非巴黎高等師範學院校友的高等教師佔65.5％，而一九六〇年之前招聘的分別佔了5.4％與58％。在古代語言學教師中，一九六〇年之前成為古典文學高等教師者佔了76％，但是一九六〇年之後只佔62.5％。相反地，一九六〇年之前成為語法學及當代文學高等教師者佔24％，一九六〇年之後招聘的佔37.5％。

對於較無威望的學科（例如古代語文或歷史學），關於教師身份團體能否在不造成「降級」的情況下擴大，此一擔憂也表達在教師招聘上，這些教師的水準在不言明或明確的學業卓越分級中，比前一學術世代擁有相同職位的人還要低。在一個位於大學分級最底層的學科中（例如地理學），巴黎高等師範學院校友的比例一直非常低，教授通常畢業於文科預備班，絕大部份都缺少高等教師資格證書，身份團體的捍衛邏輯不在於新聘教師的大學證書（畢竟在這種情況下，高等教師資格同時構成了儲備下限和上限），而是女性化或擴大教師選用年齡的範圍。

以此，B級學院的女性於一九六三年只佔15.2％，一九六七年增為23.6％；另一方面，大多數於一九五〇年之前招聘的教師，他們在二十八歲之前就進入高等教育，但是根據相同的準則，一九六〇年之後招聘的教師，其分佈模式則介於三十歲至三十五歲之間。若女性化和老年化並沒有更為明顯，那是因為在文科與古代語言學系中，強化「重視高等教師之傾向」的因素作用，對於在傳統分級底層的學科來說，或許較沒有影響，這類學科相對而言更能對科學研究敞開大門。

試圖維持身份團體之社會**恆定性**的實用意涵策略，可能會使人聯想到婚姻策略，在**性別比例**不平衡的情況下，性別弱勢者的適婚年齡（最重要的或許是此年齡的分散範圍）會產生變化，讓市場有機會重新調整，使每一社會團體的成員都能娶得一位配偶，而且從婚姻聯盟的關係來看，也不會違背最妥適的準則，例如經濟與社會地位[8]。人力儲備的相同增長可藉由降低獲得高等教師職位的年齡來取得，也可通過相反的選擇來確保，也就是從中等教育裡提取相對年長的教師，這些教師加入教育行列已久，他們一旦「超齡」，就不可能進入高等教育，但是體系擴張給了他們第二次機會。在這兩種從未完全排他的策略之間，若第二種似乎在最傳統的學科（例

如古代語言學系、以及傳統程度較低的文學）中佔上風，這或許是因為這些學科的教授特別敏銳且特別不耐地感受到形勢所造成的特例，並試著以最小的風險來縮減其有效範圍。他們也會無意識地傾向於在一個完全不同的局面中，再生產自身職業生涯的模型：值得注意的是，多數講師進入學院的年齡，是二十年前或甚至更早之前，負責招聘他們的教授在高中待了十至十五年之後才進入學院的年齡，但是其等級更高，通常是副教授（maître de conférence）的等級。

在古代語言學系中，在一九五○年至一九六○年間獲得講師或助理教授之職的教師裡，有87％是在三十二歲之前獲得該職位的（13％在三十五歲之後），而一九六○年之後獲得同樣職位的，有59％在三十二歲之前（28％在三十五歲之後）。同樣的，在文學系，除了B級學院的女性比例從一九六三年的19％上升至一九六七年的34.6％，在一九五

8｜哈布瓦克分析第一次世界大戰後婚姻市場的連續騷亂，指出「戰後，包含23歲至38歲類別的男性人口（1900年至1915年年齡層）的大幅縮減（將近四分之一）」，後果就是「提高了年輕人在年齡中的等級（而且或許在此也讓某些最年長的等級下降）」（參見M. Halbwachs, La nuptialité en France pendant et depuis la guerre, *Annales sociologiques*, série E, fascicule 1, 1935, pp. 1-46, repris in M. Halbwachs, *Classes sociales et morphologie*, Paris, Éd. de Minuit, 1972, pp. 231-274）。

年至一九六〇年間進入B級學院的教師中，取得職位的年齡有40％低於三十歲、27％高於三十五歲，但是一九六〇年之後獲得相同職位的，25％低於三十歲、33％高於三十五歲。相反地，在一個像歷史系這樣的學科裡，不管是儲備規模或增長率方面，其位置都和古代語言學系幾乎一樣，其儲備量的增加是因為進入高等教育的年齡降低：在一九五〇年至一九六〇年進入B級學院的歷史學家中，有50％在三十二歲之前獲得該職位、30％在三十六歲之後，而一九六〇年之後獲得相同職位的，有57.8％低於三十二歲、23％高於三十六歲。

雖然有時我們會認為，大學生人數增加不可避免地會造成「二軍化」（secondarisation），這可用來解釋此一招聘形式，但是對早已年長之高等教師的利用，無疑構成了這些學科狀況的最清楚指標，也就是說，中等教育和高等教育之間的分隔如此不清楚（無論是在方法或是在被傳遞的知識方面皆然），在中等教育待了幾年的老師在此可擁有一席之地，而在教育系統與該系統被視為要傳遞的文化發生危機之際，年輕教師（即使是量身定作的）就像巴黎高等師範學院校友，妥藏了一項對系統永續性的威脅。無論是選擇缺乏所有非正統性專業知識的「老一輩」高等教師（因此不太可能將其導師的文化予以相對化，也不太可能藉由這個最後的晉升機會來至

少是暫時地強化他們對系統的贊同），或是選擇較年輕的高等教師
（其證書與風格能確保機構的再產生），古典學科的教授或多或少
會有意識地避免學校教育產品的生產者和消費者再生產模式驟然轉
變，造成「技術上的老化」與其專業知識的貶值：這項招聘政策的
重點在於學校教育再生產模式的永久化（其產品就是老師的專業知
識）、可使其產品獲得一種價值之市場的永續性、不斷出自文科預
備班及高等教師會考預備班的追隨者。若我們意識到，在高等教師
會考——這是每個課程及競試的最終目標——的支配之下，無論是
學士預備班或是撰寫論文，掌管此一競試的知性規範都會強加在所
有的低階教學和學習上，那麼我們就能理解凌駕於其他準則之上、
賦予高等教師資格的絕對特權。

　　同樣的邏輯無法在新學科中進行。由於缺少專屬的儲備，所以
儘管他們能在正規學科（特別是哲學）的高等教師中進行招聘，但
正式教授無法在高等教師人口的限制中限定對次級教師的招聘：高
等教師的比例在文科教師中近乎穩定，但是一九六〇年之後，卻在
所有的新學科中大幅下滑，例如在一九六〇年之前招聘的心理學教
師中，高等教師佔44.4％，一九六〇年之後只佔22.8％，在社會學教
師的相應類別中，其比例則分別為71.5％和42％。但最主要的是，在
這些學科中，教師都在數字上與社會上（至少在某些關係下）受到
研究員的支配，這些研究員引入並強加上完全不同於在舊大學秩序
中通行的秉性。在大學中保有一定的份量（至少直到一九六七年調

查之時是如此）、甚至在研究招聘單位中也有某種程度份量的學院
教授，也許很努力地在教師招聘層次上維持某些與傳統學科只有些
微差異的原則（傳統學科持續吸引了比類別總體擁有更佳學校教育
證書的研究員）。[9]無論如何，正式教授和次級教師或研究員（至少
在一九四五至一九六〇年之間，他們通常是正規學科追隨者的負面
選擇產物）之間的距離依舊不斷加深，而且在不同的法定類別內也
極為分歧，這非常不利於在方法學上取得共識。

隨著我們遠離傳統學科（其市場仍是相對緊繃的），以便
走向新學科之際，在相同學科的教師當中，養成教育、學
程與證書的多元性都會不斷增加：以此，出身文科預備班
的B級學院教師比例會隨著從傳統學科（文學33％、哲學
32％、古代語言學系25％、歷史21％、英語20％）走向新
學科（語言學18.8％、心理學16.3％、社會學8.4％）而持續
減少。在這些學科中，教師通常曾在學院中接受過一種較
短的、或許成績較差的養成教育（從好評比例來判斷），
而且無論是在個人職業歷程（累積不同學科的學士學位證
書）或是在集體職業生涯層次上，都是完全不相稱的：一
個相同學科成員所持有之證書的多樣性、成員養成教育中
的學科異質性，這些都會隨著我們走向某些較晚近才獲得
大學認可的學科，而越來越強烈。同樣地，傳統學科的教

師幾乎都從中等教育開始其職業生涯，但絕大多數新學科的教師（越接近晚近招聘、因此是最新興的類別，其數量就會越多）都是直接進入高等教育（尤其是研究界），他們之前從事過各種各樣的活動，這些活動通常與當前的職業無關。

人文科學專家在學校教育證書、養成教育類型與水準方面極為不一致，那是因為招聘負責人無法採用傳統的招聘方式，也不能從脫離中等教育所獲得的自由中受益（直到最近，這都與缺少高等教師資格會考、中等教育教師的職業生涯有關），因此無法研擬並強加評估準則和特定的強烈要求。至於自然科學學院，部份或許是因為高等教師會考課程和科學研究的鴻溝在此更為清楚與明確（至少數學和物理學是如此），所以已經制訂並強加了新的評估準則，這些準則多數出自研究活動，例如第三階段論文，但是最絕無僅有的學校教育證書（例如高等教師資格）在研究市場上卻越來越毫無用

9｜以此我們見到，離開研究以便進入高等教育的社會學研究員，所具有的一種養成教育水準高於那些留在研究中的人：46％成為教師的B級學院研究員都是高等教師或是巴黎高等師範學院的校友，可是整個B級學院的研究員只有9.5％為高等教師或巴黎高等師範學院的校友。同樣地，對A級學院來說，高等教師或巴黎高等師範學院校友的份額分別佔成為教師之研究員的50％，在研究員總體當中則佔21％。

處，而且只能在相關科學證書範圍內獲得最大的利益（事實表明，
B級學院的教師數量與第三階段論文的數量會以近乎平行的方式增
加，相反地，高等教師資格似乎被化約成中等教育招聘競試的官樣
角色）。在文學院的新學科中，雖然第三階段博士學位持有者在不
具備高等教師資格的教師中，佔有很高的比例，但此一證書仍遠遠
無法成為進入高等教育或科學研究的必要及充分條件：高等教師資
格（更別提一個精英學校畢業生）很顯然獲得了招聘負責人的認可
（而且直到一九六八年，都有法國國家科學研究中心各委員會的認
可），導致大部份打算或已經在從事研究的高等教師仍經常無須具
備第三階段博士學位，相反地，第三階段博士學位不會自動開啟通
向助理教授或甚至講師的職位，但正如我們所見，這並不意味著沒
有這個或那個證書此一事實，就不足以進入高等教育。

　　以此，在一個像社會學這樣的學科裡，持有或正在攻讀第
　　三階段博士學位的教師比例，相對而言比較高，而沒有第
　　三階段博士學位或至少沒表明正在攻讀之的B級學院教師
　　只佔了28％，但是擁有高等教師資格或者是畢業自精英學
　　校的，佔了85％。儘管如此，不足一半（44％）的B級學院
　　社會學教師都沒有高等教師資格，也不是精英學校的畢業
　　生，他們都提交了第三階段論文，而且有相當大的比例在
　　進行答辯時，已經在高等教育中任教。

　　結果就是，進入此一身份團體是聽任於不同負責人的任意專斷（尤其是研究小組負責人），其選擇最終會獲得整個身份團體的承認與批准；[10]因此，進入研究界與（越來越多）進入高等教育的機會，就會傾向至少依賴於有回報之大學社會關係（而非學校教育資本）的範圍、多樣性和品質（因而也有賴於居住地和社會出身）。招聘準則的欠缺或不一致，讓對研究員之職的嚮往者（他們不能忽視個人特色與職位之客觀特色間關聯有近乎隨機的特徵）在尋求一個職位時既自信（因為沒有什麼是不可能的）又焦慮（因為沒有什麼是確定的），最後可能會讓他們依附於某個強大的保護者，或試著累積最不一致的證書，好讓自己具備額外的稀有性。

繼任的一項危機

　　往昔的大學系統傾向於藉由生產具備社會與學校教育特色的老師，來確保自身的再生產，這些特色相當穩定與同質，因此無論是

---

10 | 正如我們所見，近來有大規模的「無身份地位者」整合。

經過一段時間或者是在當下，都幾乎是可互換的。更確切來說，系統的持續穩定假定每一等級層次的導師都具備一種大學慣習，就像萊布尼茲（Leibniz）說的，有真正的*lex insita*（按：拉丁文，「內在規律」之意），這是社會身份團體的內在法則，已經是生物體所固有的，能讓個別行動者實現社會身份團體的法則──在既無意向、也無意識的狀況下：在沒有任何明確條例規章和任何恢復明確秩序的情況下，嚮往者傾向於讓自己符合模態歷程，也就是對一既定時刻中的既定類別而言是正常的；在大學市場上擁有一既定價值之一項證書的人，向來只是憧憬著具備一種稀有性以及一種符合其證書價值的職位，或者更精確地說，相較於擁有相同職位者的平均年齡，若他們較為年輕（或較為年長），自己就不會感到會被獲准或甚至傾向於設定一個職位。好學生，就是能適應系統節奏的人，他知道並感覺到自己遲了或提早，因此會採取行動以保持距離或減少距離；同樣地，循規蹈矩的教授就是在正常年齡加入結構中的人，他永遠都知道自己過於年輕或年長，所以無法設定或追討一個位置、一項利益或一種特權。

作為愉悅原則和真實原則的機構，激起了*libido sciendi*（按：拉丁文，「對知識的貪欲」之意）及隱藏和被競爭所激發的*libido dominandi*（按：拉丁文，「對統治的貪欲」之意），不過，機構也會規定這些慾望的限制，在「正當地取得之物（包括知識）」和「正當地希望、想要、喜愛之物」之間勾勒出某些被內藏的界線，

而這也是長久以來存於初等教育（或是「小學生」）和中等教育之間的界線。透過這些途徑，機構在平衡階段都能讓所有的行動者投資於它所提議的遊戲和關鍵議題，而且不會讓某些人必有的挫折感轉變成對投資原則的反叛，亦即轉變成反對遊戲本身（以及「被淘汰者中的第一名」的劇本、冒充「聖克魯高等師範學院畢業生」或冒充「在巴黎高等師範學院、自稱是『高師人』（normalien）的不幸候選人」，他們在無盡的努力中反覆失敗以便否認候選狀態，這些都可證明機構成功從他們身上驅走了「機構排除了抗議排除原則」的想法本身」）。

　　透過這些分析，我們更能理解構成機構的時間結構、其秩序及此一**繼任順序**的客觀轉變可能會造成的破壞性效應（繼任順序隨時都會被重新表達成年齡與等級的一種既定的對應）。為了拯救主要部份，教授選擇要不惜一切代價地招聘高等教師，就算非巴黎高等師範學院校友、女性、過於年長（以舊時的規範而言）也沒關係，他們毫無所悉地以教授身份團體之優秀捍衛者來行事：事實上，我們可以期待，那些曾遭遇並接受機構的鐘擺操弄的行動者，都會將機構的法則當作內在法則，他們會依據被機構法則所定義的機會修正來修正自己的憧憬。以此，只要教授身份團體的養成教育與選擇的當局能向每位教師灌輸一種強烈且持久的秉性、能承認該身份團體的分級和價值觀，機構或許原本能掌控學生數量增長的效應──條件是「缺乏忠於其價值觀的人力儲備」一事，沒有迫使其一定要

招聘脫離傳統養成教育之專修課程、缺少「內在法則」的行動者。

實行招聘的轉變帶來兩種類別的老師，並藉此讓機構接受被它排除在外的一切，亦即脫離正當期待的憧憬：第一種類別的老師雖然擁有某些舊時招聘模式所強烈要求的屬性，但是遲早都會發現他們享有的是虛假的晉升，因為他們佔據的職位不再是他們取得之時的職位，而且這個職位不再妥藏了從前被默許確保給此招聘模式之受益人的職涯確定性（如同以下事實所提醒的，講師數量遠遠超過教授數量，導致新晉升者的比例越來越高，因而客觀上似乎註定要留在分級中的較低職級）；第二種類別的老師缺乏舊時招聘所需的證書、尤其缺少相關秉性，他們很少將進入高等教育視為奇蹟式的認可，並滿足於一個較低階的職業生涯。因此，每個條件都具備了，足以讓新進者瞭解，**職業生涯的規範**[11]（例如調查期間巴黎大學正式教授持有的屬性）的維持，讓他們無法違犯使其曾經從中受益的**招聘規範**。這些新進者缺少了往昔幾乎能讓所有進入高等教育者確保其職業生涯的屬性和秉性，無論是三十五歲時成為講師的語法學高等教師，還是二十八歲就當上講師的社會學學士。

在晉升程序沒有任何真正轉變的情況下，招聘模式的改變會導致次級老師分成兩個教師類別，其職業生涯、養成教育與招聘準則都非常不同：一方面是講師和助理教授，他們能獲得其位置所隱含的職業生涯利益，就像該職位在先前的機構與機會結構狀態下所定義的那樣；另一方面是在次級位置實行其職業生涯的人（第一級

的助理教授，或是科學領域的正式講師）。被同步定義之位置在形式上的同一性掩飾了與學校教育資本有關的重大差異，這些差異存於各種潛在歷程之間，而這些歷程則是對學校教育系統之看法的真正原則。這些差異性出現在歷程傾向此一簡單指標中，也就是他在（同一學科內）職位上的相對早慧性，而且永遠與屬性的擁有相關，這些屬性就像巴黎高等師範學院校友或高等教師頭銜，有助於一種更快速、因此是更成功的職涯。這些存於潛在歷程中的差異性，其本身在教育系統方面（甚至是在歷程中建立這些差異性的證書或屬性方面）有完全不同的對應關係。例如，缺少高等教師資格的講師或助理教授，會比那些高等教師更贊同取消高等教師資格（74％對44％）；高等教師在其所佔等級若較為年輕，也會傾向於贊同取消該資格（例如，在所有獲得高等教師資格的講師當中，三十歲以下的比三十歲以上的更贊同取消高等教師資格，48％比

11 | 「招聘原則被迫轉變」和「維持晉升原則」這兩者之間的差距，或許是一個非常普遍的現象，每當一個身份團體要對抗新進者的品質和數量所帶來的威脅，我們都能觀察到這個現象，例如市立圖書館的人員（參見B. Seibel, *Bibliothèque municipale et animation*, Paris, Dalloz, 1983, p. 95）。

42％，相同的差異也可在助理教授中見到）。[12]若我們知道，高等教師資格證書的擁有對新進者允諾了某些其價值無關乎持有該證書的位置，那麼這種關於高等教師資格會考的自由態度是可理解的：以此，對高等教師資格會考及相關養成教育的批評，幾乎僅出現在高等教師之中，這些人由於在學校教育機構中佔據較高的位置，或是隸屬於研究導向的學科，因此能強加上與對高等教師資格之參照無關的價值觀。[13]依據相同的邏輯，我們可以理解，那些不具備高等教師資格且相較於其等級而言是過於年長的助理教授，他們尤其指望著大學管理新組織的救贖：例如，比起具備高等教師資格的同齡助理教授（21％），三十五歲以上的人（62％）更傾向於認為新大學組織的權力不足（我們觀察到三十歲以上的講師群中有相同的差異，但是差距沒有那麼大：具高等教師資格者45％、不具備者40％）。不同於一九六八年五月危機時我們能相信與能寫的東西，我們明白，造成學院不和的衝突並沒有造成以年齡區分的世代對立，而是造成**大學世代**的對立，也就是讓兩種出自不同大學世代的行動者對立起來──即使他們的年齡相同亦然。無論他們是年長且已定型，或是仍年輕且大有前程，這些屬於舊世代模式產物的教師必須在其職業生涯層次上，維持他們無法在學院招聘層面上捍衛的差異性；無論他們是年長且擁有舊招聘模式最低強烈要求的證書，或是年輕且無相關證書，新招聘模式的產物都被判定會發現，只有修改職業生涯法則，他們才能獲得曾希望進入學院時所能取得的優

勢。當我們知道，從實作規律性中事後理出的法則，絕不是被明確規定與被有意識地應用的規則，而且覬覦者或多或少是有意識地合作決定了自身晉升的節奏，那麼我們就能理解，這種**有意識**自身就建構了一種客觀變化，很自然就會使整個機制停滯。

無目的的最終目的

指出一個行動者總體行徑之固有邏輯的統計數據，鼓動了一系列替代性或同時發生的理論錯誤。想要陳述規律性的統計確認，我們就不得不透過語言系統的下意識行為，來引入似乎屬於事物本身所固有的機械論或目的論行動哲學。最極端的語言警惕及所有的「一切都讓我們相信」，都不能阻止受到思想習慣（尤其是政治看法的習慣）所牽引的讀者看到一種神秘機制或一種集體陰謀的效應，因為不同學科（鼓勵了團體的機制暨目的論的集體主題）所接

12｜這些統計數據來自於分析1969年科學研究拓展探索協會全國諮詢調查的回覆（關於此一調查，請參閱附件1內文倒數第二段。

13｜更普遍來說，這項調查指出，由於教師當前的價值甚少依賴於一個屬性（拉丁文、高等教師資格、精英學校），他們對此屬性就更不感興趣，即使一開始必須擁有該屬性才能取得此價值。

受的行動者，也會盡可能符合不同的舊招聘原則（這些原則馬上就有可能被視作明確的規則），亦即盡可能不要與（成績優異的）巴黎高等師範學院校友、（名列前茅的）高等教師、男性（這是不言而喻的）、年輕等概念過於不同——也就是說要「出色」。最可能的解讀包括將統計記錄結果理解為集合了各種行動的產物（這些行動的基礎是清楚且合理的利益計算），或更糟的是，認為平常論戰所稱的「大學教授」之行動，是一項集體的、有意識、有組織的策略之產物，為的是捍衛集體利益；這都未質疑此一陰謀的條件是什麼：預先商議、對現行「規則」了然於心、行徑新規則的明確位置、得以強加上其應用的分級結構等等。那個必須讓我們發現「這些條件顯然沒有獲得滿足」的問題，就像統計所顯示的，統計應該要證明一位女性高等教師和一位資深高等教師（未必年紀很大的高等教師，所以該如何選擇？）之間的補償性替代分級，卻是完全不嚴謹的。但是，只要科學分析使用方便的語言系統，例如「機制」（招聘機制），我們就能將大學身份團體視為一個能產生被客觀看到的規律性的工具，且不受所有行動者有意識或無意識的介入所影響。人口學家以及所有喜歡將歷史化約成一種自然史的人，通常會屈服於這種自發的、此外不排除一種目的論的物理學主義：一種被輸入程式、以便記錄自身行動效應並對此做出反應的控制論機制模型，是一個完美的神話，為的是分析能讓保守科學主義讚嘆的、神秘的回歸平衡。以此，我們會認為教授身份團體（字眼是誘導的）

就像一個縈繞著神秘同態調節機制的組織，在行動者有意識的所有介入以外，這些機制有助於重建受到威脅的平衡，也就是講師當中具備高等教師資格的比例，扮演著「身份團體的智慧」——就像坎農（Cannon）說的 *The wisdom of the body*——想要維持的這些有機恆定之一的角色。但是，這個智慧的原則——也就是決定並引導這些行動者行動的「圓滿實現」（entéléchie）——在哪裡？雖然這些行動者無意識地行動，卻能適應最終最適合其個人與集體利益的集體目的。

　　只有將之視為策略（來自客觀精心規劃的慣習）的組合產物，且不可將此化約成簡單的機械式集合體，我們才能澄清這些實作的統計規律性及被理出的最終目的的表象，而無須贊同一個行動者天地的主觀合目的論（這些行動者會被合理地導向相同的目的，在此就是捍衛支配者的特權），也不用贊同追求自身目的、被擬人化之集體的客觀合目的論（在此就是捍衛教授身份團體）。[14]但是，人如

14 | 長久以來，我都在揭露我所謂的**最糟的功能主義**（fonctionnalisme du pire），並以慣習的觀念來澄清某些集團所引發的客觀合目的論（téléologie）表象。我是否需要說，我完全沒有在某些標籤中認出自己，例如有時應用在我身上的「個人免責、系統主責主義」（sociologisme）、「極權式現實主義」、「超功能主義」（參見F. Bourricaud, Contre le sociologisme: une critique et des propositions, *Revue française de sociologie*, 16, 1975, supplement, pp. 583-603, et R. Boudon, *Effets pervers et ordre social*, Paris, PUF, 1977）呢？

此深度地習慣於依據此一替代方案來思考歷史，以致所有為了超越歷史的企圖都暴露於不得不而選擇任何一種平常的思考模式。[15]由於只能不斷對抗普通語言系統，才能避免此一逐漸轉變，所以這項轉變就更有可能發生。以此，只要以政治所鍾愛的某個集體名稱之一作為一個句子主體，就足以構成被指定為歷史主體的「現實」，這些主體能提出並實現其自身的目的（「人民要求……」）。此一社會擬人論所牽涉到的客觀合目的論，非常能與某種自發的自我中心主義共存，這種自發的自我中心主義也屬於有關平常語言系統主體的句子，就像小說記敘一樣，都能促使將個人或集體歷史視作一連串的決定性行動。以此，社會學家面前的書寫難題與向小說家提出的完全相同，例如維克多・雨果（Victor Hugo）的《九三年》（*Quatre-vingt-treize*），尤其是福樓拜（Flaubert），他們想要與被重視的「英雄」──滑鐵盧戰場（Waterloo）上的法布里斯（Fabrice）[譯註1]──觀點決裂，為的是像米榭爾・布托爾（Michel Butor）所說的，令人想起「戰場，讓我們得以從中推斷出每一投入其中之個體的演變和感受」，更普遍地說，是為了「揭示歷史場域，個體在這些場域中，就像鐵屑般被捲入」[16]。我們必須脫離機械式的看法，這種看法將行動者化約成投入力場中的簡單粒子，但重新引入的不是在限制範圍內盡力實現其偏好的理性主體，而是被社會化的行動者，他們雖然是生物性個體，但都具備了跨越個體的秉性，因此傾向於孕育某些經過客觀地精心規劃、多少能適應客觀

強烈要求的實作，也就是不可化約成場域的結構式力量或獨特秉性的實作。

學者姿態會讓我們誤解實作的「選擇」邏輯，這些選擇通常會在所有盤算之外進行，而且毫無被清楚定義的準則[17]：詢問一位「老闆」如何選擇其講師，不會比問他選擇妻子的準則更有意義。[18]但這並不表示他在這兩種情況下，都沒有投入實際選擇的某些原則、知覺與評估模式，其累積效應是統計學事後從實施增補新成員中得出的，並非隨機取得。這個看起來像教授身份團體的某種有組織的集體捍衛，只不過是匯集許多各自獨立但被精心規劃之再生產策略、眾多實際上有助於保存身份團體的結果，因為它們是社會保存本能（這是支配者的慣習之一）的產物。

15 | 例如，我想到我一本書的這個書評（總之是非常善解人意的）：「這種（語言的）專業知識類似一項資本，被回報在區分與權力上。其持有者如拯救一個市場般地**捍衛這項專業知識**，並**留意著**語言資本**仍**被不均地分配**的東西**。在平常講話之上，**重要的是支配**一種博學的語言，這種語言難以理解，只能被書寫、出版、引為例證」。

16 | M. Butor, *Répertoire*, II, Éd. de Minuit, pp. 214 et 228。

17 | 當科學調查努力要在人為狀況中去領會分類的作為和被使用的準則之時，這種為學術姿態所固有的錯誤就會加倍。

18 |「誰建議您進入高等教育？」「這很難說清楚。我還在巴黎高等師範學院唸書時，當時的院長是布格雷（Bouglé）先生，他對我有好感，還建議我準備論文，這就是為何他叫我到他旁邊當了他三年的講師。這個開始了我的動向。當時要進入高等教育是很難的」（哲學教授，1972年）。

　　為了使人相信，通常是無意識且零散被投入於社會學分析中
的不同行動哲學，完全與事實不相容，我們只需以「朝向對真實運
作之一種描述的轉變」之名（這些運作都在挑戰傳統的取捨），加
入這種對個體或集體行動之目的論看法的實驗性反駁（這種看法是
被舊運作模式的危機所帶來的）。事實上，我們知道，一九六八年
五月危機深度轉變了教授的集體行動邏輯，並以一種故意導向保持
status quo（按：拉丁文，「現狀」之意）的有計劃行動，來取代
出自一種「精英」連帶的、自發地精心規劃過的行動總體：從支配
者的觀點來看，因抗議理所當然的大學平常秩序而引發的反應式動
員，會力求將分散且不可捉摸的同謀關係（建立在慣習相近、共同
記憶、巴黎高等師範學院情誼之上的網絡基礎），改變成積極且被
制度化的一種連帶（奠基於一種以維持或恢復秩序為目標的組織，
例如自治工會）。[19]自此，舊秩序、同一世界之個體間難以察覺的
自由與默契、同一陣營裡世代間受人尊重的親密，所有構成這些事
物的一切都被廢除了。在捍衛那些因為太過理所當然、以致於沒有
人想到要捍衛的事物方面，我們看見這些出現的新人，通常是反對
陣營的行政人員和叛徒，他們無論如何都是次要角色，而且是因老
一輩的支配者退休，才得以站上第一線。由於政治化及專業化與其
機構行政管理有關，所以這些通常遭到舊權威輕視的匿名代言人就
像俗語所說的，會「掌控一切」：他們會自我設定目標（這些目標
只有在不被如此提出時，才能在舊狀態中達到），將屬性與證書構

成明確的「入場券」（在此之前，我們都只能透過精英學校聲譽難以形容的姿態徵候或無法造假的傳聞，才能領會這些屬性與證書），他們從一個精選俱樂部（其成員並無設限）到身份團體工會的轉型中，汲取了每項成果和每個好處。因此，他們有助於強化了他們曾想要打擊的邏輯：藉由縮減各種自由之間的明顯不一致、縮小老闆們之間的矛盾衝突和競爭（這些都掩蓋了對共同價值觀有默契的共識）、力求讓老闆工會聯合陣線和被次級教師工會所支配的聯合陣線造成對立——簡言之，就是藉由將一項捍衛計畫的一致性賦予只是慣習之自發調和的近乎一致效應，他們強化了各種類別之間的鴻溝，此一鴻溝是他們想要對抗之爭議的來源，最重要的是他們有助於摧毀舊秩序的主要基礎之一，也就是無知，或者也可說是信仰：模糊具有一項社會功能，就像我們連同俱樂部所看見的一樣，最無懈可擊的準則也是最不可定義的準則[20]。

---

19 | 們可以認出自治工會的保守方向，而毫不因此賦予全國高等教育工會或國民教育總工會（SGEN）一種進步主義特許證，這整個分析有其效應，即呈顯這些公開對立所隱藏的東西。

20 | 參見P. Bourdieu, *La Distinction, op. cit.*, p. 182。

一種世俗秩序

造成教師身份團體不和的是一種信仰危機：在這種情況下，法定障礙就是某些假定承認的神聖界線。要理解這個危機，就要真正理解這場危機與之決裂的主流秩序，而這種決裂也有助於理解此一危機。我們幾乎不可能描述機構的有機與關鍵狀態（關鍵狀態的運作就像有機狀態的實際分析者），除非是身處在其關係內，因為機構會不斷從這個狀態過渡到另一個狀態。舊的招聘模式是一種預先增補新成員的形式，年長者藉此選擇的，不是注定要從事一種次級職涯的下屬（此一職涯自此以助理教授職位的形式而被制度化），而是有潛力的同僚，這些同僚有朝一日或許能接替他們。這就是為何其基礎是心照不宣地接受一種職位定義和獲取職位的條件，因此會更需要選擇的準則，因為這些準則只能以不言明的模式運作，例如「精英」的選擇。這應該只需要對入行的最低條件有最低（也就是消極的）共識，或是更確切地說，是對合格人口的限制有最低共識：由於每一個人都同意（甚至無須公開聲明）接受這些準則的價值觀，而這些準則是他與同事的價值觀基礎（例如巴黎高等師範學院畢業生證書，而非該校出身者通常會讓自己身邊環繞著該校校友，以顯示其認可），所以只要他們遵守這些準則，就沒有人想到要拒絕或抗議其他教授的選擇。因此，身份團體的同步與歷時的同質性，在於對慣習的贊同，這些慣習是相同選擇與養成教育的條件

產物，孕育了客觀和諧選擇的實行與（特別是）程序。

　　若大學分級的危機是以教授和助理教授之間的對立為中心而形成的，那是因為相較於講師（尤其是年輕的講師）及專責教師（chargés d'enseignement，某種預備教授），這些助理教授（特別是較年長的助理教授）作為新招聘模式的典型產物，被判定會強烈感受到「屬於招聘的承諾」及「固定職涯程序所真正確保的真實未來」這兩者之間的矛盾。舊機構狀態下的講師數量並沒有比正式教授多，而且幾乎具備高等教師資格，通常也是巴黎高等師範學院的畢業生，因此只需按年齡（亦即時間長短）來與教授做區分，至於所有其他方面則儘可能沒有什麼不同。這種差異既沒有又絕對，就像任何建立在簡單再生產上的所有社會秩序裡，用以分離世代的差異一樣。沒有差異，那是因為職業生涯幾乎是完全可預期的，沒有阻止行動者的，是每項學校教育訓練曾習慣於依據無法與歷程相容的生存競試，來詮釋其職業競爭，而且這些歷程之間只有極微小的差異；之所以沒有差異，也是因為教授職位的數量是穩定的，這必須且足以等待一個大學生命週期結束後，才會輪到另一個。因此，我們幾乎難以想像講師僅能設想某些與教授相對立的抽象概念式請願要求。但是與此同時，不可壓縮的時間間隔分離了不同等級的佔據者，在他們之間建立起一道不可逾越的距離：教授與講師的學術生命週期幾乎相同，卻無法競爭相同的職位、職能和權力。

　　無論年輕或年長，他們都具備相同的大學貴族身份，也就是具

備相同的本質，只是實現本質的程度不同。職業生涯不過是等待本質被實現所需的時間。講師是有前途的；教師是已經實現的前景，他已通過考驗了。[21]這一切都有助於產生一個沒有驚喜的天地，排除了能引入其他價值觀、利益和準則的個體（否則相較之下，舊的價值觀、利益和準則就會貶值、失去資格）。貴族身份被迫從一種相同的進展中建立繼承權和繼任者的義務；它激發了憧憬並規定了限制；它給予年輕人一種**保證**，這種保證切合於被給予的擔保，但也意味著耐性、對差距的認可、年長者的安全感。事實上，我們無法讓講師心甘情願在這麼長的時間裡、甚至直到年齡大了，卻什麼都沒得到，只能在某一分級制度裡佔據一個次級位置，而且在這個分級制度裡，由於（非常少見的）中間等級缺乏某些高階位置的特性，所以其定義是消極的，這是因為他們被保證會擁有一切，而且馬上就能從講師的空虛感毫無過渡階段地直到教授的頂峰，同時從一無所有的繼承人階級到正當的正式教授階級。如同長子世襲財產的確定補償，它能讓貴族家庭的長子（或是某些傳統中的農家長子）決定接受被延長之未成年狀態的犧牲與奴役，對受到指定之繼承人的保證同樣弔詭地是覬覦者長期順從教授職位的原理，而且就像我們連同論文所看見的，制度的強制力有助於調節職業生涯的節奏，只有連同忍受這些強制力者的共犯關係，才能運作。[22]

我們已經見到，國家博士論文能讓教授持久考核憧憬著要繼承的人；它能長年拖延考驗的進行（增補新成員的程序總是意味著

要進行考驗），同時能長期抓住憧憬著要繼承的人，將他們維持在一個依賴的位置上（這就排除了論戰、批評，甚至利用禁止預先出版、競爭的規則）。大學世代之間的時間間隔（二十至二十五年）是成功保存繼任順序的條件，準備論文的時間必須在十年至十五年之間（再加上留在副教授與外省教授位置上約十年至十五年），才能維持這個間距。我們或許很自然會認為，身份團體完美再生產的制度必要性決定了生產論文所需的研究時間，從而決定了研究的性質、規模與抱負（而非相反）；[23]制度的強制力被當作研究工作與

21｜在調查文學院的權力時，這個是確實被看見的。此一權力建立了（參見前述第三章）與年齡緊密相關的不同權力分配——這是被理解的，因為此一分配適用於一個被權力之最小擁有所定義的人口，他們反對某些真實和潛在的權貴：年輕人有勢力因素（巴黎高等師範學院等等），但尚未具備所有的特性和好處。

22｜所有這些效應或許在外省的小學院中被增強，因為教師人數少，所以B級學院的成員通常要承擔與正式教授相同的教學工作，例如高等教師會考課程、中等教育教師資格證書（CAPES）課程、指導碩士論文，他們也同時強化了預先識別教授職位並非沒有兩義性的傾向。一般來說，我們必須更詳盡分析另一個場域劃分原則，亦即巴黎與外省之間的對立（兩個被分析的人口全都是巴黎人）：儘管城鎮分級大致上符合不言明的學院分級（除了特例之外），集中化也使巴黎成為實現整個職業生涯的理想終點，對地方社會的歸屬可以作為不可忽略的特定權力之根源，每一個外省學院都有它們的**大學顯貴**，他們雖然沒有國內或國外的知名度，但都會參與當地權力的決策機構（計畫規劃組織、地區委員會、市議會等等）。

23｜「您覺得您應該要早點遞交論文嗎？」「從職業生涯的角度來看，這是不可能的......從論文的成熟度來講......我覺得這個是可以的」（歷史教授，1972年）。大部份的受訪教授對於這個問題的回覆都是否定的，即使他們已經超出了所謂的**正常時段**（一位文科教授花了十四年來準備論文，他僅感嘆在答辯和出版之間的期限過長）。

作品本身的內在必要性，而這屬於誤解和信仰效應的一部份，有助
於制度必要性的實現。當候選人覺得自己在大學內受到更多認可
（因此更為傑出），這種對作品本身的投資會更強烈，且會因論文
指導教授的指令或恢復秩序而被強化，傾向於彌補了促成在申請者
當中最受認可的早慧之秉性效應。

> 正當的早慧（不同於政治活動野心家的急就章）是一個例
> 外，它確認了此一規則會對真實職業生涯的邏輯造成誤
> 解。如果正當的早慧通常與導師（其非典型的行為也傾向
> 於掩飾共同邏輯）的介入有關，這或許絕非偶然。事實
> 上，一切似乎都指出，教授在科學上越傑出，就越不會有
> 抑制不耐的平常傾向，也就是說，他們或許較少依賴法定
> 距離來維持其權威。以下這位教授即為一例，他是巴黎
> 高等師範學院校友、一九二〇年代哲學高等教師會考的榜
> 首：「啊！不，我不能更早提交論文，因為我之前太早提
> 交了，而且吉爾森（Gilson）和布魯斯維克（Brunschvig）
> 等人那時跟我說過：『不要將您的論文當作是畢生之作。
> 要趁年輕提交論文，這是一位研究員的首份工作……。』
> 這確實是吉爾森和布魯斯維克（後者比前者年長）等人
> 告訴我們的知性政策：『不要等到四十五歲才完成您的論
> 文。』這就是他們的看法。人們會說：『在法國寫論文，

那要花掉太多時間』，但是在那個時候，真正傑出的人會建議您不要過於匆忙，但也不要把這當作是畢生之作。」我們可以舉梅耶（Meillet）為例，他負責一系列被加速的職業生涯（例如班維尼斯特、香特漢納的職業生涯）。

但是，真正的調節者只不過是對這種**正當野心的主張**（對自己而言），會讓人同時感到被煽動和被准許去追討某些位置，或是盡一切可能地去取得這些位置，這種大學生活的節奏感是無法被理解的，除非納入潛在職業生涯結構的混和效應（對一個世代總體和對具特殊屬性的一特殊個體來說）。這一切就像是被適當地社會化的行動者總體（巴黎高等師範學院校友和文科預備班畢業生為其核心）都知道的——但這並不表示是有意識地——同年齡行動者可能的歷程（他們經常被化約成由巴黎高等師範學院同屆校友構成的、相互認識的群組），而且隨時都能按照大學正常狀態的標準，衡量其自身過往的歷程及其牽涉到的未來歷程，從而評估相對的成敗。[24]

---

24 |「最後，我得說這延遲了十年，我1936年取得高等教師資格，1947年年初通過論文，對一份國家論文來說，這很正常，對文科來說也很正常，這都在正常意料之中……我沒有做過統計，但這畢竟不是一件可以做得快的事情。我覺得十年是一個恰當的時間」（希臘文學教授，1972年）。

　　簡單的再生產循環為每位講師提出了一個有關教授的未來,與此一循環的決裂乃是意圖,而且至少有部份是論文生產自動化相對於職業生涯之世俗結構的效應。正式教授身份團體的擴增(即使是有限的),決定了可能歷程空間的紊亂(至少是表面上的紊亂),這無疑能解釋為何將博士學位視為一項內部晉升考試,會讓在大學內最不社會化的新聘講師開始在更短的時間內完成論文,從而與定義著覬覦者長期耐性的慣例與習俗決裂;但這也解釋了,為何同時有那麼多非正式的證書(巴黎高等師範學院證書和高等教師證書)的持有者,他們執著於按照舊時的大學生命週期節奏來生產,就像被丟到岸上的海洋生物仍繼續依潮汐的節奏來生活,卻發現自己被剝奪了大學擴張的利益,特別是如果他們沒有特別早慧的話。由於非正式與官方證書(國家博士學位)的候選人不足,因此讓能最快理解新遊戲的新進者佔據了大多數新設立的教授職位。

平衡的打破

　　以此,在晉升機會(有限)增加、尤其是行動者秉性轉變(與招聘方式改變有關)的效應下,期待與潛在歷程之間的當下和諧會被取消(這種和諧可使人見到理所當然的繼任順序),而大學順序(建立在被內藏的世俗結構與客觀結構的一致上)則會受到兩種挑戰。一方面是新進者的個人挑戰,這些新進者缺少往昔進入身份團

體所假定的證書和秉性，並拒絕遵守在此之前一直被視為適當的延
遲與謹慎：這種情況尤其出現在新學科內，因為在放棄舊招聘準則
的同時，我們並沒有建立評估教學暨科學專業知識的新準則系統；
因此，比起其他地方，正式教授身份團體的擴增在此更有利於缺少
正規證書的新進者，他們知道要越級晉升，而且提供的入場券不是
更符合科學性強烈要求的新生產形式（例如，以經驗為基礎、排除
修辭—理論前提的研究），而是一種被簡化、縮小的舊式論文形
式；但是正式教授身份團體的擴增也有利於正規證書的持有者，因
為這些證書既不能保證可取得一種特定的專業知識，也不能保證得
到此一專業知識所需的秉性。[25]另一方面是由大學分級公開或潛伏
之抗議所構成的集體挑戰，這些大學分級因而奠基於某些極為矛
盾、同時也很難根據某些科學準則來辯明的原則：工會運動通常是

25｜雖然它們因其例外的職涯而使人印象深刻，但是外來者被加速的職業生涯在統計學上很少
是顯著的。無論在何處，巴黎高等師範學院校友和高等教師的職業生涯總是比其他類別的教師
更快速，此一差距在社會科學中比在其他學科裡更強烈，社會科學中的巴黎高等師範學院校友
和高等教師較稀少：以此，在社會學中，只有10％隸屬B級學院的巴黎高等師範學院畢業生是
36歲或以上，非巴黎高等師範學院畢業生的高等教師則佔23％，而且學士為36％；可是在文
學院裡，41％隸屬B級學院的巴黎高等師範學院畢業生是36歲或以上，高等教師佔65％，學士
為67％。

那些對其正當期望感到失望者的表達，無論是新招聘的獲益者，或
是舊招聘模式最後招聘進來的人皆然。新招聘者無法利用身份團
體擴張所提供的新可能性，而透過舊招聘模式進來的人則是慣習
hysteresis（按：希臘文，「之後」、「稍後」之意）的受害者，此一慣
習滯後作用促使這些人延長一篇論文準備期，這份論文通常太晚著
手，若是專責教師，還得競爭屬於某些在被獲得的權威位置中的責
任及義務（這個權威位置是以虛假的加速晉升代價取得的）。

　　次級教師的招聘條件改變，的確對講師和助理教授有利，同時
也肯定了教授（及自治工會）的抽象概念式利益；工會的「鬥爭」
邏輯總是傾向於取代家產關係的邏輯，至少在官方場合中是如此，
例如法國國家科學研究中心的選舉，或是各學院的大學諮詢委員
會，其特徵是自由主義和*fair play*，也就是只要教授和講師都出自相
同的招聘模式，就是合宜的。[26]儘管如此，以法定類別（講師、助
理教授、專責教師、教授）之對立為基礎的劃分和一致性，通常會
被設想或當作階級鬥爭或勞資糾紛的模型，並依據被預期的歷程來
掩飾在平等位置上的極大差異；因此，中間類別的教師傾向於某些
變動的策略和聯盟，而且注定會根據他們對自己獲得支配位置之機
會的實際領會，在個人救贖與集體救贖之間猶豫躊躇和輪流交替。

　　透過取消了預先辨認出與導師和權威位置的關係，以及取消了
持有者與覬覦者參與正當晉升規範的同謀關係，招聘規範的轉變讓
大學場域受到舊職業生涯法則和違犯該法則所匯聚的效應：我們看

不到這些能強加上一種秩序之實際建立的力量自哪裡產生，在此，
招聘和晉升有賴於生產力及教學或科學有效性的僅有準則。

26 | 我們必須分析此一狀況所決定的、在再現及實作中的每個變化，例如類別之間（A級學院
和B級學院）、大學諮詢委員會或法國國家科學研究中心等等工會之間的bargaining（談判）與
折衷妥協。

譯註

譯註1：法布里斯是斯湯達爾（Stendhal）的小說《帕爾馬修道院》（*La Chartreuse de Parme*）裡的主角，這位年輕人對滑鐵盧戰役的全貌沒有任何概念，只有天真無知的偏見。

「由於交易都暫時停止，焦慮和看熱鬧的心態讓所有人都跑了出來。對服飾的草率減輕了社會等級的差異，仇恨被隱藏起來，表現出來的是希望，人們充滿了寬容。面對取得的權利，驕傲流露在臉上。我們有嘉年華會的歡樂、加強戒備的外貌；剛開始幾天，沒有什麼比巴黎的樣子更有趣了。」

「演員的表演讓民眾感到興奮，顛覆性的提案激增。
  －打倒科學院！打倒法蘭西學會！
  －打倒考察團！
  －打倒高中會考！
  －大學地位降級！
  －保留它們，塞內卡爾說，但把它們交給普選、交給人民這唯一真正的法官！」

「大眾的理性變得模糊不清，就像經歷過一場重大的大自然動盪。有頭腦的人在其餘生中都成了傻子。」

──福樓拜，《情感教育》（L'éducation sentimentale）

關鍵時刻

Le moment critique

　　大多數專門討論五月那些天所發生之事的文章，都受限於不完整與膚淺的傳記經驗資料，卻企圖要提出判斷與解釋，這些文章讓我們想到龐加萊（Poincaré）對勞侖茲（Lorentz）理論的看法：「必須要有一個解釋，於是我們就找到了一個解釋；我們永遠都能找到解釋；而假設，這是最不缺少的資源。」[1]社會科學專家處理**事件**及**關鍵**事件時，總是最常無限增加量身定作的假設。對那些專門解讀世界意涵的專家來說，對那些表面上看來是在陳述事物、實際上是想要讓事物符合其說法並產生立即政治效應的人而言，這些社會世界之意涵懸而未決的時刻都是一種挑戰，而且這個挑戰不僅僅是知性的；這意味著他們要即刻發言，而且是交戰後（並非反省後）就要發言。詮釋社會事件可能獲得的政治利益與其「時事性」有很密切的關係，也就是依賴於它引起的利益程度，因為它是物質或象徵性利益衝突的關鍵議題（這就是現在的定義，它永遠不能完全可化約成立即可用的一切）。因此，這些文化產品大部份的差異主要在於其（無意識而非有意識）所處的市場，這個市場可以是有限的（在最壞的情況下，生產者在此只能以競爭對手作為顧客），也可以是大量生產的；[2]這些市場確保文化產品（與其作者）能獲得物質和象徵性利益，亦即在銷售、公眾、追隨者方面有所成就，此外還有一項社會知名度與一種名望（在刊物上佔的版面大小是一個衡量標準），這些在重要性及時段中都極為不均。社會科學一直都有可能倒退成論說文主義，理由之一是隨著時間的流逝，我們越是遠離

研究對象——亦即隨著投入科學研究的時間增加，而這是產品之科學品質的必要條件（雖然還不足夠）——就越沒有機會獲得與時事性利益有關的純粹世俗成功。當燈泡熄滅、露天舞台拆除、宴會已經結束，研究員才會帶著沒有任何**即興創作**魅力的產品出現。科學用法表述的建構是為了應付事件立即產生的疑問，這些疑問比較像是謎團，而非問題，需要採取全面且明確的立場，但不一定是片面以及可重新驗證的分析，科學用法表述的建構沒有通情達理、漂亮清晰的論述，但要簡化並不困難，因為它永遠始於簡化。

對立即性的即刻關注，也就是沉浸在事件及其引起的情感之中，會將關鍵時刻隔離出來，從而構成一個妥藏了自身解釋的整體性，並藉此引入歷史哲學：即刻關注讓我們傾向於假設歷史上存有被重視的時刻，而且可說比其他時刻更具歷史性。我們可舉一個末世論看法的個案為例，無論是傳統或現代化的看法，都將革命描述成終點*telos*（按：古希臘文，「最終的原因」之意）與極點*acmè*

1 | H. Poincaré, *Congrès de physique de 1900*, I, 1900, p. 22, 引述自G. Holton, *L'invention scientifique, Themata et interprétation*, trad. P. Scherer, Paris, PUF, 1982, p. 368.
2 | 關於此一對立，請參閱P. Bourdieu, Le marché des biens symboliques, *l'Année sociologique*, vol. 22, 1971, pp. 49–126。

（按：古希臘文，「極點」、「頂點」之意），而其行動者──普羅大眾、大學生或其他人──則為普世階級，因而也是終極階級。相反地，科學意向旨在將特別事件納入一系列可在其中找到解釋的平常事件裡。這是為了進一步研究存於歷史系列中任何其他時刻的獨特之事，就像我們可在每個**臨界**現象中見到的一樣，在質的突變中會不斷加入平常事件，並導致一個獨特、非凡的時刻出現。

像一九六八年五月這樣的危機（所有的危機無疑都一樣），匯集了多個部份獨立的事件系列（這些事件出現在多個有特定必要性的場域裡），會帶來一個相較於前一危機更為可見的決裂，然而我們只有將這個危機置於一系列先前的事件中，才能理解之。大學危機轉變成普遍危機，提出了大學場域內外危機差異性擴大的條件問題：為了解釋在學校教育範圍內的再生產模式危機如何成為普遍危機的起因，我們必須知道，教育系統對社會再生產的貢獻越來越重要，並使其成為日益受到爭議的一個社會鬥爭關鍵議題，[3] 因此，我們要提出一個模型，用以解釋教育系統產生的社會效應，其最引人注意的是**結構降級**，這是某種集體反抗秉性的來源。這個模型能讓我們以危機的結構條件分析為基礎，理解大學空間中不同區域的危機出現邏輯，以及危機出現的社會空間邏輯，而無須使用ad hoc特定目標假設，但這個模型是否也能讓我們理解，結構的**關鍵狀態**如何在大學場域的一個既定區域中被建立起來？構成一殊定場域之臨界張力的結構性因素，可能孕育了有利於臨時事件出現的危機情

況，而這是正常運作所無法想像的，或至少也是「例外的」、「意外的」情況（因此不具備社會有效性和社會意義），這最容易出現在多個強度最大的潛在危機效應**同時發生**之際：要為局部危機同時發生而負責的特定起因是什麼？從而發生普遍危機（整合——而非單純加總——同步發生的各種危機）的特定起因又是什麼？不同場域的此種**同步化**內在效應為何？此一同步化將歷史事件定義為劃時代的，而普遍危機則被視為不同場域的契合。弔詭的是，或許只有將關鍵時刻重新納入含有可理解性原則的系列事件中（就某方面來說，這就同時取消了依一獨特性之意所產生的東西），我們才能理解是什麼將關鍵情況定義成「創造不可預見的新事物」，或至少是

3 | 由於教育系統傾向於變成有權佔據位置之不斷增加份額的官方再分配工具，以及保存或轉變階級關係結構的主要工具之一（藉由在此結構中位置佔有者的數量或 [社會] 品質之維持或改變的中介），個體或集體行動者（學生家長會、行政機關、企業家等等）的數量傾向於增加，這些行動者感興趣的是其運作並渴望修改之，因為他們期待教育系統能滿足其利益。從學生家長會到中產階級，我們可以看到此一過程的某些跡象，例如創建一種新類型的家屬聯會（其行動主要針對的是教育系統），或是特定壓力團體的出現——例如在康城、亞眠、奧爾良（Orléans）籌備的研討會——這些團體匯集了老闆、技術官僚與教師；其次是報刊中保留給教育問題的版面（所有的報刊都會有一位或多位被集結成協會的「專家」），或還有意見調查中針對這些難題的問題份額。

定義成新事物突然出現的可能性，簡言之，就是每個可能未來的開放時間，而且在相同範圍本身內，有部份是如此。[4]

　　每個這些我們可能稱之為理論的問題，都必須被當作歷史問題來思考。這意味著我們要努力緩和社會劃分的效應，此一劃分區分了簡單的描述和純粹的「強詞奪理」：前者就像黑格爾在《精神現象學》（*Phénoménologie de l'Esprit*）序言中所指出的，難以順應概念的「阻斷」；後者同樣無法忍受當前現實的入侵。但是，想要質疑最佳既定科學分工與願景的原則，就有可能讓此一努力決裂的成果遭到誤解或是被忽略；沒有顯出同時缺少理論強烈要求和經驗資訊總體強烈要求，也沒有讓最可靠的研究成果避開「只有當理論問題會產生有關權利、政治等等論述時，才知道理論問題的人」，以及避開「力圖對歷史描述的一系列事件持懷疑和保留態度的人」，這一系列事件被視作（依物理學之意的）不同**效應**的產物，也就是說，每次只要某些條件符合（在其他條件不變的情況下），這個可明瞭之事件序列的獨特整合就會出現。

一種特定的矛盾

　　要解釋這場危機或至少解釋危機出現與普及化的結構性條件，就必須提及[5]受教人口增加的主要效應，也就是學校教育證書的貶值，此一貶值導致被普遍化的降級，這對最有利者來說尤其無法容

忍；其次要提的是教育系統運作的轉變，這些轉變來自於公眾在型態和社會方面的轉變。受教人口的增加、學校教育證書（或其所通往之學校教育位置，就像大學生地位）的相應貶值，都會影響一個年齡層總體，並透過此一共同經驗，以此被構成相對統一的社會世代，還會在法定期望（屬於位置和證書，它們在就舊系統狀態中真實提供了相應的機會）和這些證書與位置在被考慮的時刻中實際被確保的機會之間，確立一個**結構性差距**。[6]在出身支配階級、但沒有成功將被繼承的文化資本調整成學校教育資本的孩童中，這樣的差

4｜這些反思與詰問似乎能擴展至所有的危機（或革命）：如果我們不像這樣地領會不同場域的邏輯，是否就不傾向於如理所當然般地獲得各種革命事件的一體性？或是相反地，不傾向於將不同的局部危機處理成某些相繼的時刻？這些時刻與某些不同的團體（貴族革命、議會革命或農民革命等等）相呼應——由不同的動力、在非常情況下從屬於個別解釋的個別危機之一個附加總體所驅動。若每一次的革命實際上都妥藏了數個之間相互關連的革命，從而與多個因果系統有關，難道我們此外不應提出個別危機之整合的原因和效應問題嗎？諸如此類。

5｜這一點上，特別是關於學校教育再生產的確切是**統計的**邏輯、以及關於共同貶值經驗的統一效應，請參閱P. Bourdieu, Classement, déclassement, reclassement, *Actes de la recherche en sciences sociales*, 24, novembre 1978, p. 2-23 et La distinction, pp. 147-185。

6｜以此我們見到，所有（而且為數眾多）想要依尋常之意的世代衝突模式來思考五月危機的人，已被表面所控制。此外我們知道，依據相關行動者的社會出身，證書的貶值會有完全不同的效應。

距是最大的；即使如此，他們的社會未來並不完全依賴於學校教育資本，因為其家庭擁有的經濟或社會資本，使他們得以在勞動市場上獲得最大的學校教育證書收益，從而彌補了選擇其他職業生涯所帶來的（相對）失敗[7]。簡言之，學校教育再生產模式的特定矛盾並無助於階級的再生產，除非同意排除部份成員。此一矛盾越來越重要，因為再生產機會受到威脅的人越來越多、拒絕被排斥而發現自己再次抗議驅逐工具正當性的人也越來越多（此一工具能追究其永續性的基礎之一，並威脅到階級總體）。

貶值的影響或許越來越全面，因為它們絕不會被社會資本的添加物所改正，而且在證書或位置相同的情況下，會與持有人的社會出身分級成反比：無論如何，對這些效應的**容忍**也會根據相同的準則而改變，但是方向相反，一方面是因為憧憬會隨著客觀機會而減少，另一方面是因為各種機制往往會掩蓋了貶值現象，例如市場的多樣化（某些被貶值的文憑在條件最差者的眼中，具有某種象徵性價值）、與證書的有名無實價值上升有關的次要利益。儘管奇蹟倖存者部份虛幻式地崛起與出身支配階級者或多或少明顯的衰落相似，但基本上是不同的：奇蹟倖存者獲得了其出身階層成員幾乎不可能取得的位置，因為時值此一位置在轉移效應下遭到貶值（也就是降級），例如小學老師之子成為科學學科講師、農夫之子成為普通教育學院（CEG）的教授[譯註1]；至於出身支配階級者，他們無法具備足以保有其位置的證書，因此醫生之子成為當代文學系的學生或

教育者。儘管這些降級經驗如此不同，但都可讓位於學校教育空間及社會空間中的不同位置者，建立或多或少有點虛幻的結盟，或至少能在面對危機時，提供部份精心規劃之反應的基礎（僅將其客觀一致性歸咎於「傳染」效應，是錯誤的）。

因此，要理解學校教育系統中的各種危機形式，只意識到不同教育機構的人數增長是不夠的。的確，這些型態學上的現象或許有非常重要的效應，有利於教學關係和學生條件整個經驗的轉變。但最重要的是，學校教育機構的人數增加，尤其是此一人口之社會組成的相應轉變，都與其當下或可能在機構的學校教育（及社會）分級裡所佔據的位置有關。以此，精英學校（或預備班）受到的影響遠低於一般學院；而在一般學院裡，法學院和醫學院受到的影響遠遠小於自然科學學院、尤其是文學院；在自然科學學院和文學院

---

7 | 在限制人員增加過多的相似之有效性原因當中（我在一段之前的研究階段裡曾利用過，參見P. Bourdieu, *L'Inflation des titres scolaires*, renoéotypé, Montréal, 1973），行動者事實上可用個體或集體策略來對抗此一貶值，例如在於產生出適於強調證書的**新市場**（創立新職業），或是在於或多或少完全修改了定義著佔有支配位置權利的準則，這些準則也相應定義了權力場域內部的位置結構。

裡，傳統學科又比新學科（特別是心理學和社會學）較不受到學生湧入的影響。換句話說，人數增加所造成的社會效應和學校教育效應，在學校教育機構（學校、學院或學科）中更為明顯，因為其在分級中的位置（其次是所提供的教育內容）使之更能成為某些大學生的避難所，這些學生在昔日的系統中可能會被排除在外或被淘汰。還要補充的是，憧憬與客觀機會之間不一致所造成的效應，在某些新學科所代表的豪華避難所中最為強大，對男孩子來說主要是社會學，對女孩子而言則是心理學：這些難以被決定、開放給本身也難以被決定之社會位置的學校教育位置，確實被產生了，以便使其佔據者得以延續一種環繞著他們的現在與未來的不確定且模糊的光環，為了自己本身並且為了他人。

　　支配著學校教育機構內部之危機擴大的相同法則，也支配著機構之特定危機在機構以外的擴張：隸屬於受學校教育證書貶值影響之學校教育世代的行動者，相較於客觀的實現機會，其擁有的憧憬是被弄亂的，這些人在社會地位佔據者中的比例可以解釋在社會空間中，不同位置佔據者對危機的不同反應。此一危機在學校教育系統中找到其來源，它從未完全與一個階級的危機或既定階級一個派別的危機混淆在一起：或許抗議運動在知性派別裡找到它的選舉場，尤其是在出身支配階級、但不受教育系統認可之行動者的社會空間裡；但是，這項運動也有可能在中產階級的不同派別、以及直到在工人階級或農人階級的不同派別、在青少年當中引起一種共鳴

或甚至一項共謀，這些接受技職教育或甚至一般長期教育的青少年，在似乎屬於國中生或高中生、或甚至學士狀況的憧憬中感到失望（由於這些位置在原生團體中較稀少，所以會更加被看重）。

這就是普通教育文憑、職業能力證書（CAP）或甚至高中畢業文憑（一九六八年有數千名非熟練工人擁有此一證書）持有者的狀況（但此一狀況是有其最大值），這些人被送往某些體力職業，由於這些職業的經濟與象徵性價值低（這要歸咎於普通教育文憑或甚至技職文憑），他們發現自己必然會被客觀與／或主觀地降級，並因文憑和無用武之處而產生挫折感。例如一名受過教育的年輕工人，他必須與完全沒有學校教育文憑的工人做相同的工作，或者「更糟」，要與「外國人」做一樣的工作，他表示：「我念了四年的書，不是為了切割墊片。」一九六八年時，讓大學生「可以來工廠與工人討論」，是否更能提供關於那些自覺與教育系統危機「有關」者的社會特色的某些指示呢？此一問題的解答（一九六九年被提交的工人人口代表性樣本）如下：宣稱贊同向大學生開放工廠的工人，比例最高的是在二十到二十四歲年齡組、尤其是十五到十九歲年齡組和擁有職業能力證書的工人（參見G. Adarn, F. Bon, J. Capdevielle et R. Mouriaux, *L'ouvrier français en 1970*, Paris, A.

Colin, 1970, pp. 223-224）。再者，我們也在其他地方觀察
到，就像在其他社會類別當中一樣，在工人當中（我們知
道，工人與支配階級的成員相反，他們隨著年齡的增長，
通常會越來越自認為是左派），參與示威的比例與教育水
準成正比，但與年齡成反比。

受育之行動者的數量增加、被授予之證書的相關貶值，這些效
應並非機械式地、因此是同質性地被造成，只有依據受影響之行動
者的位置，這些效應才有意義。以此，對抗分析本身的邏輯與分析
被表達於其中的論述邏輯，亦即對抗將緩慢且不均等的精神轉變形
式加以同步化和普世化的趨勢，我們必須能描述不同的形式（這些
形式主要會依據社會出身、與教育系統相對應之秉性而呈現）、調
整對機會之期望及對實現之憧憬的過程，更重要的是為接受最少的
成功或失敗所需的中止投資的工作。

其實，我們必須記得很重要的**時間差距**，也就是「要為教
師們之間關係緊張與大學生降級負責的型態轉變」出現的
時刻（首先出現在自然科學學院中）以及「在大學場域一
相當特殊部門中爆發、但隨即被普遍化的危機」出現的時
刻，這兩者之間的時間差距。此一間距對應於某些行動者
斷斷續續地意識到機構突如其來地發生轉變、這些轉變對

現在與未來狀況之效應所需的時間：也就是說，就學生來講，那就是學校教育證書貶值、與此一貶值相關或絕對的降級；對依新準則招聘的次級教師而言，那就是實際上無法獲得似乎被允諾給其位置佔據者的職業生涯。如果「調整對型態轉變之效應的憧憬」此一不可或缺的（哀悼）工作必定是漫長的，那是因為行動者只能瞥見社會空間一個非常有限的派別（而且要透過先前系統狀態所產生的知覺與評估類別才能瞥見），他們也會因而傾向於詮釋他們自身的經驗，以及隸屬於其相互認識之世界（從個人而非抽象概念式邏輯的角度來看）的行動者經驗，以致於型態的改變只能以多種個別經驗的形式向他們呈現，很難作為整體性而加以掌握及詮釋。我們在分析此一未來願景之轉變的過程時，也必須重視負責生產學者所描繪之社會世界的機構角色（例如官方與非官方的統計機構），以及負責因此操縱著或許能被預期之未來描繪的機構角色（例如指導顧問，更廣泛而言就是負責告知證書與職位前景的每位行動者）。

當學生（或老師）的社會出身類別極不可能出現在他們佔據的位置中，對這類奇蹟倖存者而言，現身在這些位置上（即使這些位置貶值了）、以及藉由其影響力本身，這樣的事實就構成了一種象

徵性報酬形式，相當於通貨膨脹時期名義上的薪水增加：*allodoxia* 屬於這個事實，即他們為了察覺與評估其位置而利用的模式，乃是先前系統狀態的產物。此外，行動者本身也有心理上的利害關係，使自己成為故弄玄虛的同謀，他們自己也是此一故弄玄虛的受害者──其根據是一種非常普遍的機制，我們越是不利，該機制或許就越能讓我們**滿足於**所擁有的以及所身為的，並促使我們去喜愛自己的命運，無論這個命運有多麼地平庸。[8]事實上，我們會懷疑，這些再現是否完全成功（即使有團體的共謀），而且這個迷人的圖象可能永遠與現實主義式的再現共存：我們毋寧在社會空間裡與**近鄰**的競爭中被感覺到此一迷人圖象，而現實主義式的再現則可在面對 out group 的集體請願中被感覺到。

　　這些**雙重意識**的效應在「引領支配階級出身、而學校教育資本少的學生朝向新學科」的邏輯中還更為明顯，這些新學科的吸引力或許主要在於它們提供的模糊未來和延遲中止投資的自由。這些效應或者存在於「走向難以決定的職業」中，這些職業旨在為自身及其他人盡可能長久地使社會認同的不確定性永存，例如從前的作家或藝術家等職業，以及所有次要的文化生產行業，或是知性場域及大學或醫學場域中的每項新行業，其擴散與「努力創造新職業以避免貶值」有直接關係。這一切都能讓我們假設，現實和對自我及其社會未來的描繪之間的距離越大、被維持得越久（因而以一種更重要的心理學研究為代價），臨界張力也會更強烈。[9]

以此，我們首先可以提出，公開的危機在每個有利於長久保有被弄亂之憧憬的社會場所中，可達到其最大強度；其次，適於促進一種面臨某些戲劇性修正之失調的這些場所，由於其承諾的社會未來並不明確，因此能吸引具有被弄亂之憧憬的行動者，並提供他們利於長期維持此一失調的條件。要驗證這些假設，我們可以依據社會出身或學校教育資本（高中畢業會考部門），做為一個位置（學院、學校、學科、相應人口的分佈）同質性或異質性的跡象，或者依據社會出身與學校教育資本之間的關係（這會更接近假設）：我們其實可以假設，當社會出身高、學校教育資本低的學生比例增加時，依據所有可能性，憧憬與機會之間的差距將會擴大。因此我們可以決定，依據學校教育機構各部門而變化的社會與學校教育同質

8 | 許多互動、以及甚至或多或少是持續的社會關係，其原則是在無意識地尋求客觀地強化防禦系統，這些系統一直都是社會世界看法的一個份額（但是程度上十分不一）。

9 | 回歸現實——亦即**被抑制的社會事物**之真正**回歸**（與我們通常「有意識地」領會毫無關係）——以及長期對立於所佔位置之客觀真相的發現的防禦崩潰，可採取一種危機的形式，由於其暴力已被更長時間地推遲，或許就更強烈（參見「中年危機」），此一危機形式可在集體危機中找到一個啟動裝置和一個機會，以或多或少被昇華的形式表達出來（就像與五月危機有關之倫理或政治轉變的每個案例所顯示的）。

性程度，是否會與危機強度的變化相呼應。[10]

　　僅依據社會出身和學校教育資本（以及亦是次要的性別、
增加比例和居住地）來比較大學場域中不同位置（精英學
校、學院、學科）之佔據者（學生或教師，尤其是次級人
員）的分佈，並依這些團體在一九六八年五月期間立場的
相同變數來比較這些變動，能讓我們驗證或反駁被提出的
模型。無論如何，我們能根據可用的數據，確定這兩個系
列之間存有一種對應性。雖然從統計數據可以看出中產階
級子女在教育機構中的相對比例增加，但這些數據混合了
不同機構類型（高中、普通教育學院等等）的人口，因而
掩蓋了學校教育的隔離機制，這些機制力求在每一機構或
甚至在每一班級內，維持學校教育人口的一種相對社會同
質性，我們觀察到，在危機發生前的那段時期過程中，學
校教育人口的社會同質性有普遍下降的趨勢：在最頂尖的
機構、系所或學科（例如精英學校、醫學院，或甚至高中
的古典部門）裡，或是在最低階的學科如技術教育學院
（CET）、大學技術學院（IUT）中，社會、學校教育以及
最重要的（如果我們可以這麼說）社會-學校教育同質性，
通常在佔據中介位置的機構、系所或學科中是較弱的，或
至少在教育系統分級中是較為模糊的。另一方面，由於缺

少參與顛覆性活動的指數，[11] 我們將一九六九年大學選舉的參與率當作符合或贊同既定大學秩序的指標，此外這個指標是很模糊的，因為高比例的棄權可能是明確拒絕參與的產物（因而是真正採取否定的立場），或是對政治感到無力的表達（這種感覺源自於一種剝奪的過程），我們注意到，在職業導向確切而有明確定義的機構、學科或學院中，選民的比例最高，例如醫學院（68％）、法學院的比例低一點（53％），或是大學分級另一端的大學技術學院（77％）；相反地，在職業導向於社會分級中極為分散的學院或學科裡，選民的比例較低：整體而言明顯較低的是文學院（42％）和自然科學學院（43％），就學科而言，

10｜此一模型無法讓我們精確理解個體對危機的反應：這些反應取決於秉性變數（與社會出身有關）、位置變數（與學科位置、在學科中的位置──大學身份地位和智識威望──有關）、局勢變數，尤其是危機的強度和對大學機構的批評，此一批評取決於學科（及其位於巴黎或外省），以及相同等級或相同身份地位行動者當中最常見的立場。

11｜未來的歷史學家或許將在警方的檔案中，發現測試模型所需的資訊。體危機中找到一個啟動裝置和一個機會，以或多或少是被昇華的形式表達出來（就像與五月危機有關的倫理或政治轉變的每個案例所顯示的）。

比例最低的是社會學（26％）和心理學（45％），它們的職業導向特別地分散與模糊，與能取得中學教師職位的學科全然不同，例如法國文學（60％）、希臘文（68.5％）、拉丁文（58％）、歷史（55％）、地理（54.4％）──但是哲學例外，因為它所提供的未來是屬於社會科學，而且比例非常的低，僅有20％（法國《世界報》，一九六九年三月十三日）。[12]在外省，依學院和學科來分配的結構是相同的，不過參與的層級就整體而言較高（或許有部份是因為隨處可被觀察到的機構規模效應）。[13]

但是，若我們沒看見這些位置是兩個強度最大之潛在危機效應同時發生之地，我們就無法完全理解這些新學科在掀起危機中所扮演的特殊角色，尤其是社會學。這些文學院的新學科處於劣勢和不確定狀態，主要吸引的是出身支配階級但學校教育成績較差的學生（因而對社會成功的客觀機會具有被強烈弄亂的憧憬），以及被排除在重要專修課程之外的中產階級大學生，他們在沒擁有社會資本──為了誇耀被貶值的證書所不可或缺──的抱負中，感到失望；另一方面，正如我們已經見到的，這些新學科為了回應急遽增加的大學生人口，必須招聘為數眾多的次級教師，這些教師難以融入大學機構，而且容易傾向嫉恨，因為「（或多或少是）意外地進入高等教育而造成憧憬提高」與「停留在大學分級最低等級而對這

些憧憬失望」這兩者之間是有矛盾的。[14]

　　如同社會與學校教育異質性似乎分析了學生對五月運動的
態度，往昔（尤其是潛在）歷程的分散、不同等級之間的
相關張力，似乎也是教師們態度不同的起因。要證實這一

12 | 有些人會在1968年五月之前和期間發生的顛覆運動中，於部份巴黎高等師範學院校友扮
演的角色裡看到一種例外，我們只需要提醒1960至1970年期間所標示出的，是巴黎高等師範
學院之學校教育位置的一種衰落，同時或許還有客觀上提供給校友之社會位置的衰落（雖然在
學院中所招聘的巴黎高等師範學院校友增加），這與學生的社會出身提高是吻合的。以此，自
由業者、工程師與高階管理者之子在巴黎高等師範學院的份額從1958至1965年間的38%，變
為1966至1973年間的42%，1974至1977年間變為43.3%，在聖克魯高等師範學院的份額
從1956至1965年間的14%，變為1966至1973年間的28%，1974至1979年間變為32.2%
（J.N. Luc et A. Barbé, *Histoire de l'École Normale Supérieure de Saint-Cloud*, Paris, Presses de la
FNSP, 1982, tableau 10, p. 254, et tableau 6, p. 248）。
13 | 一般而言，危機在外省小學院所具有的形式似乎截然不同，這裡聚集的人口數量和政治領
導者的「儲備」較少，而且就像我們已經見過的，等級之間的關係在品質上是非常不同的。
14 | 這兩個以此被**整理安排**的過程都有其（至少是部份地）在場域之外的原則，第一個出現
在決定著中等教育和高等教育入學普遍擴增的因素總體中，這些因素也決定了不同社會出身之
學生在學院和學科之間有差別的分佈；第二個出現在大學場域不同部門與勞動市場之間的關係
裡，或者也可以說，是在不同證書和就業市場上當時被提供之職位間的關係裡，以及有差別的
「貶值」效應，這些效應觸及不同的證書與不同的持有者（依他們所繼承的社會資本而或多或
少強烈地被觸及）。

點，我們只需在「不同學科之教師身份團體的同步性與歷時性特色」及「他們參與五月運動的不同程度」或「不同等級之教師的衝突強度」之間建立心態上的關連。但是，為了盡可能深入展開論證，我們可以將分析應用到地理學和社會學教師的例子上，雖然它們都是被支配學科，但是它們所展現的差異能說明，為何在運動期間及隨後有關教育系統之未來的衝突中，它們扮演某些極為不同的角色。地理學家位於社會和學校教育分級的最底層，呈現的是每一等級明確的社會及學校教育特色；至於社會學家，其特色是在這些特色中有非常明顯的不一致，特別是在分級的底層裡：地理學家方面，無論是A級學院或B級學院，巴黎高等師範學院校友的比例都不高（分別是4.5％與3％），但是處於分級頂端的社會學家（通常出身哲學系）相對較高（25％，非常接近歷史學家的24％與心理學家的27％），但在層級較低（B級學院）的社會學家中，所佔比例最小（5.5％，相較於心理學的10％和歷史學的13％），不過，出身支配階級的教師在這些類別中的比例，幾乎與在較高層級（A級學院）中的比例一樣高。[15]此一階級頂部與底部之間的雙重不一致（其基礎是依等級、近乎交叉狀的社會頭銜與學校教育證書分佈），或許是招聘模式二元性最明顯的表達，這是因為在強化它的同時，由學科的結

構含糊性所造成：就像喬治・康吉萊姆說的，「社會學」
是個自大的學科，[16]它與哲學相互競爭，憧憬著位於學科
分級的頂端，聲稱要以科學的嚴謹性來執行其野心；社會
學也是一個避難所，不過這是一個奢華的避難所，提供給
所有想要在理論、政治和政治理論方面表明其雄心壯志的
人，這是以最少的學校教育入門費取得最大的象徵性利益
（與政治的聯繫解釋了對社會出身高、學校教育成就低的
男學生來說，社會學就像心理學對具有相同屬性的女學生
一樣）。[17]我們理解到，為何在大學抗議運動中，社會學
家和地理學家能如此明確地被區分開來，他們（特別是在

---

15 | 在大部份的學科中，研究員的社會出身會比教師高：出身上階層的研究員在社會學中佔
58%、心理學52%、地理學56.5%，分別對比於相同學科教師的50%、40%和40.5%。此一
現象是可以理解的，因為今日邁入研究員職業生涯的機會，主要取決於是否讓自己保有大學
生或實驗室研究助理的位置（儘管有獎助金和志向使命，這假定了事實上被保留給最優勢者的
秉性和經濟手段），而且時間要長到足以在一個研究團體中變得必要（多虧有了某些關連，這
些關連亦被不均地分配），或是獲得有影響力之一位「老闆」的支持。

16 | 參見G. Canguilhem, *Idéologie et rationalité dans l'histoire des sciences de la vie*, Paris, Vrin,
1977, pp. 33-45。

17 | 我們看到，社會學場域中特殊的的衝突張力或許主要在於身份團體的分散，而且無論如
何，我們都無法像往常那樣視作學科科學性一個較低程度的一項指標。

工會運動中）甚至能象徵化「左派」傾向和「改革派」傾向的對立、大學機構暨社會世界的全面且「激進的」抗議和「行會主義的」請願（訴求重點是教師職業生涯，或是教學方法與內容的轉變）之間的對立。

想要立即察覺新學科學生與次級教師（許多都是五月運動的領導者）之間的結構相似性，我們只需要呈現一九五〇年至一九六八年間，精英學校學生、文學院或自然科學學院的學生增長曲線，以及正式教授與次級教師（講師和助理教授）的增長曲線：雖然教授人口與巴黎高等師範學院學生（他們比其他學生更有機會成為高等教育的教授）的人口幾乎呈穩定狀態，但是另外兩個人口（次級教師和大學生）卻大幅成長。因此，精英學校的學生可以在其（預備班或學院）教授中認出一個位置的未來佔據者；相反地，大學生以及受益於新招聘模式的講師（這些講師沒有取得教授職位永不可或缺的第二屬性，也就是巴黎高等師範學院校友的身份或高等教師資格，他們非常類似大學生，尤其是自然科學學院和文學院的新學科講師）或許較不傾向和正式教授建立預先認同的關係，這種關係也許是為了鼓勵投資而設計的，特別有利於永保對教學法秩序的贊同。[18] 換句話說，在自然科學和文科方面（近來也包括了經濟科學），出身自最具選擇性之會考的老師和最沒被精挑細選過的大學生這兩者之間長期以來的弔詭關係，也逐漸出現在次級教師（通常

出身大學生人口，實際上被排除在能獲得教授位置的職業生涯和正式教授身份之外）與正式教授（和正當的繼承人不同，他們無法看到自身未來的實現）之間。[19]簡言之，教授與講師或助理教授之間的虛擬派別線越來越清楚，因為客觀上更接近學生的是講師或助理教授，而非正式教授。這種與預先認同鏈（建立在其試圖重建的繼承次序之上）的決裂，能有助於行動者的脫離，這些行動者被排除在直到那時為止屬於其位置的未來前景競爭之外，傾向質疑競爭本身。在此我們也許可以認出一個革命過程一般模型的一種特殊實現：期望與機會之循環的客觀決裂，導致一大部份較不受支配的被支配者（這裡指的是中介類別的教師與小布爾喬亞階級）脫離競爭，亦即脫離了承認遊戲與支配者所提出之關鍵議題的一種競爭式鬥爭，並進入一場我們可稱為革命性的鬥爭，因為其目標是建立其他的關鍵議題，以及或多或少是完全地重新定義遊戲與得以致勝的王牌。

18｜我們已經指出，部份自然科學學院的講師會親近學生、放棄有威嚴的角色，以便避開對他們來說與導師和「巴黎高等師範學院校友」競爭而產生的困難，這兩者的威脅經常會在訪談中被提及，就算他們同為講師亦然（P. Bourdieu, Épreuve scolaire et consécration sociale, les classes préparatoires aux grandes écoles, *Actes de la recherche en sciences sociales*, 39, septembre 1981, pp. 3-70）。

19｜J.-Y. Caro, Formation à la recherche économique: scénario pour une réforme, *Revue économique*, vol. 34, 4 juillet 1983, pp. 673-690.

同步化

　　以此，社會學系的學生與講師代表了行動者秉性和利益重合的一個案例，這些行動者在不同場域中佔據系出同源的位置。透過不同場域之潛在危機的同步化，此一重合讓危機有可能被普及化。這類整合有助於局部危機或形勢上之聯盟的契合，可在文學院和自然科學學院的總體中被觀察到，在此，大多數遭遇不易承擔之職位、職業生涯注定有缺陷的次級教師，以及受到證書貶值而有被降級威脅的相對應學生，這兩者的幻滅相遇了；這類整合也出現在「於大學場域中參與抗議的人」和「在場域外佔據結構上（有時還有功能上）系出同源位置的人」（例如文化生產與傳播當局中的次級行動者）之間。

　　區域性危機可以擴展到社會空間的其他區域，從而轉變成一種普遍危機、一個歷史事件，它可以透過產生的加速效應，讓各種事件同時發生。有鑑於每一場域賦予其相對自主性的速度（tempo）不同，這些事件正常而言應該以分散的順序被展開或完成，或者換句話說，這些事件應該不斷交替，不一定要被組織成統一的因果系列，例如在事件發生後，利用後見之明的虛幻，提出歷史學家式的編年表。因此，在普遍危機中的不同場域位置及相應行動者的行為，主要依賴於這些場域各自特有的社會時間之間的關係，也就是依賴於節奏──這些時間之間的每一個之中，產生特定矛盾的過程

被實現於此——之間。

我們無法理解不同學院或學科在危機中扮演的角色，甚至
也不能理解作為運動化身的個體在危機中扮演的角色，
例如南泰爾學院的社會學系學生丹尼耶爾‧孔恩-本迪
（Daniel Cohn-Bendit）、全法國學生聯盟（UNEF）主席
賈克‧索法傑歐（Jacques Sauvageot）、巴黎物理學助理
教授暨全國高等教育工會總秘書長阿蘭‧傑斯瑪（Alain
Geismar），除非我們知道，在文學院爆發危機的客觀時
間這一刻，有利於危機出現的結構條件已存於自然科學學
院中長達十年以上（在自然科學學院裡，對運動的普及化
扮演了一個決定性角色的全國高等教育工會，長久以來被
深植於其中），但是這些結構條件才剛開始出現在法學院
中。

危機就像局勢（也就是獨立因果系列的連結），假定著存有
各種獨立的世界，但是這些世界以各自的原則和當下的運作來參與
同一宇宙：正如古諾（Cournot）所言，因果系列「各自平行地發
展」，此一獨立性假定著各種場域的相對自主性；這些系列的相遇
則代表對基本結構（尤其是經濟的基本結構）的相對依賴性，這些
基本結構決定了不同場域的公理系統（axiomatique）。就是這種在

依賴中的獨立，使得**歷史事件**成為可能──沒有歷史的社會有可能是如此無分化的社會，以致於在此不存有任何的歷史事件（因為這些確切是歷史的事件誕生自相對自主之歷史的交會處）。考慮到這些世界的存在──如同古諾所言，「在這些世界中，我們可以觀察到一串同時被發展的起因與效應，它們之間無須有任何連接，也不用對彼此有相當可觀的影響力」──就是擺脫了結構性歷史和敘事性歷史的困難抉擇，並得以理解相對自主且被構成、開放並有相同因素的不同場域彼此之間能進入互動，以便產生一個歷史事件，並在此一歷史事件中，同時表達出客觀地屬於事件之間的每一事件的潛力，以及源自其連結的相對無可化約的發展。

「同步化」（可說是一種巧合，出現在每一大學場域每個部門特有之潛在危機的同一客觀時間裡，這個客觀時間被歷史日期所標示）或者是「不同場域的統一」（這種統一來自於機制的暫時性中止，這些機制試圖維持每一場域的相對自主性），會讓在此之前於不同場域中佔據系出同源位置的行動者，以相同的位置投入同一遊戲中。關鍵事件是危機的**時間順序**起源，可能包含可歸咎於場域外部因素的一個意外份額（例如治安暴力事件），它產生的同步化效應不會完全有作用，除非「場域達到臨界狀態而處於危機中的行動者」和「其他具備相似秉性（這些秉性產生自類似的社會存在條件，也就是**條件的同一性**）的行動者」之間，有著**客觀組成**的關係。但是，除此之外，經歷非常不同存在條件的行動者，因而具備

了非常不同、甚至分歧的慣習，但是他們在不同場域中佔據的位置，在結構上同源於在發生危機的場域中，處於危機狀態的行動者所佔據的位置（**位置同源性**），這些行動者有可能在運動中不論錯誤地（*allodoxia*）或有理地被認出，或者更簡單來說，他們可以抓住與平常秩序進行重大決裂而創造出的機會，使其請願能有所進展，或是捍衛自己的利益。

危機始於文學院與人文科學學院的新學科，擴展至大學場域總體，並在生產與傳播大量消費文化財的機構中，找到其選舉場，例如廣播和電視公司、電影、新聞媒體、廣告公司或銷售商、民調機構、青少年組織、圖書館等等，這些組織借助於一種在總量上迅速且可觀的成長，為受到降級威脅的大學產品提供了各式各樣的新位置，它們所經歷的矛盾類似我們可在教育系統中找到的各種矛盾：在知性企圖心的驅使下（在能取得知性場域中某些公認位置的工作裡，這些企圖心並非永遠都能實現），象徵性操弄的新行動者會在不安或嫉恨之中，活在「他們從其任務中所具有的再現（如同完整的智識創造）」和「官僚體制強制力（他們的活動所必須屈服的對象）」之間的對立；他們的**反制度情緒**主要是在與大學的兩重性關係中被構成的（大學並沒有全然認可他們），只能在抗議各種文化分級的每個形式中被認出來，其中最能代表原型的，或許是學生與次級教師對學校教育機構的反叛。也就是說，我們不能將主題間的

親近性僅歸咎於時尚或「傳染」效應（我們大多想到的是感染模式的傳播），這些主題會在離「運動」最遙遠的區域中被發明與表達，借助於審查的解除，才有機會揭露經常會被一種政治普世化表象所掩蓋的社會意圖、甚至是社會衝動。[20]

讓「五月思潮」統一起來的**自發主義式**主題整體，是一種或多或少帶點無政府主義的相互影響，匯集了各種被去語境化的不同訊息片段，主要用來重申情感性共同體的創始複雜性，其運作模式是馬林諾夫斯基（Malinowski）所謂的「寒暄功能」（phatique），也就是一種溝通模式，它除了本身之外沒有其他目的，或是只有「強化團體的整合」此一目的（意思是一樣的）。[21]「實際的左派」對傳播學術意識型態──例如最常被評論家而非行動者所引述的馬庫色（Marcuse）意識型態──的貢獻，無疑比我們以為的少了很多，即使根據預言的有特色邏輯，某些代言人的效應和魅力部份應歸功於他們將學者知識的普及化版本帶上街頭與帶入公共辯論中的技藝，但是這些學者知識通常會被化約成誘導的主題或字眼，這些字詞在此之前都僅限於博士之間的有限交換，例如「阻遏」及「鎮壓的」這樣的字眼。這種傳播表象實際上源於眾多各自獨立（儘管被客觀地組織起來的）但**同時的發明**，它們會在社會空間中的不同點（但條件類似）由行動者來實現，這些行動者具備相似的慣習及（如果可以這麼說的話）同樣的社會*conatus*（按：拉丁文，「努力」、「傾向」之意），在此指的是與社會位置之一特殊等級

有關的秉性和利益的此種相互影響，能讓行動者設法以穩定或不斷增長的速度，再生產構成其社會認同的屬性，而且甚至不需要知道或故意這麼做。其實，關於文化生產的重大官僚體系（其中最古老的典範當然是教會）當前或潛在次級知識份子的「實質或象徵性利益」及「特定矛盾」，任何的意識型態生產在這方面的表達，都不會優於當下在最無政府主義的自由表象中被發明出來的議題，依據少數的共同生成模式，例如發明與常規、概念形成與執行、自由與阻遏之間的對立，這些都是個體與制度對立的變形。在信徒皆祭司

20｜由於我們無法在此提供關於場域之被指出的民族誌摘錄（這些摘錄必然是局部與不連貫的，因為實際上不可能總體考察），也不能提出透過觀察與證據而重建的一種敘事，因此我們為了喚起那種氣氛，只能連接上福樓拜在《情感教育》中針對1848年革命，尤其是觸及到我們前述給予其原則的實作，針對「俱樂部」的巡行，在這些俱樂部中，「公共幸福系統」被制定，而且「顛覆性提案」在此交會（「打倒科學院！打倒法蘭西學會！」等等）。

21｜無論是對平常時期的活動份子，還是對不尋常場合的示威者來説，這就是讓其政治工作本身可以成為自身目的與報酬的理由之一。這與天真的功利主義理論不同，就像奧爾森（Olson）在《集體行動的邏輯》（*La logique de l'action collective*）中提出的理論──阿爾伯特・赫希曼（Albert Hirschman）殘忍地指出，這本著作於1968年後大受歡迎，或許是因為它傾向於論證像1968年五月這樣的運動是不可能的：鬥爭的努力本身，更別提戰鬥連帶的樂趣、責任被完成的感覺、甚至是真實或想像中能轉變世界的經驗，這些本身都構成了許多不容置疑的滿足（參見A. Hirschman, *Bonheur privé, action publique*, Fayard, 1984, pp. 135-157）。

（sacerdoce universel）此一想法的現代變體中，對文化分級與機構話語的典型異端爭論言明了某種自發表達的普遍權利（「言論自由」），與重要科學暨文化的大型官僚體系之被支配知識份子的特定利益有明顯的關係：用所有個體皆妥藏好的「自然的」且「自發的創造力」來對抗社會（亦即學校教育）方面擔保的專業知識，相當於透過人文主義的口號，來揭露教育系統所宣稱的「文化正當化的壟斷」，從而使行動者同時將被大學機構認可、被正當化的專業知識予以貶值（這些行動者以此專業知識為名，佔據了機構分級中的最高等級）。而且我們還可以看到，這種特殊的親近性將此一文化再現、所有無法讓被繼承的文化資本獲得學校教育所承認與接受的人結合起來。

這依舊是一種連帶效應，這類連帶奠基於不同場域之被支配位置佔據者之間的結構同源性，被支配位置通常與結構式降級的經驗有關，我們可以將之歸因於危機在大學場域及其直接近似之場域以外的擴展──當然，別忘了還有工會及政治機構本身的行動，它們作為中央（國家）的官僚體系，其中一項平常功能就是控制局部運動的普及化（例如透過總罷工的命令）。其實，由於所有場域的建立都傾向於以支配位置及被支配位置之間的對立為中心，因此，一既定場域的行動者永遠都可透過某種關係，加入或被接納到在另一場域中佔據同源位置的行動者之列，無論此一位置在社會空間中的距離有多遠，也無論佔據者所處的存在條件和具備的慣習有多麼

不同：也就是說，任何行動者都可以聲明，他與在其他場域中佔據同源位置的行動者能被肯定是團結一致的，只要將他們聯合起來的親近性是有效力的，這種親近性將他們聯合在此一抽象的、局部的關係之中——就算不是在各方面（這實際上是不可能的）、至少也是在所有的**決定性**關係之中，尤其是從可能構成在社會上是產生影響的、被動員之團體的角度來看。但是，立場的同源不應該讓我們忘記場域之間的差異性，然而我們可在知性、政治和文藝歷史中，找到許多有關這種混淆的歷史案例。我們知道，十九世紀上半葉的藝術家和作家更關注的是他們在權力場域中的被支配位置，而非在社會場域中的支配位置，在爭取文化生產場域自主性最激烈的時期裡，他們會與「布爾喬亞階級」拉上關係。但是更普遍來說，我們所屬的子場域（通常與相識熟人及社交互動的空間混淆在一起）往往會產生一種**屏蔽效應**：行動者傾向於察覺到他們在子場域中更明顯地佔據的位置（這對被支配者來說也更痛苦），而非子場域本身在更大場域中佔據的位置，但是這個子場域所屬的更大場域，比起他們在整個空間中的真實位置是更清楚的。

　　權力場域中的被支配者位置與社會場域中的被支配者位置是同源的，此一同源性大致上提供了社會學對考茨基（Kautsky）所謂「對外在的意識」此一問題的解答，這種轉向有利於積累一部份社會能量的被支配者。從知性場域在一既定時刻中的特定準則角度來看，（關於）第二種勢力的被支配者狀況——也就是第二級知識份

子的狀況——解釋了他們轉向改革或革命運動的傾向，並經常強加給他們一種反唯智主義形式，其中，日丹諾夫主義（jdanovisme）以及保守派革命者的民族情結（*völkisch*）已經提供了某些典型的實現。以此，我們明白，在一個場域特有的一種危機裡，支配者與被支配者的對立含有不平等地取得正當文化專業知識特性的形式，這場危機應該較有利於顛覆性意識型態主題的出現，例如譴責「科舉制」以及每個在學校教育上被確保的專業知識的法定權威形式，這些主題具有同源性，例如差異中的相似，因此是部份誤解，它們能讓我們依相同的邏輯，來思考其他依不同原則而被劃分之場域的特有危機。以此，在大多數的革命運動中，屬於「相對」被支配者的知識份子與藝術家（或者更確切而言，就是被支配的知識份子與藝術家），傾向於產生心領神會、欣賞和表達形式，而具位置同源性的被支配者則有可能會接受這些形式。

> 事實上，現實更為複合：政客或工會分子的某些異議，確實可在被支配者中找到系出同源之異議的支持，尤其是出現在專業工人（他們更有意識、更有組織）、次級無產階級者（他們士氣低落、渙散鬆懈）裡的異議。以此，科學和威權（也可說是專家治國主義）傾向的工人運動中的代表，通常是特定專業知識資本（理論、經濟科學、辯證唯物主義等等）的持有者，他們傾向於自動尋求最穩定、最

被整合之無產階級的支持，而處於自發主義、極端自由主
義位置的捍衛者，他們擁有的文化資本較少，更傾向於領
導者或搧動者（而非深思者）的實際活動，並讓自己成為
被支配者中最低階、最沒組織之派別（特別是次級無產階
級）的代言人。

我們不能指定先驗限制給**同化和異化的遊戲**，透過這個遊戲，
共同具有一種結構屬性的行動者可建立或多或少有點虛構的連帶：
在這場遊戲中被投入的聯盟就能更大，因為這些聯盟更強烈地依賴
於產生它們的特殊形勢，而且較不強烈地投入行動者最要命的利
益，這些行動者似乎以最零碎、最疏遠的方式，在最抽象、最類似
的社會方面下參與這些聯盟（例如，作為遭受任何一種統治或暴力
形式的人，代價是或多或少完全中斷所有與特殊存在條件有關的一
切）。那些建立在位置同源性之上的聯盟都是如此，例如「在大學
場域中佔據被支配位置的行動者」及「在整個社會場域中佔據被支
配位置的行動者」之間在形勢上被建立起來的聯盟：這些聯盟除非
是侷限於想像出來的東西之中，就像「知識份子」和「無產階級」
之間許多夢幻的相遇，否則只要它們以模糊口號、抽象主張和明確
綱領聯合起來的遠距夥伴越沒有機會進行直接的互動、往來與交
談，它們就會有更多機會產生與持續下去；其實，這些相遇並不是
要更靠近抽象的個體（僅在他們於社會空間一既定區域中的位置關

係下被定義），而是要將「全人」聚集起來，這些全人的每個實作、論述，甚至是單純的身體外觀，都表達出分歧及（至少是潛在地）敵對的慣習。

作為揭發者的危機

藉由建立客觀（也可說是歷史）時間，亦即超越不同場域特有的時段，普遍危機的情況讓行動者**實際上成為同代的人**（對於一種或多或少是漫長的時間）。這些行動者除了理論上具同時代性，都會在或多或少被完全隔開的社會時間中演進，因為每一場域都有自己的時段和歷史，連同特定的日期、事件、危機或革命、演進節奏。尤有甚者，普遍危機讓行動者**本身成為同代人**，這些行動者的傳記需要許多歷史分期系統，因為他們參與了多個不同節奏的場域。相同的同步化效應可解釋危機的集體邏輯，特別是被我們領會成「政治化」的東西，此一效應也能解釋個體危機與集體危機之間的關係，而且這些危機都是一種機會：藉由促進不同社會空間的相交、讓行動者有意識地融合實作與論述（不同領域的自主性、在該自主性所核准的矛盾選擇之更迭中的展開，都曾向論述保證了一種相容性實用形式），普遍危機產生了某些正當性的衝突，經常引起終極的討論；危機強加上令人心碎的修正，以便（至少是象徵性地）重建「生活行徑」的一體性。

　　這種同步化的主要作用是迫使我們採取相對一致的立場（但是在一般情況下，我們並不需要這種一致性），也就是說，社會空間和時間的相對自主性有可能讓我們接連佔據不同的位置，並採取不同或分歧的立場，但這些立場都能符合所佔位置的強烈要求：相繼真實性的傾向是屬於社會位置多樣化的（通常與空間在地化的多樣性有關），我們知道，這種傾向會隨著社會分級越高而越強烈。（這就是被支配位置佔據者所引起「真實性」印象的基礎之一，這些佔據者在社會上被規定給一個單一、通常被嚴格定義的專業位置，因而甚少具備為了接連佔據某些不同位置而所需的秉性，因為被這些統一的存在條件所強加上的秉性，會在明確倫理指令中找到一種強化，這更有利於「死板不靈活」、「我就是如此」等等秉性的人。）藉由強迫所有的人只能依照在明確場域中所佔據的那個位置來組成每個立場，危機往往會以明確的**陣營劃分**（依照內戰的邏輯）來取代兩極之間的持續分配，以及每個部份矛盾的各式各樣隸屬性（可由空間與時間的分離來調和）。此外，危機會強迫我們從單一選擇原則開始來決定一切，並因而排除了與參考框架多樣性有關的托詞和脫身之計，其作用就像是**揭發者**，能阻止或禁止通常是默許（而非明確）的讓步（「隨他們說」、「眼不見為淨」）、妥協、和解、甚至能容忍共存的協定與折衷；藉由強迫選擇與宣稱其選擇、增加「不選擇仍是一種選擇方式」的情況，危機在關係的模糊性中——或多或少被有意識地維持朝向或對抗每個分裂因素——

做出裁決。被壓抑的感受和判斷乍現，用以描述同步化與同步化所強加上的不可避免之取捨的效應，就像朗松對德雷福事件的看法（同時著重強調所提分析的普遍有效性）：「我們可以這麼說，每一團體和個體都將會掏心挖肺。」[22]

在一場佔優勢的象徵性危機中，此一效應會因全面質疑而倍增，並要求一個系統性的回應，這是因為在弔詭作為和論述的世界一角，出現高夫曼（Goffman）說的 *discrediting events*，能夠撼動一般秩序所仰賴的主流意見：這些都是不尋常的情況，其典範無疑是一場「大會」，會在大學校園內部（教授有時也會出席）上演平常教學關係的象徵性逆轉（例如對最受尊崇的教授以「你」來稱呼）、實際或明確違抗此一關係的被客觀化（尤其是被內藏）的先決條件；這些情況所揭示的，正是這些不尋常的當事人，例如突然脫離匿名的學生、默默無聞的工會主義者，這些僅有知悉內情者才認識的人突然晉升為政治演說家、甚至是革命領袖等等；他們對尋常行動者從平常世界中所產生的信仰和描繪，提出戲劇性或戲劇化的質疑，例如大學權威的象徵性罷免與撤職，或象徵性地摧毀經濟權力符號，例如證券交易所（la Bourse）、文化權力符號如奧德翁劇院（Odéon）或馬薩官邸（hôtel de Massa）[譯註2]，爾或相反地，對真實社會關係的每個巫術式否定形式（連同象徵性的**友好團結**儀式）。

很清楚地，批判性論述與表明不能取消與社會世界的主流關係

（這是客觀結構和被內藏之結構的相對應之效應），除非這些論述和表明能在客觀性中遇到關鍵狀態，此一關鍵狀態能透過自身邏輯來打亂預先感知到的預期和期望（它們建立了常識之知覺與行動的毫無歷史的連續性）。如果危機與批判有部份連結，那是因為危機在時段中引入了一種斷裂，中斷了繼任的平常秩序和對時間的平常經驗（如同對一個早就出現之未來的影響力）；藉由在現實或在再現中打亂利益、社會成就等等客觀機會的結構（被看成是合情合理的行徑會自發地適合此一結構，這個結構也會讓社會秩序成為我們可以依靠的——亦即可以預測和計算的——世界），危機傾向於挫敗這種投資感，即「安排某人位置的感覺」（sense of one's place）以及「正確投資感」，這與我們所謂合情合理的現實和可能性是分不開的。這就是**關鍵時刻**，在這個與單純重現過去或過去中之未來的平常時間經驗決裂之際，一切都是有可能的（至少表面上是如此），而未來似乎真的只是偶然，前景真的是不確定，瞬間確實是即刻的，毫無可預見或被規定的後續。

22 | Lanson, *Histoire de la littérature française*, Paris, 1902, 7e éd, p. 1091, 引述自A. Compagnon, *La Troisième République des lettres, de Flaubert à Proust*, Paris, Seuil, 1983, p. 71.

　　危機使得場域（在此指的是大學場域）回溯性地出現在客觀規律性系統的客觀真相之中，或多或少（在此是非常少）會轉換成可以而且應該讓每一行動者依賴的明確規則或章程條例，以便組織其投資；客觀地屬於此一世界的可能性，基本上都是事先授予的，而被客觀化或被內藏的資本則授予我們對各種可能之事物有預購權，例如可能佔據的位置、可能取得的權利或特權。這種場域的時間結構被表現在職業生涯、歷程、*cursus honorum*（按：拉丁文，「榮耀之路」的意思，是古羅馬時代的一種晉升體系）中，正是此一結構被動搖了：危機在客觀性中建立了關於未來的不確定性，讓每一個人都可能相信再生產的過程一下子就被中止了，而且對所有人來說，任何未來都是可能的。

　　理所當然地，我們對**各種可能性的暫時不確定性**是非常不同地被感知和被評估。這份不確定性在某些人身上引起或多或少有點「瘋狂」的期望，特別是那些在不同場域中佔據中介位置的人，這些覬覦者傾向把被排除、但有可能因質疑而成真的新憧憬，投射到他們持續地由衷承認的舊秩序上。相反地，對那些與既有秩序及其再生產（也就是他們一開始就全都投資的此種經濟之「正常」未來）有部份關係的人來說，**客觀不連續性**的乍現──某些作為榜樣的場景突然向想像表明的，證明了在一個倒轉的世界裡，「一切都是可能的」，例如教授被迫聆聽學生、沙特訪問等孔恩-本迪等

等——就像是世界末日：這個社會世界只要屬於單純再生產的循環
時間，它就類似那些傳統社會，而最完全同化於此一社會世界的導
師，其反應就像那些社會中的長老，他們在面對各種蜂擁而入的、
對立於其存在的公理本身的生活與思考模式時，會出現沮喪和不
安。

就像卡比爾（Kabyle）的老農夫談到年輕人異端的耕作方
式。面對**不可思議之事**、被顛倒的世界、最深刻的信仰與
最珍視的一切被否定時，他們只能表達出驚愕、懷疑：
「但是，這要這麼說？這是真的嗎？這有沒有可能是謊話
或毀謗？我聽說這幾週以來，有些教授不但拒絕採行考試
（但這本身是可以自我辯解的），還故意用不正確的評分
方式來抵制考試。我是這麼聽說，但是我無法相信。會這
麼做的教授，就不再是教授。他們毫無疑問會失去我們的
尊敬。但最重要的是，他們會毀滅了我們職業生涯所依據
的價值觀，這些價值觀的原則本身是不能有任何的缺失」
（J. de Romilly, *Nous autres professeurs*, Paris, Fayard, 1969, p.
20）。「……五月危機和六月期間，報刊和廣播不斷在說
學生與『教授』說或做了這個或那個。的確，嚴格意義上
的教授由於發自內心地對警察感到憎惡，而與學生一起舉
行示威，但是在絕大多數的情況下，與革命學生一同追求

明確目標的大學人士是講師或助理教授。沒有被我們告知
情況的大眾在危機期間都很驚訝，而且自問『教授』怎麼
會帶著盛怒參與某些被指揮來對抗『教授』的示威遊行」
（F. Robert, *Un Mandarin prend la parole*, PUF, 1970, p. 48）。
事實上，這些被包圍的教授們花了很長的時間，才擺脫因
「沒意識到自己野蠻的野蠻人大量湧入」所帶來的「驚
愕」（R. Aron, *La révolution introuvable*, Paris, Fayard, 1968,
p. 13）。他們要捍衛無可非議之事物，也就是一個毫無明
確義務及懲戒的天地，這個天地建立在「自發的共識」及
「對某些明顯情事的贊同」上（參見R. Aron, op. cit., pp. 13,
45, 56），更確切地說，他們沒有論點可言。此外，我們可
以而且應該爭論、捍衛不言而喻之事物嗎？他們也只能敘
述自己的教學活動，彷彿對其實作的（讚嘆的）描述妥藏
了能證明其卓越性的明顯證據：「任何名副其實的教學都
要牽涉到知性的客觀化，而且在執行我們的行業時要具備
嚴格的政治中立性，這是一個應該不需要被提醒的理所當
然之事」（J. de Romilly, op. cit., p. 14）。我們會用一種近乎
宗教的語言系統來提及教育：課堂時間是一個恩典瞬間，
是與學生密切交流的時機；對職業的辯護，最終就是宣揚
信仰與愛：「我就是那種熱愛自己職業的人」（p. 9）。
「我一直都以自己的職業為傲，到現在都是這樣」（p.

8）。「我在教學中嚐到樂趣；我也知道大學美德首在正直，一種經常過於拘泥的正直。那些想要控制考試的精英學校學生和其他普通學生把我逗樂了。啊，要是他們知道的話！」（p. 15）。

相反地，教師更清楚地傾向於將自己投射到disrupting events帶來的不確定的可能性之中，並利用審查的解除，將自己的幻想投射到以此而被提供的空白未來，因為無論是現在或是未來，他們在客觀與主觀上都與舊的系統狀態、對其特定專業知識的法定保障比較沒有連結，而且他們對此的投資較少、期待的回報也較小。慣習與利益皆和大學空間裡的歷程及位置（學院、學科、學校教育歷程、社會歷程）有關，它們都是感知和評估，以及以此種方式調解關鍵事件的原則，透過調解，這些事件的效應在某些實作中被進行。

象徵性挑釁造成了不尋常或無法想像的行為，打破了對既有秩序無可置疑的立即贊同，但除此之外，每個抗議或顛覆的社會技術也都有效應，無論是示威遊行（例如集體違犯）、佔據被保留的空間，或是為了不尋常目的之社會物件或社會地方的改變方向（其社會定義會以此中斷），例如劇院、圓形劇場、工作坊、工廠等等，或者以局部或全體罷工的方式來中止構成了平常存在的活動。「罷工」指的是中斷時間節奏，實際上不是只會產生空間、休息、節日的時間；就像紀念歷史事件的假日重現了該歷史事件所製造的同步

化效應，罷工表明並擴大了危機的同步化效應；藉由取代平常存在的時間，罷工透過示威遊行的象徵性效應，落實與加劇所有的危機效應——這些不同場域特有的平常存在時間，充滿了每個屬於某些特殊日程表的活動，罷工是不同場域和團體**共有的**、模糊且幾乎空白的時間，就像涂爾幹描述中的節慶時間，被定義成平常時間性的反面。

　　同步化效應在此完全發揮作用：時間變成一種**公共時間**，對每一個人來說都是一樣的，並以相同的定位和影響力來衡量，同時被強加諸於每一個人，強加給所有人對同一現在的影響力。就像在節慶中一樣，藉由其他人所給予他們的喜悅景象，每個人都可在其節日般的秉性中獲得強化；在此，由於看見或聽到其他人所表達的反抗或不安（有時這會使辯論成為心理劇或意義治療法），每一個人都能在其不安或反抗中自我揭示、以此自我強化或自我正當化。無論如何，巧合從來就不是完美的，在代言人論述的同質性表象背後，被隱藏的是經驗和表達的多樣性。以此，例如對其社會出身類別很少出現在中等教育機構及（尤其是）高等教育機構的學生和老師來說，當他們透過危機將不安表達出來，特別是在學校教育空間這塊區域中（在此，學生和老師是最具代表性的），例如外省的小型大學，那麼我們就可以見到，儘管這份不安所隱藏的質疑在外表上不如巴黎先鋒那麼地激進與普遍，反而更傾向於象徵性的博愛和與革命有關的咬文嚼字，但無疑會更直接針對支持以大學機構為基

礎的龐大沉默底座。[23]但是被布爾喬亞階級學生貴族式反叛所發動的運動，很難揭露在平衡階段中被「行動者」與「機構的默許式預設」這兩者最直接的共犯關係所隱藏起來的一切，這種共犯關係是一種在社會及學校教育方面皆不可分割的個體選擇效應，這些個體的秉性與構成大學空間的位置則具有同構性。其實，學生或教師工會（或其他工會）運動的不同代言人很少表達一種不安，這種不安在政治和工會組織的措辭中是無以名之的，因為這些組織沒有準備好去感知及闡明支配確切是文化的層面。至於抗議運動領導者的自發主義式論述，通常會在對此一不安之決定性因素的神奇否認中找到其原則，例如「索邦大學向勞工開放！」或「讓勞工進入索邦大學！」等口號所言。

---

23 | 這類型的僭越者在學校教育機構中是象徵性地被支配，他們只有極為部份地表達他們所產生的質疑，這是由於他們在面對一個因其參與介入和不安之效應而有所轉變的系統時，感到自己不合宜的參與介入和不安（就像我們在移民孩童的有限案例中確實看到的那樣，他們提出被機構正常運作徹底排除在外的問題）。

以全國高等教育工會此一具支配身份的教師工會為例，其動向無疑最接近作為社會基礎的新進者和「僭越者」，也最直接受到對教育系統幾乎完全沒有自由、原創性反思之組織的啟發或控制。於一九六六年至一九六九年間掌控工會的「左派」傾向透過當時的總秘書長阿蘭·傑斯瑪，在五月運動中扮演了一個很重要的角色，對學校教育系統所傳遞的文化提出全面的抗議，反對主管和講師之間、教師和學生之間以「壓迫者和被壓迫者」等階級關係為模型的分級關係，並將工會視作「對抗大學機構之資本主義系統」的組織。在一九六九年三月舉行的臨時會議上，影響工會的相反趨勢（參見F. Gaussen, L'opposition proche du PC renverse la direction « gauchiste » du SNESup, le Monde, 18 mars 1969）受到共產黨活動份子的支配，企圖將焦點放在確切是工會的任務上，其訴求重點為「實質手段」、教師職業的改革、進入高等教育系統的民主化、「介入教學暨研究單位審議會的可能性」。幾乎沒有對教育的運作和特定功能進行任何分析、對主要的矛盾（例如，教師和教學的科學品質條件與民主化條件之間的矛盾）保持絕對的沉默（理由是要「保留研究成果」），這些都讓此一計畫傾向於必須實現「進入高等教育系統的民主化」這個模糊且空洞的口號，它就像是一種意識型態，用來說明次級教師

（他們是全國高等教育工會的社會基礎）行會主義訴求的理由。這都要歸功於「大學教授」與「保守人士」之「左派主義式」揭露所促成的混合物，它介於大學分級（並非總是完全缺少科學或技術基礎）和社會分級、受教人口的「民主化」和教師人口的平整化之間。

某些被發表的意見

我們可利用政治場合、示威遊行、集會、會議等等場合，集體且公開地研擬與表達政治立場、動議、請願、主張、宣言、綱領等等，藉由這些場合的增加，危機導致建構共同的政治提問、一個有各種明確立場的空間，這些清楚表明的立場與具社會地位的行動者及團體（工會、政黨、運動、協會等等）有明顯的關係；[24]自此，無論我們是否願意或知曉，我們都再也不能避免置身或被安置於一個有各種潛在位置的空間裡。這就是政治上的天真及無辜的結

---

24 | 意見空間的表明以其最大強度來支持意見調查所產生的效應——當此表明是透過某些表面上亦是無辜的技術，即對一個等級的意見或對一個既定問題的一套被預先形成之回應的闡述，而強加上一種明確的提問，也就是一個被建立的立場空間之時。

束。[25]具體而言，透過所有被迫公開聲明或表達的場合（亦即不管是否願意，都要「選擇他的陣營」），最誇張的就是自由或被迫公開懺悔，這在六八年各種集會上經常出現──簡言之，就是透過鼓勵公開表達政治看法，政治危機強迫每一行動者（他們已經被所有被分析過的效應推向此一方向）從政治原則來做出所有的選擇，並將此一原則應用到對其他行動者之選擇的知覺與評估上。[26]與此同時，政治危機傾向在達成協議者之間引入某些最終的分隔，因為這些人透過某種默契，將可能會把他們分開的差異性（尤其是在政治方面）放在一邊或處於不言明狀態。我們所謂的「政治化」，指的是「願景暨政治劃分原則傾向於戰勝所有其他原則」的過程，同時將被舊準則強烈遠離的人聚集起來，並遠離在對先前存在的判斷與選擇中非常接近的人：以此，因「助理教授反抗」而激起的激昂情感，能促使某些「傑出大學人士」加入他們一直蔑視的「正教授」請願之列（有時可以持續更久）[27]；但是，出現在另一陣營、類似違反自然本性的友愛團結的關係親近，也會超越不同等級、身份和被認可的專業知識，在進行「五月精神」交流的人之間建立起來。傾向於占支配地位的分類思想邏輯會讓每個人在與一個團體的權威人士交談時，都認為自己是「集體人格」，並將對立階級中的每一成員視作其所屬團體之事件與罪行的負責人：某位教授曾在五月那些日子裡舉行一門研究所討論課並與學生進行討論，他在回憶錄中提到，他認為自己在與「毛派學生」或「左派運動份子」建立對話

²⁸；與此同時，這個盡力準備大學改革原則的傑出教授團體，因法人的關係而謹慎地讓一位毫無憑證的理科學生每隔一段時間就來參與他們的討論。

25｜政治人物的情況一直如此（知識份子的程度較低），**公眾人物**不斷被判定為**被發表的、公眾的**、公開的看法，因而被催促關於他們在政治空間中被表明之位置的言和行要有條理，並被催促要悄悄地抑制他們所表達、適於反駁與位置和團體有關的**私人看法**，這牽涉到一種被嚴格審查和極度委婉的語言系統。

26｜這些分析的後果之一，就是要呈現「真實」看法問題的天真：每一次，「看法」都能在一種生動的秉性和一種市場狀況之間的獨特關係中被定義。我們可以計畫為每一行動者或行動者類型建立一個**政治剖面圖**，這個剖面圖相對應於他依據被考慮的市場（調查的狀況就是這些市場之一，具有官方性）的特定法則（尤其是審查法則），針對每一個在被考慮之時刻中在政治上被建立的問題而公開表達的看法；我們也能決定公眾看法和私人看法之間的**差距**是依行動者的哪種特色而變。

27｜要使這些分析獲得整個普遍性，我們只消提醒（普魯斯特筆下）葛爾蒙特公爵夫人（Guermantes）對某些「曾如此迷人」之沙龍的看法，就會找到「我們窮極一生要避開的每個人，以他們反對德雷福為藉口，以及其他沒聽過德雷福的人」（M. Proust, *A la recherche du temps perdu*, II, Paris, Gallimard (La Pléiade), 1954, p. 238）

28｜同樣的，我們在此分析的每一點都能引述普魯斯特：「德·諾帕瓦先生（de Norpois）激動地向布洛赫（Bloch）提出這些問題，他既恐嚇又奉承我的朋友；理由是大使**對他講話的態度彷彿將他視為一整個黨**，他詰問布洛赫的方式，就好像他已經獲得這個黨的信任，而且可以對將要做出的決定負責。「如果您沒有卸下防備」，德·諾帕瓦先生完全沒有等待布洛赫的**集體回覆**，繼續說道：「如果您在設立修正程序的法令墨水乾掉之前，遵守我不曉得是什麼樣的狡詐口號，您拒絕卸下防備，但您更堅信一種對某些人來說似乎是政治ultima ratio（按：拉丁文，「最後爭論、最終手段」之意）的貧乏異議，如果您一氣之下就撒手不管，而且沒有轉圜的餘地，這也許對您不利。」（M. Proust, *op. cit.*, pp. 245-246）。

在平常存在中，確切是政治的選擇原則只是各種因素的**可見接替**，這些因素就像秉性和利益，都與（在社會空間、權力場域、大學場域中的）位置有關；但是，由於其清楚及有差異的**黨派**（或立場）特徵（由所有不同或對立的位置，有意識地以否定方式加以肯定與決定的立場），它能讓特定是政治的準則有系統地廣泛應用到難題的總體上，尤其是那些僅涉及某些次要、邊緣性利益的問題（文化資本越重要，對一**致性**的傾向和才幹越強烈，能讓大學人士及知識份子等事務專業人員處於一個被重視的位置，此一普及化和系統化的效應顯然就越「成功」）。以此，那些（為了自己，也為了系統再生產）贊成改變一個基礎點（亦即職業生涯的問題）的助理教授，會因為關注於遵守其既定政治看法的清楚且被客觀化的原則，而在大學（例如選擇）或其他不直接涉及其利益的問題上，採取某些進步主義式立場。[29]我們甚至能依此邏輯來理解那些弔詭的案例，其典範就是法國舊制度（Ancien Régime）貴族的典範轉換為新想法，其中，一致性的形式上的強制力比焦點利益的效應還要重要。這是因為只有透過被構成的政治看法（但這並不表示必須公開和發表這些看法），我們才能將社會位置視為對次要問題的立場，這些出自一項清楚原則的立場也才有可能（以純理論的方式，或至少是在危機時間之外）威脅到屬於位置的利益。大學場域的危機就像特定革命，直接質疑的是場域中與支配位置有關的利益，它能中止相對於確切是大學之利益的距離，這些利益引自於確切是政治之

邏輯的相對自主性：在危機面前的最初反應，顯然主要是針對大學場域裡的教師位置，或者更確切地說，是對他們現在與未來特定利益的滿足程度，此一程度取決於保留或顛覆構成大學場域的力量對比關係。如果這些立場見解（其社會決定因素以此被公開表明）會以轉變或否認之姿出現，那是因為只要大學秩序沒有受到威脅，這些表態（特別是關於一般政治領域，但也是——儘管是在某些更有限的範圍內——關於確切是大學的領域）能不以大學場域中的位置為原則，而是（尤其是對最接近「知識份子」端的教授而言）在權力場域及政黨中的位置（「實然」或「應然」，政黨傳統上都以實然與應然模式屬於此一場域的被支配位置）。重返屬於最接近之隸屬場域的原初利益，迫使放棄了對不同層級的隸屬所允准的遊戲；許多贊成或反對五月運動的表態都是一種政治合理化，這些政治合理化被強加上政治化、不以政治為原則之反應的效應：語言文獻學

29｜緊接在危機發生後的那段期間，大學難題被強加成政治難題、且需以政治原則來提出與解決（而非停留在無需爭論的正常狀態）的程度，會依學院、對大學與政治之看法的關係而變（這就是所謂的「政治化」），當我們從醫學院或法學院走向自然科學學院及文學院時，此一程度會被強化（科學研究拓展探索協會1969年調查結果）。

或語言學、或甚至是某一語言學流派的情況，都能在某些純政治表面的積極參與中被發覺，例如反對共產黨和左派、支持共產黨且反對左翼份子（在如此特殊案例中，左翼份子被視同為現代主義、因而就是親美者或喬姆斯基主義^{譯註3}），醉心於捍衛其社會存有、經常是感人悲愴的個人或團體的衝動與推力，在此被表達出來。

自發性的幻象

*Context awareness*效應來自對明顯位置的全方位知覺，只要政治專業知識在社會上越被強烈規定給行動者，此一效應對行動者的影響就會更強。藉由使政治立場空間與社會位置空間被建立的關係比在平常存在中更不模糊、更不混亂、更清楚的，此一效應或許會減低誤認效應的有效性。但不言而喻的是，在危機狀況下出現的各種被客觀化的看法、示威遊行、口號、請願、宣言、主張、綱領，這些都與所謂的公眾看法（來自個別看法的統計匯合）相去甚遠（我們知道政治或工會組織對匿名協商懷有敵意），也與集體看法非常不同，此一集體看法在革命衝動的融合與感情抒發之中，自發地誕生於個體看法被自由表達與對質的自發性辯證中。危機時刻的象徵性生產既非個體看法的機械性添增，也不是集體騷動所激發之意識的神秘融合，它原則上與平時透過「社會世界定義的建構與強加的專業人士」與「專業人士被視為要表達的東西」之間（通常是單向

的）的交換而被實現的象徵性生產，沒有什麼不同，除非正如我們已見過的，動員被支配者的政治行動在危機與危機所決定的「政治化」效應中找到一支援軍。「有意識」此一迷思是一個團體圍繞著被有意識地領會的共同利益而自願組建的基礎，或者也可以說，是所有理論上的階級成員總體之個體意識和歷史內在法則的即刻重合（這些法則將這些個體建構成一個團體，同時規定他們其必要且自由的行動目的），它掩飾了團體和世界共同願景的建構工作——這項工作在共同機構與被**全權授權**之一個官僚體系的建構中獲得實現，這些單位**代表**的，是因慣習和利益的某些親近性而被聯合起來的潛在行動者團體，並讓該團體就像在此再現中以及藉由此再現的政治力量而存在。

這項工作在危機時期也許是最重要的，此時一個社會世界的意涵也比以往任何時候更無法被整體化而遭到動搖；因此，政治組織、尤其是組織裡的人（他們因經常出入組織而依團體的社會操弄技術來被養成）——就是那些幾乎構成諸多小團體和政治宗派、使得領導者比活動份子多的人——或許也從未在這些情境中現身以及產生功效。在這些關鍵時刻半匿名的大規模聚集中，為了表達與強加正當看法的競爭機制如市場機制般地、而且就像恩格斯（Engels）說的，「不管是不是無政府狀態，都會在無政府狀態中並透過無政府狀態」地行事，這種競爭機制有利於話語技術、掌握話語場所以及統一、壟斷、表達意涵之組織技巧的持有者（例如舉手表決，或

是藉著歡呼而被視為表達了由某些人所草擬、但通常很少從冗長討論中獲得啟發的動議或請願）。[30]弔詭的是，往昔不為人知的代言人出現，並向重要的政治及工會組織使者提出挑戰，這些都隱瞞了一件事，那就是也許沒有任何情況會比看似完全交給「群眾自發性」的危機狀況，更有利於政治類型的專業公眾發言人：因此，就像古代猶太教的先知通常是祭司種性的某些叛徒，大部份源於「民粹衝動」的領導者，實際上已經在各種組織中受過政治訓練，他們在學生工會、大學人士工會、政黨、小團體或「革命」宗派中獲得一種特定的專業知識，主要是一套語言和姿態工具（一種口語和身體修辭學），得以取得和持有話語的被制度化場所與工具。這應該能提及五月論述的典型風格，這是一種民粹主義式戲劇化的「通俗」論述，其句法和音節上的鬆散掩蓋了驚人的修辭學暴力，這種輕柔、放鬆但動人且刺耳的暴力，主要見於可讓人發言及持有說話權的質詢與中斷、質疑及責令的技巧中，在縮短每個繁瑣分析的攻擊性句子裡，或是在用來阻止被中斷和詰問的強迫性反覆中，諸如此類。[31]其實，我們忘了，在五月危機期間與之後被大家諸多談論的發言，其實一直都是在奪取他人的發言，或者也可以說是控制其沉默，就像學生與「勞工」之間的這些會面如此冷酷無情地所說的那樣，在這些會面裡，學生的代言人導演了勞工的發言和沉默：其實，對於一個幾乎沒有參與者、卻以所有高等教師之名發言的高等教師協會，對於一個能以口號來號召支持者總體的工會秘書（這些

口號出自其僅有慣習或革命領導人理想模型的驅動效應），對於要求對一項革命動議（支持廢除文憑或出自其行會式想像的一項大學章程改革）進行投票的當日大會主席，那些被抽象概念式歸屬效應所客觀束縛的個人，僅能反對屈從的沉默、對一連串抗議的徒勞造反、持分裂團體的宗派式建立（這些團體注定要消失或屆時認識到代表權被剝奪的效應）。

　　無論如何，危機情況與各組織之間仍存有某種不相容性，這些組織就像各式左翼政黨或工人工會組織，必須**在平時**再生產危機也會產生的某些效應（但基本上是以不連續、不尋常的方式產生），例如「政治化」與動員效應。以此，從被代表階級中產生被察覺到之存在的**再現行動**，必須依賴於官方機構，這些機構有**常設配備**

30｜我們並未指出大多數的「五月文本」是匿名的，或是以無法辨識作者的縮寫署名，這就大幅限制了各種分析的可能性：必須強烈地相信內在分析的效力，以便真正理解這類文章作品，我們即無法在社會上將這些作者賦予特徵，更加無法將生產和繼受（准許）的社會條件賦予特徵。對很多在類似條件下被產生的文章作品來說，這或許是值得的。

31｜對這些含糊不清且被拒絕之**雙重**慣習的分析，讓我們更加理解許多五月領導者後來在報刊、出版界、公共關係、市場行銷、甚至資本主義式企業的成就。

（場所、辦公室、秘書處等等）及**專職人員**，這些人員能**持續地**或以一種定期且規律的週期性，完成旨在維持被代表團體或代表人團體之動員狀態的作為（製作小冊子、張貼海報、銷售報刊、分發名片、募款，以及舉辦會議、節慶、聚會和集會等等），他們依賴於他們持續行動的效應，能夠生產某些**奉命行事的危機**，例如示威遊行、罷工、停工等等。在此，一種矛盾的潛在性至少存於永久性組織的內在傾向、以及部份與此組織及其再生產有關係者、該組織被視為要支持的目的之間：變成自身目的的一個組織，其自主化促使它為了自動再生產的內部功能，而犧牲了外部功能。這就解釋了當危機不是一個受到控制的行動效應，並因而對其內在秩序、否則就是其存在本身，妥藏了一種威脅時，受到正式委託以便生產或維持**關鍵**狀態的組織可違反此一功能。

　　危機情況或許比平常秩序更有利於顛覆代言人的空間，也就是如此這般的政治場域。其實，社會技術傾向於抵制或指導非專業人士的即興創作，對於如此強大的社會技術效應，受到仿射（affine）秉性之相遇所強化與支持的非專業人士可受益於審查的解除，以便有助於或許是最重要、最持久的危機效應：象徵性的革命就是思考和生活方式的深刻轉變，以及更確切地說，是所有日常存在之象徵性面向的深刻轉變。危機的運作就像一種與常規慣例和日常眷戀決裂的集體儀式，其目的是進行*métanoïa*（按：希臘文，「精神轉變」之意），也就是精神上的轉變，危機引起了無數會相互強化與

支持的同時轉變；危機轉變了行動者對社會關係之象徵符號（尤其是分級）慣常帶有的目光，該符號產生了最平常之象徵性實作受高度抑制的政治面向：禮貌的表達形式，以及社會身份地位、年齡或性別之間現行的優先就座的舉動，還有化妝與衣著習慣等等。只有 *Bildungsroman*（按：德文，「教育小說」之意）的技巧才得以顯示集體危機和個人危機如何相互利用機會、政治修正如何伴隨個人的一種新生，這被象徵性衣著與化妝的改變所證實，這些改變確認了對社會世界的一種倫理政治願景（原則上被建立在每個私人與公共生活行徑上）所做的全面積極參與。

譯註

譯註1：普通教育學院是創於1960年的法國學校教育系統，但已於1977年取消，取代以初等中學教育系統。

譯註2：奧德翁劇院是法國國家劇院之一，馬薩官邸是作家協會的總部所在，六八學運時，這兩個地方分別被學生和作家佔據。

譯註3：喬姆斯基是活躍於美國政壇的左派知識份子。

附件

Annexes

附件一 資料來源

1. 人口統計指標、被繼承或取得之經濟與社會資本指標

關於年齡、出生地、婚姻狀況、子女數量、居住地、父親的社會職業類別、獲獎的資訊，皆來自系統性整理《巴黎大學年鑑》（*Annales de l'Université de Paris*）的成果，這本由索邦大學出版的季刊發行至一九六八年十二月，提供每一在巴黎上任之教授的詳細履歷，以及一份其出版品和當前研究工作、國外參訪紀要、獲頒之國內外獎章的清單，同時還有包括「大學生活」、與高階行政部門的聯繫、大學儀式等珍貴指標在內的「編年史」。（我們在巴黎市立圖書館的傳記檔案中，找到一些有用的相關資料）。我們也分析了一九七○年的《法國名人錄》（*Who's Who in France*），必要時也會分析更早的時期；還分析了不同的傳記辭典，包括一九七一年至一九七三年的《國際名人錄》（*International Who's Who*）、一九六二年的《新國家當代人物辭典》（*Nouveau Dictionnaire national des contemporains*）、一九七一年的《國際傳記辭典》（*Dictionary of International Biography*）、一九六三年的《社會科學裡的非洲學專家》（*Africanistes spécialistes des sciences sociales*）。（收集這些資料來源本身就是一場漫長且艱困的追尋，這是無須說明的。其中有一部份是最後才發現的，而且通常是最珍貴的部份，例

如《巴黎大學年鑑》。）但是，為了釐清與考核公開的資訊，我們主要還是使用行政調查提供的數據（尤其是文學院與自然科學學院的教授，他們在其他資料來源中甚少出現）。在所有這些補充的資料來源中，最有價值的無疑就是對科學家的調查，尤其是對文科、社會科學、經濟科學、政治科學、法律史等研究員的調查，這些調查都是與我們的合作之下，於一九六三至一九六四年及一九六七至一九六八年由人文科學之家「科學資訊提供暨交流服務處」執行，目的是製作研究員年鑑：儘管回覆率非常高（佔全部的80％），而且苦於所有通訊調查固有的缺點，但它有雙重優點，那就是提供了**非常完整**的資訊，尤其是**整體**教師身份團體的大學職業生涯、出版品、社會出身（雖然代表率有時會隨著在分級中的位置而降低）。我們也從一九六九年科學研究拓展探索協會（l'Association d'études pour l'expansion de la recherche scientifique）的國家諮詢回覆中，汲取了一些資訊；另外還有一九六八年法國科學作家協會（Association des écrivains scientifiques de France）和一九七三年國際筆會（Pen-Club）作家成員的調查。另一個非常有價值的資料來源，是一九七〇年之後出現在精英學校畢業生年鑑和各種專業期刊中的訃文：以此，我們整理了一九七〇年至一九八〇年的《巴黎高等師範學院畢業生友聯會年鑑》（*Annuaire de l'Association amicale des anciens élèves*

附件一 資料來源

de l'École Normale Supérieure）；一九七〇年至一九八〇年的《拉丁研究期刊》（*Revue des études latines*）；一九七〇年至一九八〇年的《吉雍姆‧布戴人文協會公報》（*Bulletin de l'Association Guillaume Budé*）；一九七〇年至一九八〇年的《希臘研究期刊》（*Revue d'études grecques*）；一九七〇年至一九八〇年的《義大利研究期刊》（*Revue d'études italiennes*）；以及法蘭西銘文暨古典文獻學術院（Académie des Inscriptions et Belles Lettres）於一九七〇年至一九八〇年間舉辦的會議清單。我們最後查閱了法國《世界報》針對傑出人物所做的專刊。

當我們無法透過上述方式或可靠的資訊提供者取得資訊，我們的最後手段就是深入訪談或電話訪問，向相關人士進行補充調查。核對這些不同的資料來源，通常能讓我們精鍊、甚至修正傳記辭典提供的所謂正確資訊。例如根據《名人錄》，某位教授的父親是「葡萄栽種者」，但實際上他是「葡萄園主，擁有法學學士學位」；另一位教授的父親被當作是「教授」，但實際上是「小學老師，持有高等初級教學證書」；又例如某位教授的父親不是「批發商」或「公務員」，而是「紡織貿易公司的高階管理者」或「郵政人員」。在另一個案例中，我們透過直接發問，得知原本被歸類成大型批發商的「業務顧問」，實際上是不起眼的公證處辦事員，他

自行開業為私人提供相關意見。一般來說，傳記辭典的文章由當事人自行填寫（或至少會由他們檢查過），這些文章呈現的是**最大不確定性**的一種系統性偏見（《名人錄》的編輯說，他們必須堅持，才能獲得回覆，有時他們還得自行對「公務員」類型提出委婉的妥協）。除了少數炫耀血統的個案，這種策略似乎很常見，通常會大幅縮減社會差異性（從而降低社會出身在分析中的重要性）。除了最無所不包、最模糊的分類研究中最常見的「慣常拒絕被分類」，對塑造自身形象的關注——必要時甚至會修改其出身、歷程、成就——也會依不同的情況，導致提供一個多少比實際上要高的起點（因此，我們曾經想要編纂這些差距案例及其方向，試著為其決定其邏輯）。所有這些都在編碼層次上產生某些極度困難的難題：一個嚴格的代碼只能建立在一種嚴格與完整的認識基礎上，亦即有關教授之父輩（他們本身分佈在兩個生物學意義的世代之中）的職業結構之認識，除此之外，我們可用的資訊非常不均，以致於對文獻不夠完整的案例來說，使用的代碼永遠都有可能過於細緻（這會導致一種過度編碼，例如在嘗試區分工程師或商人類型時），或者對文獻最完整的案例說，則是過於籠統（導致編碼不足、失去資訊）。

在宗教方面，我們根據每個人的出身分成猶太教、基督新教、

附件一　資料來源

少數人的宗教（我們不考慮實作的強度），至於像天主教這個多數人的宗教，我們則區分出眾所周知的天主教徒，他們或者是教會組織的成員並出現在一九六七年的《法國天主教年鑑》（*Annuaire catholique de France*）裡（我們可從這本年鑑中摘錄出其成員，參見 P. Bourdieu et M. de Saint-Martin, La Sainte Famille, L'Episcopat français dans le champ du pouvoir, *Actes de la recherche en sciences sociales*, 44-45, nov. 1982, pp. 2-53），或者會參與公開的天主教傳教活動或組織（期刊、協會等等），例如法國知識分子天主教中心（Centre catholique des intellectuels français）。至於猶太人，我們使用了一九七一年的《法國猶太人指南》（*Guide juif de France*），而且就像針對基督新教徒一樣，我們諮詢了可靠的資訊提供者（牧師、拉比、宗教協會負責人等等）。我們也查閱了《沙托丹街年鑑：宗教運動》（*Annuaire Châteaudun sur les mouvements confessionnels*）。儘管我們盡全力要將錯誤風險降至最低（尤其是針對某些案例，我們只考慮經過多人確認的資訊），但我們仍無法百分百地保證有完全做到。

2. 被繼承或取得之文化資本指標

前述的傳記資料來源（傳記辭典、補充調查、訃文、資訊提

供者、訪談）都披露了有關研究中等教育（就讀的機構為公立或私立、在巴黎或在外省）和高等教育（在巴黎或在外省、是否有部份在國外、就讀大學或精英學校）通常需要釐清的資訊，因為例如我們經常混淆中等教育和精英學校預備班。此外，為了釐清是否隸屬精英學校，我們也查閱了各精英學校年鑑公布的畢業生名單，包括《巴黎高等師範學院畢業生友聯會年鑑》、《塞佛爾高等師範學院畢業生年鑑》（*Annuaire par promotions de l'École Normale Supérieure de Sèvres*）、《聖克魯高等師範學院畢業生協會年鑑》（*Annuaire de l'Association des anciens élèves de l'École Normale Supérieure de Saint-Cloud*）、《豐特內-歐-羅斯高等師範學院畢業生友聯會年鑑》（*Annuaire de l'Association amicale des anciennes élèves de l'École Normale Supérieure de Fontenay-aux-Roses*）、《巴黎政治科學院畢業生年鑑》（*Annuaire des anciens de Sciences-po*）、《國立路橋學院年鑑》（*Annuaire des Ponts et Chaussées*）、《巴黎高等商業學院年鑑》（*HEC Annuaire officiel*）、《國立行政管理學院學生年鑑》（*Anciens élèves de l'École national d'administration*）、《巴黎高等綜合理工學院畢業生友聯會》（*Société amical des anciens élèves de l'École Polytechnique*）、《高等礦業學院年鑑》（*Annuaire des Mines*）、《中央藝術工藝學院畢業生協會年鑑》（*Annuaire de l'Association des*

附件一 資料來源

---

anciens élèves de l'École Centrale des Arts et Manufactures）。是否就讀精英學校，會依據不同的學院而有某些非常不均的價值：例如在文學院中，出身巴黎高等師範學院與否，非常的重要，但在自然科學學院中則是另一回事，巴黎高等師範學院必須與其他精英學校競爭，例如巴黎高等綜合理工學院、高等礦業學院、中央理工學院（École centrale）；然而對法學院來說，這幾乎是沒有意義的，在此居支配地位的是最常見的政治學院（Institut d'études politiques）以及儘管比巴黎高等師範學院的文學院更為稀少的國立行政管理學院。最後在醫學院，這就完全沒有任何意義了。

我們似乎也必須研究一個意義更一致的學業成績準則，那就是在高中綜合競賽裡獲得定位。能在高中第一年或最後一年裡，獲得該競賽一項或多項學科教授的注意，或許是最令人滿意的，但由於缺少詳盡的候選人名單，我們只能記錄優勝者。為此，我們查閱了一九七四年《高中綜合競賽優勝者協會年鑑》（*Annuaire de l'Association des lauréats du concours général*），但是這份年鑑只列出該協會的成員（而非所有的高中綜合競賽優勝者），因此我們查閱了所有能收集到的前幾年年鑑，以及該協會的定期公報，盡可能找到最多的暫時成員。但無論如何，高中綜合競賽優勝者的比例在此也許被低估了。

　　其他能提供學業成績或學校教育早慧（這兩者通常有密切關連）指標的準則都已經查驗過，絲毫不能被考慮。所有與勾勒大學生活之重大證據有關的每個資訊都是如此，例如高等教師資格與國家博士論文（針對文學院與自然科學學院）、博士學位與高等教師資格（針對法學院）、住院醫生與高等教師資格（針對醫學院）。我們透過國民教育部的檔案，重建了所有樣本的持有頭銜（高等教師、博士、住院醫生等等）、取得頭銜時的年齡、錄取等級。但是就不同學院之間而言，這些收集來的資訊仍是不可比較的。例如，以非常籠統的方式來說，雖然我們將文學院和自然科學學院的國家博士視同法學和醫學的高等教師資格，但我們不能因此（就像我們曾試圖那樣做的）將它們當作是一樣的，認為可以直接比較取得這些不同證書時的年齡；或者還有，甚至當在結構中存在著一種相似時，例如文學院和自然科學學院之間，有某些制度效應可解釋，為何自然科學學院進行國家論文答辯的時間會比文學院要早。

　　為了提供參考起見，我們將只提一下曾被探索、後來被棄用的其他研究思路，試著釐清作為樣本之教授的學校教育資本。以此，擁有一份雙重高中文憑或一個雙學士學位，這是學校教育和大學方面有所成就的確切指數，但我們不可能以有系統的方式來驗證所有的樣本。同樣的，在大學職業生涯的另一個極端，進入特殊班級時

附件一 資料來源

（樣本E）的年齡是一個很好的職業成就指數，但這僅涉及數量有限的大學人士樣本。因此，儘管這項資訊在此是可使用的（不同於擁有雙重高中文憑或雙學士學位的資訊），而且也被嚴格記錄下來，但是我們決定不予以使用。我們必須放棄（不只一個案例）編碼和使用這些非常有意義的數據，因為它們只適用於非常少數，而且很難分佈到整個人口。

3. 大學權力資本指標

要建立大學諮詢委員會的成員資格，就必須查詢一九六八年《國家教育年鑑》的文科、科學、醫學科學、法學、經濟科學等項目，年鑑也公佈了一九六六年獲選或被任命的成員；一九七一年五月一日出版的《全國高等教育工會手冊》（*Mémento SNESup*）提供了一九六九年的大學諮詢委員會成員名單；最後還有全國高等教育工會的調查檔案《大學暨科學研究》（*Les Universités et la recherche scientifique*），以及一九七五年十二月出版的《全國高等教育工會公報》（*Bulletin du SNESup*）第六十號增刊，提供一九七五年的大學諮詢委員會成員名單。我們編碼了出現次數。

研究國民教育高等審議會及高等教育審議會的成員後，我們

排除了這些指標。事實上，根據一九六八年《國家教育年鑑》，在一百零六名國民教育高等審議會成員中，只有十六名與高等教育有關（所有巴黎的學院只佔其中七名）；至於高等教育審議會的六十三名成員當中，有一半以上為政府部門的代表（n=19），或是各種協會與組織的代表，例如醫學研究跨部會理事會、全國精英學校畢業生協會聯盟（n=13），巴黎的教授在獲選成員（n=31）中的所佔比例非常低。

由於大學權力也能在不同的大學機構中行使，我們注意到，名列一九六八年《國家教育年鑑》和《巴黎大學年鑑》的教授會在其所屬機構中行使職責，他們或者曾擔任巴黎的大學審議會成員、院長、副院長、學院助審、學院或大學的研究所所長、大學的自然科學學院院長、大學的文學院院長、大學的法學與經濟科學院院長、大學醫院中心（CHU）院長、大學技術學院院長等等，或者曾為一校之首，例如國立文獻典章學院、羅浮宮學院（école du louvre）、雅典法蘭西考古學校、羅馬法蘭西學院（école française de rome）、理化學院、國立東方語言學院、巴黎高等師範學院等等。

身為法蘭西銘文暨古典文獻學術院、法蘭西自然科學院（académie des sciences）、法蘭西倫理暨政治科學院（académie des sciences morales et politiques）等法蘭西學會機構的成員，或是隸屬

附件一 資料來源

法蘭西醫學科學院，都能獲得一種特殊的威信，同時強化了與職權相關的權力。《法蘭西學會年鑑》（*Annuaire de l'Institut de France*）讓我們得以清點法蘭西學會的成員，而一九六八年的《國家教育年鑑》則可讓我們計算法蘭西醫學科學院的成員。我們放棄編碼其他學術院和學術協會的成員，因為沒有事前調查，我們無法規定這些極為不同且分散之機構的正確價值。在專業榮譽方面也是如此，我們很容易取得相關資訊，比如透過《法國國家科學研究中心通訊》（*Courrier du CNRS*）的「榮譽與任命」專欄：這些榮譽的價值極為不均，所以我們只能單純予以記錄，絲毫無法深入細節。我們只提出外國大學的榮譽博士（doctorat honoris causa）頭銜，但僅針對有限樣本的文學院教授，因為他們更常獲選，所以更有機會出現在傳記辭典中。

最後，僅就文學院教授進行調查時，我們注意到參與高等教師會考審查會及巴黎高等師範學院入學考評審團的狀況。為此，我們查閱了一九五九年至一九八〇年高等教師會考審查會的成員名單，以及一九六一年至一九八一年巴黎高等師範學院入學考評審團（文科）的成員名單。在這個場合裡顯而易見的是，參與這類評審團的高等教育教授自一九六〇年代初期起越來越少，這些位置似乎喪失了一些價值。再者，我們力圖認出參與科學期刊編輯小組的文科教

授：以此，我們研究了一九七〇年法國大學出版社出版之四十一份
人文科學期刊、一九六九年高等研究實用學院出版之八份人文科學
期刊的編輯小組成員。

4. 權力資本與科學威望的指標

　　那些將高等教育教授與法國國家科學研究中心連結起來的
關係，代表了衡量其科學威望的主要指標。關於一九六三年、
一九六七年與一九七一年法國國家科學研究中心董事會成員及國家
科學研究委員會（comité national de la recherche scientifique）各組
別的成員，我們查閱了該中心公佈的相關名單。我們計算了同一個
名字出現在這三份名單中的次數，並依他們是被任命或被選上來區
分各組成員。不過我們在分析中放棄重視這些資訊：其實，比起文
學院和自然科學學院，法學院和醫學院比較不會向法國國家科學研
究中心靠攏。同樣的，我們也無法編碼委員會或評審團主席這類屬
性，這些屬性只為少數教授所有，而且他們佔據此類位置的繁多性
早已描繪出他們的特徵。

　　相較於不夠精確的「研究小組」負責人，「法國國家科學研
究中心實驗室主任」這個身份似乎建構了一個更為可靠的科學威

附件一 資料來源

望指數。事實上，領導一個小組代表的只是與職權和年資有關的行政責任。我們查閱了法國國家科學研究中心出版的小冊子，也就是一九六八年的《服務處與實驗室》（*Services et laboratoires*）、一九七二年和一九七三年的《研究養成教育》（*Les Formations de recherche*），以及一九六八年的《國家教育年鑑》。不過，我們必須謹記，同時身兼實驗室主任的教授比例被低估了。嚴格來說，我們應該加入國立工藝學院、國立自然史博物館（Muséum）、法蘭西學院的實驗室主任之職，但是這會帶來無法保証妥適性與完整性的選項。

　　針對法國國家科學研究中心的獎項，我們分析了該中心於一九六二年至一九七二年所頒發的金質獎、銀質獎和銅質獎獲獎者名單。

　　在衡量科學研討會的參與頻率方面，我們整理了一九六九年至一九七一年由不同機構出版的年鑑，這些年鑑除了介紹每一年度的教學情況，還有每位教授的科學活動：會議、講座、科學任務和出版品。我們考慮過要納入課程或研究所討論課的主題；但是我們很難只以標題來限定無可爭議是分開的、尤其是中立性質的教學類別。

　　我們也必須考慮在非隸屬機構任教一事，並區分這些額外的教

學是在「培養知識份子的」學校或是在「培養權力機構的」學校進行。「培養知識份子的」學校指的是巴黎、塞佛爾、聖克魯、豐特內的高等師範學院，以及國立文獻典章學院、羅浮宮學院、國立東方語言學院、國立高等美術學院（École des beaux-arts）。相關資訊來自一九六八年《國家教育年鑑》（針對國立文獻典章學院、國立東方語言學院，以及巴黎、塞佛爾、聖克魯、豐特內等高等師範學院，還有羅浮宮學院、國立高等美術學院）與各學院公佈的教師名單。我們放棄編碼額外教學的時數，雖然這是一個有助於理解教學而非研究的良好指標，但我們不能保證可掌握每一案例的教學總時數。

在科學出版方面，利用不明確且常是局部的資訊來源（例如用以建立年鑑的問卷調查）來清點作品或文章，並沒太大的意義。我們應該要研究出版頻率、頁數、尤其是出版商或刊登的期刊，才能考量隨不同學科而改變的叢書與期刊分級。我們最好也能研究翻譯成外語的作品數量（這些外語原本仍該加以區分），但不能計算文章數量，而且要以一九四二年至一九五二年的美國國會圖書館（Library of Congress）目錄、一九五三年至一九六七年的《北美圖書館聯合目錄》（*National Union Catalog*）為基礎：以此，我們能針對每一樣本的作者，指出美國國會圖書館中被記錄之任何語言的

附件一　資料來源

翻譯數量。很顯然地，這種方式會讓我們優先考量翻譯成英語的作品，而不利於以母語（法語）作品（尤其是法學方面）出現於美國國會圖書館目錄中的作者；除了純粹列出翻譯作品的總數量，我們也多次計算了目錄中以不同語言翻譯的單一作品。

　　我們從《社會科學引文索引：一九七〇年年鑑》（*Social Sciences Citation Index, 1970 Annual*）取得了可靠的科學威望指標（不過僅限於人文科學），但是同樣有翻譯數量上的偏差。我們在研究初期，按照知識份子與作家於三年內（一九七二年至一九七四年）出現在《快報》（*Express*）排行榜上的頻率，列出了一份名單，並依此構成了知性場域的一個名聲指數。但是這種方法仍有爭議，因為此一排行榜的依據是書店的銷售成績。因此，我們針對每一樣本個體，計算了一九七〇年在《引文索引》中被提及的次數。儘管擇定作為記次基礎的國際社會科學期刊在相關領域的科學生產上，都有足夠的代表性，但無疑還是有些缺點：首先，出現在這些作品中的引用會被排除在外；其次，被指出的引用種類非常不同，從有意的科學利益引用到單純的著作書評都有（它們可以是較為例行的、也可以是有奉承意味的）；最後，由於這些引用統計來自美國的費城科學資訊研究所（Institute for Scientific Information），美國期刊的比重在此非常高（57.2％），所以這些都是最傾向於美國科學的學科，亦即

社會學或心理學，而非例如語言文獻學或古代歷史學，而且在每一
學科中，最關心其在美國普及情況的教授都比較受到注目。

　　我們也曾考慮到國外進行專業參訪（尤其是美國）此一指標。
為此，我們查閱了一九六〇至一九六一年度到一九七二至一九七三
年度獲得法美學術文化交流協會（Commission franco-américaine）傅
爾布萊特獎學金（bourses Fulbright）的法國學生名單。但是嚴格來
說，我們應該要帶入次要變數，例如旅居時段，尤其是地點，因為
美國大學是被強烈分級的。

　　指導博士論文無疑也是大學權力最有力、最可靠的指標之
一。但是我們無法使用，因為我們不可能取得所有學科的一種同質
資訊。儘管我們一再提出申請，但仍無法查閱博士論文中央資料
庫，我們曾試圖蒐集一些可用的名單，但似乎並非所有的學科都有
這樣的名單，而且這些名單非常不一致。以此，哲學的可用名單
《一九六五年至一九七〇年七月在法國登記之文科暨人文科學國
家博士課程目錄》（*Répertoire raisonné des sujets en cours de doctorats
d'Etat - lettres et sciences humaines - inscrits en France, 1965–juillet 1970*）
提供了一九六五年至一九七〇年的登錄資訊，禁止重新掌握每位
教授的論文註冊者資本，因為我們可能會假設，在職位中的年資
（也就是早慧度）是更為重要的。在歷史學方面，可用資料來源是

附件一 資料來源

止於一九六六年十月一日的《法國本土文學院當代歷史論文一覽表》（*Liste des thèses d'histoire contemporaine déposées dans les facultés de lettres de France métropolitaine*），這是應法國學院當代歷史教授協會（*Association des professeurs d'histoire conteomporaine des facultés françaises*）的要求而被建立，清點了準備中的所有論文，但這份名單更加不允許重新掌握每位教授的論文註冊者（亦即追隨者）資本，因為由現役教授指導、早已通過答辯的論文並不在其中。更一般而言，論文註冊者數目是一種完全不理想的衡量一位教授之資本的方式：一方面是因為對法國學生和外國學生來說，註冊與否具有完全不同的意涵，外國學生並不將其證書置於法國市場上，另一方面是因為，我們應該要重視不同論文註冊者的社會影響力及不同註冊的「真實性」程度。

5. 知性名聲資本的指標

以文庫本或大量發行系列出版的書籍，構成了教授與大眾關係的指標。因此，我們分析了一系列相關叢書的出版社目錄：阿蒙・柯林出版社（Armand Colin）、古典文獻出版社、伽利瑪出版社的「理念」系列叢書、法國大學出版社的「我知道什麼？」系列叢書、瑟伊

出版社（Seuil）的「觀念」系列叢書、德諾耶勒出版社（Denoël）的
「冥思」系列叢書（Médiations）、克林斯西克出版社。

我們也測量了參與電視節目的頻率，這是另一個與大眾關係的
指標。我們分析了四年（一九六九年、一九七〇年、一九七一年、
一九七二年）的《每日電視》週刊（Télé-Sept-Jours），區分出直接
或間接（例如身為受訪對象）參與節目。當然，我們原本應該能夠
引入更細緻的差異，特別是依據不同節目來區分：參加醫學或科學
性節目所帶來的威望，性質上是否和參與文學爭論節目所獲得的威
望是一樣的呢？可以確定的是，參加一個電視節目的身份地位會有
所不同，端看我們是就剛剛才被引入的一項選舉改革議題（一個近
乎技術性的問題）來諮詢某位法學教授，或是詰問某位歷史學家他
的歷史觀。

在法國《世界報》發表文章，這也是知性威望及與大眾接
觸的指標。我們分析整理了法國《世界報》三年（一九六八年、
一九七〇年、一九七一年）的藝術版、科學版、經濟版、休閒版
和書卷版，以及「自由論壇」（Tribune libre）與「自由觀點」
（Libres opinions）兩個專欄。為了瞭解作為樣本的教授帶給知性期
刊與週刊的貢獻，我們清點了在前述三年內刊登於《現代》（Les
Temps modernes）、《精神》（Esprit）、《批判》、《思想》（La

附件一 資料來源

Pensée）、《新批判》（*La Nouvelle Critique*）、《新觀察家》、《文學雙周刊》（*La Quinzaine littéraire*）、《費加洛文學》（*Le Figaro litteraire*）、《法國新雜誌》（*La Nouvelle Revue Française*）、《如是》、《雙世界期刊》（*La Revue des deux mondes*）、《天主殿堂》（*La Nef*）、《論證》（*Preuves*）、《弓》（*L'Arc*）、《對應》（*Contrepoint*）、《未來學研究》（*Futuribles*）等期刊的文章，並與深入探討的文章、書評、訪談、參與爭論做出區分。

所有這些指標（出版大量發行的作品、參加電視節目、與法國《世界報》或與知性期刊合作）的共同之處，在於它們十分不均地關係到不同學科，對文科教授有利，對其他學科不利。

我們也將這項研究進一步應用到文科學者。首先，如同前述，我們依據報刊媒體公佈的排行榜，制定了（第一級與第二級）知識份子名單。為了更加嚴謹，我們選擇使用更可靠、更具分類性的指標，亦即一九七五年及一九七七年與《新觀察家》週刊合作的案例，其依據是路易・平托（Louis Pinto）發表的名單（in Les affinités électives - Les amis du Nouvel Observateur comme « groupe ouvert », *Actes de la recherche en sciences sociales*, 36-37, 1981, pp. 105-124, et spéc., pp. 116 et 118）。我們也研究了文科教授名列一九六八年《小拉魯斯辭典》及隸屬法蘭西學術院的狀況。

6. 政治或經濟權力資本的指標

　　高等教育教授在各學院（例如國立行政管理學院、國家政治科學基金會）或科學精英學校（例如巴黎高等綜合理工學院、高等礦業學院、國立路橋學院）兼課教學，這些都是外部權力資本的指標。為此，針對巴黎高等綜合理工學院、高等礦業學院、國立高等電信學院（École Nationale Supérieure des Télécommunications）、國立郵政電信學院（École nationale des PTT），我們查閱了一九六八年的《國家教育年鑑》，以及各校本身發行的名單。

　　我們也試著去認識作為樣本的教授與公立組織之間的關係，並指出曾在職業生涯中，以技術顧問等等頭銜參與部長內閣、憲法審議會、社會經濟審議會、國務院、財務總督察局的人。為此，若《名人錄》未提供相關資訊，我們就會參考《行政手冊》（Bottin administratif）系列，以及提供總理與部長辦公室資訊的一九七三年四月《沙托丹街年鑑》、高等行政單位（包含一九七三年一月各部會工作小組與研究小組的成員名單）、一九七三年四月的議員名單。至於第六期國家計畫各委員會的參與名單，則來自計畫專員於一九六九年十二月公佈的各計畫委員會工作匯報。我們也檢視了社

附件一　資料來源

會經濟審議會的成員名單，以便觀察到作為樣本的教授甚少參與其中，因而無法使用此一準則。

7. 政治傾向指標

　　我們依賴於眾所周知的立場，亦即在不同政治場合中被蒐集與公佈的支持者簽名，來建構政治歸屬的累積指數。我們一方面分析了「廢除解散革命共產主義聯盟（Ligue Communiste）的法令，立即釋放阿蘭・克禮維（Alain Krivine）與皮耶・盧塞（Pierre Rousset）」的連署書，這份呼籲名單發表在一九七三年七月八至九日的法國《世界報》上；「七千名法國大學人士暨研究員反智利法西斯主義」連署書名單則由全國科學研究員工會（SNESUP-SNCS）於一九七三年十月十一日公佈：最後還有一九七四年總統大選時，刊登在《世界報》上各種呼籲支持法蘭索瓦・密特朗（François Mitterrand）的名單（經濟學家、以色列之友、藝術家之友、作家、知識分子、二戰反抗軍成員之友、法學家之友、醫生等等）。

　　另一方面，我們分析了一九七四年總統大選時，刊登在《世界報》上支持瓦勒里・季斯卡・德・斯坦的不同名單（藝術界、文學界、科學界、體育界及大學委員會知名人士的支持呼籲）；還有

一九七〇年二月二十六日在《世界報》上公佈支持成立援助「沉默多數」協會的名單。檢視後發現，似乎最好只考慮支持密特朗與德·斯坦的簽署名單（建構公開支持左派或右派的立場累積指數，會引入許多不確定因素，就一種資訊的增加而言並不多）。

　　一九七〇年代最重大的一項倫理爭論就是新的墮胎法案。在此，同樣的，分析公開的立場（亦即蒐集而來的贊同或反對相關法案的簽署名單），讓我們得以衡量大學人士的自由或保守傾向。我們分析了法學家尊重生命協會（Association des jurites pour le respect de la vie）（n=3500）、醫師尊重生命協會（Association des médecins pour le respect de la vie）（n=12000），以及大學教授、教師和研究員（n=432）於一九七三年六月發表的反墮胎自由化宣言；三百九十名醫生於一九七三年二月舉行的挺墮胎遊行；一九七三年二月的墮胎研究章程。

　　在第二項分析中，我們將公開支持羅伯·弗拉瑟利耶先生視作大學傳統主義的徵候。他當時以巴黎高等師範學院院長的身份，向國民教育部部長提出辭呈（參見一九七一年四月三日的《世界報》）。

　　我們同樣考慮清點於一九六八年五月、六月和七月在《世界報》上發表文章或是曾就一九六八年事件出書的大學人士。但是，

附件一　資料來源

原始的紀錄只就單純的發言提供未區分的資訊；為了賦予所持立場的特徵，我們應該要釐清每一次發表的內容，但這更像是精煉的內容分析，而非必定會簡化的一種編碼。我們還必須放棄清點曾是大學選舉候選人的大學人士，因為我們無法取得工會提出的候選人名單。此外，從我們考慮的角度來看，所有的大學選舉（包括每一所大學的內部選舉）都很重要，而不僅僅是那些導致構成大學結構基本組織的選舉，例如國家高等教育暨研究顧問團（CNESER）或國家科學研究委員會。然而，這些數據實際上是不可能匯集的。

　　一九六六年十一月的康城研討會、一九六八年的亞眠研討會、一九七三年的巴黎研討會，這三場研討會都在對教育系統進行批判性反思，因此參加與否可作為一種改革傾向的良好徵候。我們分析了這三場研討會的與會名單，發現A級大學人士（不分學校）只佔全體的約5％：也就是說，雖然這項準則在不分類別的情況下，適用於比較不同的大學，卻不能只在文學院和人文科學學院的框架中被考慮。

　　我們也依賴了科學研究拓展探索協會於一九六九年針對教育系統進行的調查，特別是在分析有關大學與其變革方面。問卷共有二十項問題，涵蓋如下：學年規劃；教學情況、教學內容、教學方法和大學組織的變革；教師的養成教育、選擇和報酬；教師、家長和學生（精英學校學生或普通學生）之間的關係；不同類別行動者

的權力問題、各項被給予的學校功能（一項職業的準備，一種道德
養成教育等等）、學校教育機構中的政策、義務教育的延長、私人
教育的援助等等。

　　是否能取得作為樣本之大學人士參與工會的數據，原本同樣也
會是重要的。雖然全國高等教育工會和國民教育總工會善意地接納
我們的要求，但是這些文件顯示出難有可用性：這些文件包含所有
一生中至少登記過一次的人，被記載的資訊（尤其是等級）似乎最
常是加入時所佔據的大學位置。雖然依學院來看，這兩個工會成員
的分佈似乎是可靠的，但是依等級或教學地點來看，其分佈並非如
此。

附件二[*]

　　學院的型態轉變：圖表一（a、b、c）
　　學科的型態轉變：圖表二（a、b）

---

[*] 所有完整的數據請參閱P. Bourdieu, L. Botanski and P. Maldidier, La défense du corps, *Information sur les sciences sociales*, X, 4, 1971, pp. 45–86。

附件二｜圖表一a

法學院	教授	副教授	助理教授與講師	整體教師	B級與A級的比例
1949	222	41		263	
1950	—	—		—	
1951	—	—		—	
1952*	263	76		339	
1953	—	—		—	
1954	—	—		—	
1955	242	91	70	403	0.2
1956	244	113	89	446	0.25
1957	261	130	131	522	0.3
1958	268	146	158	572	0.4
1959	274	170	195	639	0.45
1960	477		240	717	0.5
1961	—	—	—	—	—
1962	—	—	—	—	—
1963	581		528	1109	0.9
1964	596		640	1236	1.1
1965	356	298	776	1430	1.1
1966	365	317	864	1546	1.3
1967	—	—	—	—	—
1968	439	413	1492	2344	1.7
1969	490	490	1792	2772	1.8

講師與教授 的比例	學生人數	全體教員 比例	A級教員 比例	B級教員 比例
	39056	1/148	1/148	
	38665	—	—	
	39364	—	—	
	41309	1/122	1/122	
	41368	—	—	
	40322	—	—	
0.3	37029	1/92	1/111	1/528
0.4	37476	1/84	1/105	1/421
—	35171	1/67	1/90	1/268
—	34229	1/60	1/83	1/216
—	34171	1/53	1/77	1/175
—	36521	1/51	1/77	1/152
—	42721	—	—	—
—	50318	—	—	—
—	61851	1/56	1/106	1/117
—	74267	1/60	1/124	1/116
1.5	86733	1/60	1/132	1/112
1.6	99664	1/64	1/146	1/115
—	113144	—	—	—
2.4	126696	1/54	1/149	1/85
2.6	131628	1/47	1/134	1/73

* 針對1952年，教師員額（尤其是教授）的數量似乎很高。要驗證統計數據是不可能的（未公佈的大學統計辦公室[Bureau universitaire de statistiques]文件）。

附件二 | 圖表一b

自然科學學院	教授	副教授	助理教授、研究室主任與講師	整體教師	B級與A級的比例
1949	225	194	509	928	1.2
1950	—	—	—	—	—
1951	—	—	—	—	—
1952	297	208	502	1007	1.0
1953	—	—	—	—	—
1954	523		626	1149	1.2
1955	249	303	954	1406	1.5
1956	264	346	984	1594	1.6
1957	312	417	1196	1925	1.6
1958	334	475	1472	2281	1.8
1959	364	559	1930	2853	2.3
1960	1068		2564	3632	2.4
1961	—	—	—	—	—
1962	—	—	—	—	—
1963	1376		4731	6107	3.4
1964	1484		5417	6901	3.65
1965	560	1024	6188	7772	3.9
1966	583	1111	6580	8274	3.9
1967	—	—	—	—	—
1968	660	1463	8166	10289	3.8
1969	696	1534	8519	10749	3.8

講師與教授的比例	學生人數**	全體教員比例	A級教員比例	B級教員比例
1.4	25306	1/27	1/60	1/50
−	26981	−	−	−
−	28200	−	−	−
−	30683	1/30	1/61	1/61
−	32493	−	−	−
−	36102	1/31	1/69	1/58
2.5	39283	1/28	1/71	1/46
2.6	45147	1/28	1/74	1/46
−	54337	1/28	1/74	1/45
−	61725	1/27	1/76	1/42
−	65506	1/23	1/71	1/34
−	69978	1/19	1/65	1/27
−	76453	−	−	−
−	89882	−	−	−
−	104060	1/17	1/75	1/22
−	113084	1/16	1/76	1/21
7.0	125552	1/16	1/79	1/20
7.1	129413	1/16	1/76	1/20
−	136791	−	−	−
7.6				
7.3	147458	1/14	1/66	1/17

** 自然科學學院的學生人數被高估了;其實,我們應該排除某些註冊醫科預備階段(CPEM)的學生(1969年時,n=30090),以及早期持有物理化學暨生物學研究證書(PCB)的學生(1960年時,n=5980)。

附件二｜圖表一c

法學院	教授	副教授	助理教授與講師	整體教師	B級與A級的比例
1949	224	155	132	511	0.35
1950	—	—	—	—	—
1951	—	—	—	—	—
1952	293	238	177	708	0.3
1953	—	—	—	—	—
1954	—	—	—	—	—
1955	231	241	199	671	0.4
1956	242	265	228	735	0.45
1957	266	288	255	809	05
1958	276	298	302	876	0.5
1959	285	318	371	974	0.6
1960	653		497	1150	0.8
1961	—	—	—	—	—
1962	—	—	—	—	—
1963	832		1138	1970	1.3
1964	903		1493	2396	1.65
1965	362	622	1646	2730	1.7
1966	373	674	2139	3186	2.0
1967	—	—	—	—	—
1968	450	984	3699	5133	2.5
1969	492	1119	4171	5782	2.5

講師與教授 的比例	學生人數	全體教員 比例	A級教員 比例	B級教員 比例
0.6	35279	1/69	1/93	1/267
−	36265	−	−	−
−	36956	−	−	−
−	38947	1/55	1/73	1/220
−	39700	−	−	−
−	41339	−	−	−
0.9	42930	1/64	1/91	1/216
0.95	48606	1/66	1/96	1/213
−	51372	1/64	1/93	1/201
−	55653	1/64	1/97	1/184
−	59265	1/61	1/98	1/160
−	66814	1/58	1/102	1/134
−	78092	−	−	−
−	93032	−	−	−
−	107455	1/55	1/129	1/94
−	122972	1/51	1/136	1/82
3.0	137008	1/50	1/139	1/78
3.6	158657	1/50	1/151	1/74
−	170976	−	−	−
4.8	196144	1/38	1/137	1/53
5.0	208515	1/36	1/129	1/50

資料來源：關於教師、國民教育部、大學統計辦公室、高等教育局（Direction des enseignements supérieurs）、統計與形式分析處（未公佈的文件），請參閱《1962-1965年學校教育、大學暨體育設施理事會總體報告》（Rapport général de la commission de l'équipement scolaire, universitaire et sportif, 1962-1965）；學生方面，請參閱《統計資訊》（Informations statistiques）、《教師統計表》（Statistiques des enseignants）。

附件二｜圖表二a

	估計1927年至1967年產出的高等教師數量[2]		1967年至1968年間在高中任教的高等教師數量[3]		估計1923年至1963年巴黎高等師範學院畢業生數量[4、5]	文學院與人文科學學院的教師數量[6]		1963/1967年的增長比率
	男	女	男	女		1963	1967	
法文[1]	1549	1249	1090	1371	570	338	675	200
古代語言學系[1]	817	439				179	300	168
歷史	1606	918	570	604	175	310	527	170
地理						179	337	188
英語	1021	830	385	489	110	218	517	237
哲學	673	295	220	185	240	124	227	183
語言學						34	85	250
心理學						77	221	325
社會學						34	98	288

1. 這一行數據涉及法文方面的文科高等教師，以及古代語言學系方面的語法學高等教師，因為大多數的法文教師具備文科高等教師資格，而古代語言學系教師則具備語法學高等教師資格。

2. 資料來源：高等教師協會官方手冊《高等教師資格》（*L'agrégation*），至於1927-1939年請參閱高等教師協會季刊《高等教師人員》（*les agrégées*）。我們並沒有計算1939-1944年之間的數量。若我們刪去這些員額的15%（符合被估計的死亡率），就能取得一種更為正確、還在任教的高等教師數量。

教授數量[6]		副教授數量[6]		專責教師數量		助理教授數量[6]		講師數量[6]		A級教員 1963/1967年 的增長比率	B級教員 1963/1967年 的增長比率
1963	1967	1963	1967	1963	1967	1963	1967	1963	1967		
90	110	11	13	35	66	62	154	140	332	139	242
61	72	6	12	24	30	30	69	58	117	126	211
116	128	16	18	26	58	56	144	96	179	129	212
54	62	7	23	8	19	46	88	64	145	151	211
38	44	4	12	20	43	37	118	119	300	159	268
49	55	5	15	5	18	30	67	35	72	149	214
12	21	1	2	8	12	2	12	11	38	167	385
23	21	3	8	4	22	24	59	23	111	170	362
7	10	–	7	3	16	8	26	16	39	330	270

3. 資料來源：國民教育部「統計與形式分析處」。

4. 依據《巴黎高等師範學院畢業生友聯會年鑑》而建立的統計數據。

5. 此一數字不僅包含專研英語文學暨相關文化的人，還與走向「仍在使用之語言」的巴黎高等師範學院學生之總體有關。

6. 依據《高等教育自治工會手冊》（Bulletin du syndicat autonome de l'enseignement supérieur）而建立的統計數據。

附件二｜圖表二b

	專責教師與 正式教授的比例		講師與 正式教授的比例		巴黎與塞佛爾高等 師範學院 畢業生比率		聖克魯高等 師範學院 畢業生比率		未就讀精英學校 的預備班 畢業生比率	
	1963	1967	1963	1967	A	B	A	B	A	B
法文[1]	0.39	0.60	1.5	3.3	39	19	6.8	7.4	8.3	6.6
古代語言 學系[1]	0.39	0.42	0.9	1.6	40	18	1.8	4.1	3.3	3.2
歷史	0.22	0.45	0.8	1.4	23.9	12.8	4.4	5.4	3.5	3.0
地理	0.15	0.31	1.2	2.3	4.4	2.7	11.8	8.4	1.5	0.7
英語	0.53	0.98	3.1	6.8	12.5	5.8	6.3	11.2	14.6	3.2
哲學	0.10	0.33	0.7	1.3	40.7	23.9	—	4.2	3.4	4.2
語言學	0.67	0.57	0.9	1.8	19	6.2	2.7	12.6	—	—
心理學	0.17	1.05	1.0	5.3	26.9	10.0	—	5.0	7.7	1.3
社會學	0.43	1.60	2.3	3.9	25.0	5.6	—	2.8	—	—

高等教師 比率		提交或 進行論文 答辯者 的比率 （B級）	1963年的 女性比例		1967年的 女性比例		提交第三階段 論文的比率 （B級）	進行第三階段 論文答辯者 的比率		法國國家 科學研究中心 研究員數量 與教師數量 的比例
A	B		A	B	A	B		A	B	
95.8	93.8	95.2	7	19	8.0	34.6	16.1	1.5	8.6	5.8
96.8	97.8	89	6.0	24.3	9.5	28.4	20.9	1.8	5.5	12.6
86.7	90.2	94.1	2.8	11.4	5.0	17.8	31	3.5	19	22.9
89.7	91.0	87.6	6.5	15.2	8.0	23.6	20.5	5.9	13.5	12.4
98.0	96.8	88.4	9.7	28.8	13.1	35.2	16.5	2.2	1.1	—
86.7	86.1	90.1	14	10	13	18	13.5	3.5	13.5	31.2
86.7	74.4	76.6	—	30.4	8.6	33.8	27.4	6.6	13	71.7
50	20.5	38	5.5	24	3.4	29.6	53.0	19.2	22	45.7
52.6	19.4	22.9	—	—	—	18.5	25.7	13.2	34.3	108

1. 依據法國國家科學研究中心《國家科學形式分析報告》（*Rapport national de conjoncture scientifique*）而建立的統計數據。

附件三　法國知識份子排名，誰來判斷評判者的正當性？

　　報紙或週刊每隔一段時間就會發表排行榜，例如以總結過去十年為名而每十年發表一次的排行榜，這些都是最典型的策略，它們會伴隨著象徵性的強硬措施，包括預測支配潮流（馬克思主義、存在主義、結構主義等等）的結束，或新趨勢（「後結構主義」、「新哲學」等等）的開始，無意識多過有意識地朝向強加上知識份子的世界觀、劃分與分級：依據政治場域的一項共同程序，一個知性利益團體的願望、期待、希望（以….作為結束、……的儘速結束）被隱藏在無可挑剔的總結外表下（……已結束），或消息靈通之資訊提供者的預測。當僅描述事態或可預測的判斷在先知信仰的聲明形式下出現，無論是由第一當事人公開，或是由某位自發的經紀人、團體次要成員、顧客或親信向刊物場域披露，強硬措施都具有一種薄弱的、象徵上的有效性（儘管它所表露的天真與堅信能確保某種威信形式）；無論如何是與接收者對已在進行中之利益所能有的認識（因此是與他們相對於遊戲與關鍵議題的社會暨空間相似性）成反比的一種有效性。儘管藝術家在歷史上奪得了聲明與對表現癖之權利的傳統，但「對失禮的懷疑」專注於一個渴望著（根據拿破崙 [Napoléon] 自我加冕的典範）自我正當化的團體或個人之特定利益的天真表明，此種懷疑以例如知識份子排行榜的某些社會技術，有冒著幾乎被完全廢除的危險（參見一九八一年四月的《閱

讀》期刊）：首先，這是因為諮詢的規模（期刊談及「公投」）給予判斷一個集體基礎，因此是一種經兩造同意的認證之表象；其次更細膩的是，因為此一判斷的集體主體似乎與被判斷對象是共同延伸的，以此產生了完全自主性的表象。

　　事實上，這類排名代表了某種*in vitro*（按：拉丁文，「體外」之意）試驗，能用來觀察非常難以客觀化的評估過程。我們同時掌握了「獲選者」名單和評判者名單，並立即在後者之中發現前者的原則：混合或介於兩者之間的人士，對於常見的分類學來說是一項挑戰，例如記者型作家與作家型記者，有非常多都被期刊歸類成記者、作家或甚至是教師型作家，他們在評判者之中與累積判斷而產生的排行榜裡，有很高的代表性，但是許多最知名的「權威人士」，例如子夜出版社（Minuit）旗下的所有作家，從貝克特（Beckett）到西蒙（Simon），包括龐傑（Pinget）、霍格里耶（Robbe-Grillet），他們都不在評判者名單上，而且，貝克特和瑪格麗特‧莒哈絲（Marguerite Duras）是例外，再者，我們也無法假設這是他們事先約定好的；哲學家亦是如此。[1]就像我們在某些編輯中所說的，在獲獎者名單中被授予「在媒體中很有份量」的知識份子（而且他們確實被置於暢銷書排行榜上）的特權，例如羅傑‧加洛蒂（Roger Garaudy）、安德烈‧格魯克斯曼（André

附件三　法國知識份子排名，誰來判斷評判者的正當性？

Glucksmann）、貝爾納-亨利・列維（Bernard-Henri Lévy）[2]，以
此在評判者名單中找到其原則：我們藉由決定選舉人的選舉原則來
預先決定獲選者名單，而這些選舉人本身傾向於依其選舉原則來推
選。以此，我們有了第一個誤解效應，有助於排行榜技術之（非預
期的）象徵上的有效性，即真正的社會發明，獲自於將其他領域
（歌唱、烹飪或政治）的一項常見程序轉移到知性領域：對評判
者團體之社會組成的誤會，鼓勵了讀者將實際上是一個評判者總
體──受到知識分子型記者和記者型知識份子的支配──從知性
世界中所具有的看法，**視同為知識份子對知識份子的一項判決**。但
是，這個被所有評論所強化的誤認效應（例如，提出排行榜上被引
用、同意回答的幾位作者所表述的判斷）一直存於整個過程與技術
發明者的計畫本身之中，這些技術發明者往往會（例如）類比於政
治場域地思考知性場域，這尤其會導致他們引入「繼任」的問題。
所有會讓「調查」發起者與回覆者不自覺地產生顯得像是一種集體
意向表達的機制（該意向將文化產品的生產與消費之規範，強加於
有限的生產場域，即對生產者來說的生產場所，而該場域則是被建
立來反對這些文化產品的），其中最強而有力的就是誤認效應，就
像「搞錯」促使我們在善意的狀況下，將這個事物當成另一個事
物，將一位適合上電視鏡頭的評論家當作覬覦著繼承《存在與虛

1｜根據《閱讀》期刊的分類法，在448位「評判者」中，有132名為「記者」（92位是「紙本刊物」記者、40名是「廣播電視」記者）、66位「作家」、34名「書籍專業人士」（出版社、書店等等）、34位「教師型作家」、21位「院士」（還要加上44位「文藝暨表演」專業人士、14名「政治人物」、43位「教師」、34名「學生」及16位「其他人士」）。事實上，前四個類型（代表近三分之二的「評判者」）包含了很高比例的混合人士，他們跳脫了提議的分類方式：被歸類成「記者」的作家幾乎都至少寫過一本書，而且根據此一準則，可被列入「作家」類型。分類的創建者都注意到了這一點，相反地他們忽略了指出，大部份被歸類成「作家」的作者，與報紙或週刊都有或多或少是長期且被制度化的關連。這種處理上的差異顯示出兩種「身份地位」之間心照不宣的分級；我們應該向被化約成「記者」的「作家」致上歉意；但是無須覺得愧對於身份地位被提升至作家的記者。至於「教師型作家」，有將近一半應該也能被歸類成「記者型學者」（這不在《閱讀》期刊的分類中），此一類型在三十年前幾乎是不存在的，但今日非常盛行，我們可以列出幾位被《閱讀》期刊歸類成「記者」的作者（雖然他們的主要收入來源是教書）。在此，我們放棄列出專有名詞名單，以免論證成為揭露的行徑。

2｜《快報》於1981年3月公佈的「七年暢銷書」書單（參見下方附件），是依據書籍停留在每週暢銷名單上的週數來建立的，羅傑・加洛蒂的《呼喊生者》（*Appel aux vivants*）排名13，緊接在賈科・艾利亞斯（Jakez Hélias）、佩雷菲特（Peyrefitte）的《法國之惡》（*Le Mal français*）、史瓦岑貝格（Schwartzenberg）、維翁松-朋特（Viansson-Ponté）、莫迪（R. Moody）、佩雷菲特的《當中國將要甦醒》（*Quand la Chine se réveillera*）、愛蜜莉・卡爾（Émilie Carles）、羅傑・達勒醫生（Dr Roger Dalet）、拉皮耶-柯林（Lapierre-Collins）、穆瑞・坎達（Murray Kendall）、畢沙（Pisar）、索忍尼辛（Soljenitsyne）、特羅亞（Troyat）、德・克羅塞（de Closets）之後，他的《人之言》（*Parole d'homme*）排名11；貝爾納-亨利・列維的《上帝的遺囑》（*Testament de Dieu*）位居第20名，格魯克斯曼的《大思想家》（*Les Maitres penseurs*）排名第21。我們見到，暢銷書效應在社會科學和哲學領域中特別明顯，這或許是因為研究工作和評論之間的界線在此更為模糊，至少在記者和大眾眼中是如此：《閱讀》期刊排行榜上的小說家、詩人或劇作家，沒有一位出現在暢銷小說名單上。我們在這份名單旁找到雅妮克・約森（Janick Jossin）稱為「意外暢銷書」的作品（1981年4月18日的《快報》），例如艾曼紐・勒華・拉居里（Emmanuel Le Roy Ladurie）的《蒙大猶》（*Montaillou*）、雷蒙・阿宏的《為一個頹廢的歐洲辯護》（*Plaidoyer pour une Europe décadente*）、羅蘭・巴特的《戀人絮語》（*Fragments d'un discours amoureux*）。雅妮克・約森也在小說類旁列舉了米榭爾・杜爾尼耶（Michel Tournier）、瑪格麗特・尤瑟納（Marguerite Yourcenar）、克萊喬（J. M. G. Le Clézio）、朱利安・格拉克（Julien Gracq）等人。

附件三　法國知識份子排名，誰來判斷評判者的正當性？

無》（*L'Être et le Néant*）及《辯證理性批判》（*Critique de la raison dialectique*）之作者的人，或是將寫了記者們談論到的某些書籍（因為他在一份報刊上談論書籍）的記者，當作一名必須談論的作家。在這個記者寫書、作家撰文、出版社力圖簽下為自己寫書之記者（特別是當他們勤於筆耕時）的世界裡，有待分類之事物的不明確性，只有分類系統的不確定才能比得上，我們理解到為何《閱讀》期刊的編輯室想要分類其分類夾時，會有點不知所措：我們可以想像，尚・高（Jean Cau）、尚-克勞德・卡納諾瓦（Jean-Claude Cananova）、卡特琳娜・克萊蒙（Cathérine Clément）、尚-瑪利・多梅納（Jean-Marie Domenach）、保羅・古斯（Paul Guth）、皮耶・諾哈（Pierre Nora）或保羅・蒂博（Paul Thibaud）等等，應該不太滿意見到自己被歸類成記者的類別，與尚・法宏（Jean Farran）、賈克・高德（Jacques Goddet）或路易・鮑威爾（Louis Pauwels）並列，而瑪德蓮娜・夏普薩（Madeleine Chapsal）、賈克・朗茲曼（Jacques Lanzmann）、貝爾納-亨利・列維或羅傑・史蒂芬（Roger Stéphane）等等則被見到歸類在作家當中，我們也在教師型作家中發現很多巴黎報刊或週刊的定期撰稿人（有些是固定領薪的）。

　　但是，由中介知識份子所利用之分類系統的不確定性，本身就是這些無法分類者在分門別類中所佔位置及其相關利益的直接表達，例如對「大人物」之低下卑劣著迷的自鳴得意，或是傾向於不自覺地模糊掉分級、與無與倫比者相匹敵，使之等同於*alter ego*（按：拉丁文，「另一個我」之意）。記者型知識份子和知識份子型記者位於有限生產場域和大量生產場域之間，通常無法（尤其是時間上）產生某些他們無論如何都沒興趣進行的差異：既然他們無意識地力圖消除某些會貶低他們的劃分，他們十分自然地就會傾向於偏好將著名的偉大學者——李維史陀、居梅齊爾、布勞岱爾、賈克柏（Jacob）因此是無可避免地，以免失去威信——和最為記者型的知識份子或最為知識份子型的記者並列在一起。由此產生的對照比較通常是荒唐可笑的，卻能確保整個居間者類別（介於作家與記者之間）帶來的**富感染力的認可**。這種效應首先被施行於記者本身，他們沒有進一步要求，以此強化了混淆秩序的傾向。[3]

3 | 由於刊物機構之間的競爭效應，每一位文化記者往往都會扮演其他所有記者的 *taste-maker*（時尚開創者）。此外，部份機構會提供**被客觀化的標記**給記者：「法國文學在這七年裡，活在兩個非正式的晴雨表之節奏中，這兩個晴雨表最後成為電視節目『猛浪譚』（Apostrophes）以及《快報》的暢銷排行榜」（J. Jossin, loc. cit.）。這就像文化記者會創造出一個適於記者的知識份子分級，以及「媒體型知識份子」這個特殊類別（我們可以說，《閱讀》期刊的排行榜記錄了一項行動的產物，它本身就代表了最完善的形式）。

附件三　法國知識份子排名，誰來判斷評判者的正當性？

　　我們或許期望社會學家為了確認其學科的科學地位，或更簡單
地說，為了確認其自身的學者尊嚴，能批判此一排行榜，並以某些
適於理出一種真正「客觀」分級的嚴格程序來反對它。事實上，在
最能被社會接受的科學實作中，我們很容易就可找到嚴謹的排名對
等物，無論是「評判者」的技術，或是針對「精英」進行調查的現
行採樣程序（snow-ball），爾或更簡單地說，就是利用所謂的操作型
定義，這些定義能在所有問題調查之前做出裁定，這些問題在現實
中未被裁定（「我所謂的知識份子……」）（例如界線的問題），
藉由調查對之起作用的人口的限定本身，以此預先假定調查的結
果。[4]但是除此之外，若社會學家屈服於對抗「不光明競爭」的本
能防禦，就會失去一種主要的資訊，然而一旦我們努力要理出問題
（在科學上是有效的情況下），異端調查回答**實際**上就會答覆該問
題，這個資訊就變得是可以取得的。知識份子排名代表了過程的一
種人工重建，因此也更容易觀察到，此一過程在文化生產場域中是
不斷進行中的，並在此一場域中被制定與被定義成最強而有力的知
性價值分級再現之一（因為該再現暨被客觀化又被廣泛發行）。這
個過程也是一種**訴訟**，或者也可以說是價格形成的過程（可作為市
場的評判），其實現方式包括記者之間、作家型記者和記者型作家
之間私人、甚至私下判斷（「別講出去，但是某書真的一點價值也

沒有」）的「非正式的」交流，也會透過**公開評判**，例如書評、評論、廣播或電視邀約，最後還有排行榜、排行榜評級或排名，更別提較傳統的機構認可作為，例如在一個學會裡的提名，這種行為基本上只是認可了所有的這些評判，諸如此類。由此可知，《閱讀》期刊的排行榜是衡量知識份子世界觀之一的良好指標，也就是所有文化上被支配者對這個世界的共同看法，這些人都有能力（在一段時間內）強加上其立場，就像《閱讀》期刊告訴我們：「那些男男女女透過其專業活動，本身影響了想法的演變，並成為某種文化權力的持有者。」

除了提供**新聞可見度**一種有效的測量外，此一排行榜還能提出哪些因素有助於決定此一可見度的問題。不言而喻的是，這個可見度（相當於美國大學所謂的教授*visibility*，更廣泛來說就是整個社

4｜可能產生的每個無意識的丐題（pétition de principe），例如預先定義、暗含偏見的樣本等等，都可在查裡‧卡居湘（Charles Kadushin）的書中找到，該書具有適於從中產生一部知識分子「經驗」社會學經典的每個社會表象（參見C. Kadushin, *The American Intellectual Elite*, Boston, Little, Brown and Co., 1974）。

會現實的*visibility*）的定義出現在「可見事物」（在特殊案例中是作品，以及尤其是**作者**）和「相關人口所應用之知覺暨評估類別」的關係之間（在此，相關人口就是記者，或者更特殊而言，就是作家型記者和記者型作家）。例如我們知道，一部作品可能會被同時代的人**忽略**，但後來將會被具有知覺類別與知覺旨趣的後代重新**發現**，得以使其「與眾不同」，可以擺脫冷淡、使被察覺到的世界脫離未分化的狀態。

　　為了理解有助於決定知覺作為之主觀方面的一切，除了誤判的法定傾向，我們必須重視產生「評判者」的所有社會條件，尤其是其現在（特別是過去）與學校教育系統的關係，也要重視評判在當中被制訂及產生的制度性條件：首先是所有的場域效應，這些效應或許讓記者花更多時間去閱讀彼此，而不是閱讀他們覺得必須提及的書籍，因為其他人已經、或是將會不可避免地提及這些書籍（政治「事件」也有同樣的情況）；但還有急迫性，記者的**緊迫感**，連同始終被記者所假定的報刊讀者之緊迫感，讓我們無法深入閱讀與分析，而是傾向於讓立即的可讀性成為來自文化生產心照不宣地被強烈要求的預先假說之一，排除了「發現」低可讀性和微弱可見度的作品與作者（證據就是在前衛派文學與人文科學在排行榜上幾乎完全消失）。

評判

我們還有思想大師嗎？像紀德、卡繆（Camus）、沙特之輩？
《閱讀》期刊向數百名作家、記者、教授、學生、政治人物等等
提出以下問題：

「您認為哪三位健在的法語系知識份子，其書寫對思
想、文學、藝術、科學等等的演進有深遠的影響？」

他們的回覆十分踴躍，同時表明他們的為難。沒有人獲得壓倒性
的票數。不過，李維史陀、阿宏和傅柯的影響力是公認的。

評判

1	克勞德·李維史陀	101
2	雷蒙·阿宏	84
3	米榭爾·傅柯	83
4	賈克·拉岡	51
5	西蒙·波娃（Simone de Beauvoir）	46
6	瑪格麗特·尤瑟納（Marguerite Yourcenar）	32
7	費爾南·布勞岱爾｜歷史學家	27
8	米榭爾·杜爾尼耶｜小說家	24
9	貝爾納-亨利·列維｜哲學家	22
10	亨利·米蕭（Henri Michaux）｜詩人	22
11	法蘭索瓦·賈克柏（François Jacob）｜生物學家	21
12	薩繆爾·貝克特｜劇作家暨小說家	20
12	艾曼紐·勒華·拉居里｜歷史學家	20
14	賀內·吉哈德｜哲學家	18
15	路易·阿哈貢（Louis Aragon）｜詩人暨小說家	17
15	亨利·拉博里（Henri Laborit）｜生物學家	17
15	艾德嘉·莫杭（Edgar Morin）｜社會學家暨哲學家	17
18	蕭宏（E.M. Cioran）｜評論家暨道德家	16
18	厄傑納·尤涅斯科（Eugène Ionesco）｜劇作家	16
20	瑪格麗特·莒哈絲｜小說家暨電影工作者	15
20	羅傑·加洛蒂｜哲學家暨政治人物	15
20	路易·勒普杭思·杭格（Louis Leprince-Ringuet）｜物理學家	15

20	米榭爾・塞荷（Michel Serres）｜哲學家	15
24	朱利安・格拉克｜小說家	14
24	菲利普・索雷（Philippe Sollers）｜小說家	14
26	路易・阿圖塞｜哲學家	12
26	克萊兒・布赫特榭爾（Claire Brétécher）｜漫畫家	12
26	賀內・夏爾（René Char）｜詩人	12
26	吉爾・德勒茲（Gilles Deleuze）｜哲學家	12
26	喬治・居畢｜歷史學家	12
26	弗拉迪米爾・冉克勒維奇｜哲學家	12
26	克萊喬｜小說家	12
26	阿佛烈德・索維（Alfred Sauvy）｜經濟學家	12
34	喬治・居梅齊爾｜宗教歷史學家	11
34	尚-呂克・高達（Jean-Luc Godard）｜電影工作者	11
36	尚・貝爾納（Jean Bernard）｜醫生	10
36	皮耶・布列茲（Pierre Boulez）｜作曲家暨樂團指揮	10
36	皮耶・布赫迪厄｜社會學家	10
36	阿爾伯特・柯恩（Albert Cohen）｜小說家	10
36	安德烈・格魯克斯曼｜哲學家	10
36	賀內・于格（René Huyghe）｜藝術史家	10
36	利奧波德・塞達爾・桑戈爾（Léopold Sedar Senghor）｜詩人暨政治人物	10

第68期《閱讀》期刊，1981年四月，pp. 38-39

評判者

這份問卷發送給600位人士，有448位於3月11日之前予以回覆。在此致上誠摯的謝意。名單如下：

院士

法蘭西學術院、法蘭西倫理暨政治科學院、比利時皇家法國語言暨文學學術院（Académie Royale Belge de Langue et de Littérature Française）、龔固爾學院（Académie Goncourt）

Ferdinand Alquié, Hervé Bazin, Jean Bernard, Bernard Chenot, Jean Dutourd, Jean-Jacques Gautier, Jean Guitton, René Huygue, Jean Laloy, Armand Lanoux, Suzanne Lilar, Félicien Marceau, François Nourissier, Jean d'Ormesson, Karl Popper, Maurice Rheims, Robert Sabatier, Maurice Schumann, Georges Sion, Michel Tournier, Henri Troyat.

作家

ADG, Henri Amoureux, Christine Arnothy, Jean-Paul Aron, Dominique Aury, François-Régis Bastide, Tahar Ben Jelloun, Jean-Marie Benoist, Yves Berger, Daniel Boulanger, Jeanne Bourin, Chantal Chawaf, François Caradec, Marie Cardinal, Jean Carrière, Madeleine Chapsal, Edmonde Charles-Roux, François Clément, Georges Conchon, Jean-Louis Curtis, Conrad Detrez, Geneviève Dormann, Jean Ellenstein, Pierre Emmanuel, Alain Finkielkraut, Viviane Forrester, Max Gallo, François Georges, Alain Gerber, Roger Grenier, Benoite Groult, Gérard Guégan, Eugène Guillevic, Bertrand de Jouvenal, Hubert Juin, Marcel Jullian, Jacques Lanzmann, Edmée de la Rochefoucauld, Bernard-Henri Lévy, Raymond Lévy, Jacques-Patrick Manchette, Diane de Margerie, Renée Massip, Gabriel Matzneff, Claude Mauriac, Patrick Modiano, Yves Navarre, Eric Ollivier, Hélène Parmelin, René-Victor Pilhes, Suzanne Prou, Pierre-Jean Rémy, Jean-Claude Renard, Alain Rey, Christine de Rivoyre, Denis Roche, Dominique Rolin, Claude Roy, Michel de Saint-Pierre, Jorge Semprun, Philippe Sollers, Roger Stéphane, René Tavernier, Georges Thinès, Henri Vincenot, Kenneth White.

教師作家

Paul-Laurent Assoun, Jacques Attali, Elizabeth Badinter, Blandine Barret-Kriegel, Raymond Boudon, Louis-Jean Calvet, Hélène Carrere d'Encausse, François Châtelet, Anne-Marie

Dardigna, Jean Denizet, Georges Duby, Jean Duvignaud, Jacques Ellul, Marc Ferro, François Furet, Alfred Grosser, Marie-Françoise Hans, Albert Jacquard, Raymond Jean, Julia Kristeva, Yves Lacoste, Jacques Le Goff, Emmanuel Le Roy Ladurie, Erik Orsenna, Daniel Oster, Mona Ozouf, Régine Pernoud, Catherine Rihoit, Maxime Rodinson, Alfred Sauvy, Martine Ségalen, Lucien Sfez, Louis-Vincent Thomas, Pierre Vidal-Nacquet.

教師

巴黎與外省的高等教育教師、中等教育教師、小學老師

Aline Baldinger, Claude Bellier, Christian Bonnet, Alain Boyer, Josette Chazal, Jean Colmez, Jean-Pierre Cuvillier, M. Davy, L. Dugué, M. Dupuis, Jacques Fierain, Pierre Fontaney, Alain Fredaigue, Françoise Gadet, Claude-Louis Gallien, Nadine Gallifret-Grangeon, Jeanine Gombert, Lucienne Guillet, Henri Guitton, Ibram Harari, Simone Helfer, Michel Hervé, Dominique Janicaud, Jo Landormy, Rosine Lapresle, Mme Geneviève Laurent-Fabre, André Lebrun, JeanMarie Levesque, Pierre Mathey, Jean-Michel Muglioni, Jim Pichot, Jacqueline Puysegur, Jean-Bruno Renard, Pierre Rigoulot, Jacques Rivelaygues,

Michel Rouche, J.-C. Royet, Lélia Sennhenn, Philippe Sussel, M. Tourlières, Jean Touzot, Pierre Verdier, Patrick Vignolles.

學生

巴黎與外省最後一學年的普通學生和精英學校學生

Véronique Angella, Corinne d'Argis, Gilles Basterra, Gisele Berkman, Catherine Bernard, Agnès Besnier, Corinne Bilhannic, Laurent Collobert, Christophe Daniel, Marcelle Delhomme, Pierre Desesquelles, Bruno Dive, Jean-Baptiste Divry, Isabelle Duperrier, M. Teboul, Catherine Gaillot, Anne Garreta, Agnès Guiniot, Lydie Herbelot, Julie Jézéquel, Catherine Jouffre, Y. Le Marrec, AnnePaul Lozachmeur, Isabelle Mavian, Isabelle Mercier, Eric Morillon, Pascale Perdereau, Isabelle Philippe, John-David Ragan, Joseph Raguin, Nathalie Richard, Blandine Rivière, F. Sportiche, François Tourlière.

出版業界

出版社、書店和圖書館

Pierre Angoulvent, Dominique Autić, André Balland, Christian de Bartillat, M. Beaudiguez, Marie-Thérèse Bouley, Christian Bourgois, Jean Callens, Jean-Baptiste Daelman, Henri Desmars,

評判者

Vladimir Dimitrijevic, Yves Dubé, Anne-Marie Duchesne, Marie-Madeleine Erlevint, M. Gasguel, Gérald Gassiot-Talabot, Jean Goasguen, Gérald Grunberg, Jean Hamelin, Georges Lambrichs, Jean-Claude Lattès, Mlle Lavocat, Françoise Mourgue Molines, Simone Mussard, Paul Otchakovsky-Laurens, Pierre Pain, Geneviève Patte, Jean-Luc PidouxPayot, Jacques Plaine, Jean-Pierre Ramsay, Charles Ronsac, Albert Ronsin, M. Teulé, Louis Vitalis.

書面報刊

報社負責人、雜誌負責人、主編、文學評論家、駐巴黎外派通訊記者等等（要注意的是，許多記者同時也是作家）

Pierre Ajame, Jacques-Pierre Amette, Georges Anex, Yvan Audouard, René Andrieu, Robert Baguet, Barthélemy, Guy Bechtel, Edward Behr, Pierre Bénichou, Alain de Benoist, Jean Barial, Jean Boissonnat, Henry Bonnier, André Bourin, Pierre Breton, André Brincourt, JeanJacques Brochier, José de Broucker, Alain Buhler, Robert Boutheau, Jean Cau, Jean-Claude Casanova, Cavanna, Jean Chalon, Claude Cherki, Catherine Clément, Jean Clémentin, Claude-Michel Cluny, Françoise de Camberousse, Annie Copperman, James de Coquet, Jacques Cordy. Jean Daniel, Jean-

Marie Domenach, Françoise Ducout, Guy Dumur, Jean-Pierre Enard, Jean-Louis Ezine, Jean Farran, Jacques Fauvet, André Fontaine, Jean-Jacques Gabut, Matthieu Galey, Jean-Louis Gauthier, Annick Geille, André Géraud, Paul Giannoli, Jacques Goddet, Léon-Gabriel Gros, Paul Guth, Daniele Heymann, Claude Imbert, Roland Jaccard, Jean-François Josselin, Janick Jossin, Jean-François Kahn, Konk, Serge Koster, Jean-Claude Lamy, Pierre Lepape, collectif Libération, Richard Liscia, Rene Mauriès, Georges Montaron, Pierre Nora, Jean-Paul Ollivier, Jacques Paugam, Louis Pauwels, Bernard Pellegrin, Bertrand Poirot-Delpech, Anne Pons, Marguerite Puhl-Demange, Marcel Raymond, Jean-François Revel, Angelo Rinaldi, Louis-Bernard Robitaille, Jean-Daniel Roob, Pierrette Rosset, Guy Rouzet, François Salvaing, Claude Servan-Schreiber, Maurice Siegel, Nadine Speller-Lefevre, Paul Thibaud, Olivier Todd, Bernardo Vulli, Eliane Victor, René Virgo, Wolinski, André Wurmser, Françoise Xenakis.

廣播電視

Laure Adler, André Arnaud, José Artur, André Asséo, Maurice Audran, Claude Barma, Jean de Beer, Gabriel de Broglie, Jacques Chancel, Jacques Chapus, Georges Charbonnier,

François Chatel, Pierre Desgraupes, Alain Duhamel, Jean-Pierre Elkabbach, Freddy Eytan, Jean Ferniot, François Gonnet, Philippe Labro, Xavier Larere, Jacques Legris, Ivan Levaï, Noël Mamère, Claude Mettra, Jean Montalbetti, Etienne Mougeotte, Jacques Paoli, Luce Perrot, Claude Jean-Philippe, Patrick Poivre d'Arvor, Jacques Rigaud, Philippe Saint-Germain, Anne Sinclair, Georges Suffert, Jean-Pierre Tison, Alain Venstein, Jean-Daniel Verhaeghe, Roger Vrigny, Pierre Wiehn, Jean-Didier Wolfromm.

藝術界與劇場界
演員、導演、音樂家、畫家、建築師、文化中心主任等等
Geneviève Bailac, Michel Bouquet, Antoine Bourseiller, André Bruyère, César, Paul Chemetov, Coluche, Jacques Darolles, Yves Deschamps, Pierre Dux, André Feller, Léo Ferré, Edwige Feuillère, Guy Foissy, Jean-Jacques Fouché, Raymond Gérôme, Didier Guilland, Michel Guy, Elisabeth Huppert, Francis Huster, Fabien Jannelle, Bernard Lefort, Maurice Leroux, Marcel Maréchal, Mathieu, Sylvia Monfort, Yves Montand, Jean Morlock, Claude Parent, Gilbert Pellissier, François Périer, Michel Piccoli, Michel Polac, Roland Poquet, Jean-Pierre Pottier, Paul Puaux, Dominique Quehec,

Alain Sarfati, Pierre Schaeffer, Nicolas Shoffer, Simone Signoret, Pierre Soulages, Jacques Toja, Victor Vasarely.

政治人物
Christian Beullac, Huguette Bouchardeau, Jacques Chirac, Gaston Defferre, Françoise Gaspard, Pascal Gauchon, Valéry Giscard d'Estaing, Arlette Laguiller, Brice Lalonde, Jean-Philippe Lecat, Jacques Médecin, Pierre Mendès-France, Edgard Pisani, Jean-Marie Poirier.

其他
宗教界
尊敬的Josy Eisenberg神父、Paul Poupard樞機主教、Sirat大拉比
廣告界
Bernard Brochand, Lucien Elia, Marcel Germon, Pierre Lemonnier, Maurice Lévy, J. Séguéla.
駐巴黎外派文化專員
Bernardino Osio, Charlotte Sow, Bryan Swingler French cultural attachés appointed abroad G. Coste, Gilbert Erouart, Christian Morieux.

另有10份回函為匿名。

評判者

　　另一方面，為了理解哪些可以決定關係的客觀方面（新聞可見度或「媒體的份量」在此關係中獲得定義），我們應該要重視作品的特色，特別是作者的秉性，他們或多或少傾向於與記者維持關係，以獲得其目光和鑑賞（這些關係建立在慣習親近性或相關的優越感之上）[5]。這些在社會上被構成的秉性（因此會依社會歷程、在生產場域中所佔的位置而變化），會根據在被考慮的時刻中進入知性職位之主流定義中的東西，而有不同的表達形式。然而可以確定的是，今日，新聞可見度是定義知識分子的一個主要構成部份，例如在法國，從左拉到沙特，這種可見度已經被逐漸構成。（新聞可見度本身與有限生產之場域或大學場域之外的介入頻率有關，尤其是透過請願、示威遊行等等來介入政治場域的頻率。）因此，維持知識份子公眾角色的傾向，意味著透過回應新聞需求的相關傾向（新聞需求像可見度一樣會改變，而可見度本身則部份與被看見和確實被看見的傾向有關），表現出對新聞場域的一種**依賴**形式（在建構沙特的社會角色時，這點非常明顯可見），也就是對其評判正當性一事的一種**認可**形式。

　　這一切都能讓我們假設，若新聞界場域（同樣且尤其是文化新聞）沒有受制於有限場域及其特定的知覺暨評估原則，若評判者對被制度化的**符號**或對分級的非正式且模糊的表明（在為生產者而

生產的場域內，被心照不宣且模糊地接受）有部份的認識，對律則也有一種模糊的意識（這種意識讓陳述出來的分類永遠冒著暴露他們的作者在分類中之位置的危險），那麼這個排行榜或許比我們從一份評判者名單（更侷限於為生產者而生產）中、特別是侷限於我們所謂的前衛派（我們更能理解為何他們在評判者名單中明顯缺席），所取得的更為不同。文化產品具備各種標籤（例如授予獲選者「哲學家暨社會學家」的專業頭銜），以及能代表真正機構擔保的**標誌**與品質標記（機構成員、出版社、叢書、作序者等等），這些引導並預先決定了評斷。在此，我們看到對社會世界的最常見知

5｜同時代的人與後代在觀點上最主要的差異之一，或許在於同時代的人對作者、有形的人，以及所有與同時代性有關的一切（流言蜚語、謠言、個人神話），具有一種（多樣不一）的認識。這種 *intuitus personae*（按：拉丁文，「屬人性」、「與人有關」之意）構成了對作者的當下知覺與評價（更甚於作品，這些作品或許很少為那些習慣在報刊上談論它們的專家所閱讀），以及相對於後代知覺暨評價（更直接與更完全地被建立在對作品的**閱讀**上）之差距的根源之一，此一 *intuitus personae* 非常難以透過見證來重建，例如摘錄十九世紀畫家或作家的口音、身體的儀態、舉止等等，相關記錄非常罕見，而且總是與特殊案例有關。

評判者

覺屬性之一：行動者在任何時刻都必須察覺到的東西，是早期知覺
的產品以及用以表明這些知覺的作為或表達，這意味著自以為在神
奇圈子內妥藏了某些知覺的機會，或許傾向於連同被擁有的象徵性
權力一起增加（這些知覺不斷地被一種客觀性所確認和強化，此一
客觀性則來自同一結構主觀性的客觀化）。

　　記者們傾向於讓知識份子的一項定義更接近他們的傾向，也
就是他們的生產力和詮釋力，但他們會因關注於肯定自己是否隸屬
真正評判者的圈子，而抵銷了此一傾向。[6]由於他們無法徹底顛覆
價值表，所以只有透過有利於最為記者型之知識份子的一項偏見，
才能肯定其正當地隸屬於一種廣義的知性場域，以及他們判斷最不
記者型或報刊型之知識份子的權利，因為他們無論如何都必須引述
其中最具可見度的人士，否則就有可能被排除在知性遊戲之外。以
此，我們可以理解授予雷蒙・阿宏的傑出地位：比起他面對蘇聯時
的洞察力（考慮到其政治選擇，這是很自然的，但是這項洞察力也
被諸多盲點所抵銷），他身為記者型知識份子暨知識份子型記者的
知性榮耀地位，更能解釋何以某些人借助新聞界對知性場域越來越
強的支配，[7]能在這位受大學認可的偉大記者中，一下子認出偉大
的知識份子人物形象──他以《知識份子的鴉片》（*L'Opium des
intellectuels*）這部經典而聞名，而且經常因清晰與情理而受到頌揚，

以致記者在潛伏的反唯智主義中，喜歡拿來與知識份子的晦澀難解
與不負責任做對照。[8]

6 | 如果我們要求提供一份更長的名單，以此留給隨機結合群體的策略更多的自由，那麼有利
於記者型知識份子或「在媒體中非常有份量」之作家的見地因此原本有可能還會更明顯。

7 | 不同於1881年的于赫（Huret）調查（僅蒐集了作家對作家的看法），知識份子排行榜是
一種判斷和分類意向的產物，排行榜與排行榜授予最「受媒體關注」之作者的特權，只是此一
支配增長的其中某些跡象：無論是只消補充記者型學者在一個大學機構（例如高等研究實用學
院）中取得的制度性份量，或是這個事實本身，即大型報刊與週刊的「文化記者」，這些報刊
與週刊作為授予他們被假定的權力之唯一權威的堡壘要塞，就是能在刊物和出版界場域之外謀
得名聲的權力，以及在此場域範圍內（特別是在出版社裡）生產該名聲的真正能力這個事實，
這些事實能夠集體肯定他們正當地評判作品（從屬性上來看名為「短評」）的意圖，其檢視
與批評在其他時候是保留給科學場域和它的學術期刊（參見 *Les Nouvelles littéraires*, 3-9 janvier
1980）。

8 | 如同調查負責人本身指出的，值得注意的是阿宏「這個名字會被那些不想引述其他人的人
所引用」（J. Jaubert, *Lire*, 68, avril 81, p. 45）；「親愛的先生，再也沒有任何有影響力的知識
份子，雷蒙・阿宏可勉強算是」，伊夫・貝爾傑（Yves Berger）如此表示；阿蘭・布勒（Alain
Buhler）也認為「只有雷蒙・阿宏」；安妮・戈貝曼（Annie Copperman）則表示：「如果真要
說的話，那就是阿宏」，她還補充說：「媒體接手了。」賈克・朗茲曼引用貝爾納-亨利・列維
的話為證，「他適於上鏡頭的光鮮外表前來支援某些真正原創且令人震驚的想法」。所發生的
一切彷彿是我們透過裹揚最反智主義的知識份子，意圖罷黜或更好的是宣佈知識份子無效。這
份意向也被表達在記者到處急切地宣稱沙特沒有接班人，或者還有表現在歡迎各種非理性主義
形式的捍衛者——從中我們無須反思這些形式是否有利於知性場域對新聞界之難題與手法的屈
從，或這些形式是否已決定了此一屈從；相當確定的是，這些形式與「知識份子」的一項新社
會定義到來有關，此一到來從對「媒體」的合理使用中（連同這個所牽涉到的一切）產生了進
入到對知性場域的支配條件之一。

評判者

以此，排名意味著最終成果，這種（個人或集體的）總結策略
往往會取代日常交流的隨機分類作為，以及在場域中有效且不斷遭
到質疑的**不成文分類法**──這是一種分類的客觀、可見、被公佈、
公開、幾乎官方的現實，雖然該分類表達了對文化生產場域中在文
化上被支配之一特殊區域的看法，卻具備所有的客觀性表象。此種
分類為回覆《閱讀》期刊問卷調查者與其他同類型者日復一日、周
而復始的行動，提供了一個正確的想法，不需商議或合謀。以此，
在此一排行榜的社會意義背後，我們發現了調查該排行榜的意涵：
關鍵也許不在於受認可的知識份子名單，而是有能力建立這份名單
的評判者名單，更重要的是這份名單與「四十二名頂尖知識份子」
排行榜一同公佈。如同《文學新聞》（尋常評判者會在此公佈其十
年排行榜來標榜自已）發表的「排行榜中的排行榜」，公佈這份評
判者名單──就像羅馬人說的album judicum（按：拉丁文，「陪審
團名冊」之意）──表明了一種象徵性之強加或強奪的粗暴行動，
企圖藉此建立一項新的正當化原則。

知識分子的定義問題，或者更好的說法是知識分子特有工作的
定義問題，與「能被接受參與此一定義」的人口劃界問題是不可分
的。在文化生產場域中，真正的鬥爭關鍵議題（其中，《閱讀》期
刊微不足道的遊戲披露了最深層的機制），實際上是賦予對文化生

產的評判權利。這幾乎總是要以評判者人口擴增為名，對各種「為
生產者而生產之場域」自主性的強加或強奪的粗暴行動才能被完
成，首先就是科學場域：無論是否倚仗「人民」來譴責一個自主場
域（生物學、詩學或社會學）內部強烈要求的產物，或是在一個看
來完全不同的語調中，仰賴著「上電視」或「新聞界的明白清晰」
等才能（這些都被構成衡量所有文化價值的標準），反唯智主義在
記者當中（更廣泛來說，它在失去社會地位的生產者當中）自發地
盛行，這些生產者被迫依需求而生產，他們能找到最多樣的表達和
辯解形式（尤其是所有種類的民粹主義情感，例如極右派的民族情
結、極左派的日丹諾夫主義），對那些歷來享有「依自身需求而生
產」此一**特權**的人來說，反唯智主義是一個永久的威脅。[9]若此一似
乎傾向於建立分級的排行榜，主要會導致廢除生產者和需求製造者

---

9 | 關於一個能輕易置換的示範性分析，請參閱M. Goldman, *Literary Dissent in Communist China*, Cambridge, Harvard University Press, 1967。

評判者

之間永遠不確定、受到威脅的邊界，這絕非偶然（生產者直接受制於需求，從外部接收到他們的提問；需求製造者則因彼此之間的特定競爭形式，所以能產生先於任何社會需求的需求）。

　　社會學家並沒有被建立成評判者的評審，也不認為自己有判斷這些評判者的權利。他只是提醒這個權利是他分析其邏輯之鬥爭的一項關鍵議題。由於各種分級甚少會在某些規範或形式中被編碼及被客觀化，因此，在所有場域中都被提出、來自最高法庭、在正當狀態下的決策機構之正當性問題，在文化生產場域中被更可見地提出：因所得成果的不確定性而產生的極度不安全感，傾向於授予「全部人對抗全部人」的象徵性鬥爭，以及所有無窮無盡、同時是微不足道的判例作為，例如近乎於詛咒的讒言、汙蔑、致命的「字眼」、毀滅性的謠言──其不成文的分類基礎建立在此一心照不宣的分類中，排名最佳者不可避免地心照不宣的共識上，僅是未能進行的全集──一種特殊暴力。[10]但無論如何，就像我們在自然科學的案例中所見（不過，在繪畫和詩學方面也沒有那麼不同），場域的自主性獲得肯定，那是因為如果我們想要在這些鬥爭中獲勝，就只能使用所有的武器，而且只能是在昔日鬥爭的整個**特定**歷史中所累積下來的每一項武器。接著，根據對這些武器的掌控，不同的競爭者對自主性、對能阻止外部評價原則突然闖入之界線的強化，就

會有非常不同的興趣，或是相反地，對與外部力量多少有點犬儒主義式的聯盟，尤其是與所有對模糊判斷的折衷人士聯盟，後者單獨或集體地被建立成評判者，力圖剝奪最自主的生產者有權決定「他們從中認出哪個法庭有權評斷他們」一事。

10｜我們知道，某些民族學家觀察到，對巫術的指控出現於某些社會世界裡，在這裡，其關係同時是被定義不清和競爭的，而且對手之間的緊張關係無法以其他方式解決（參見M. Douglas (ed.), *Witchcraft, Confessions and Accusations*, Londres, Tavistock Publications, 1970）。

附件四｜對應分析

1. 四所學院

　　主要的變數如下（我們以括號記下數目高於2時的可能性數量）：

　　法蘭西學術院；《法國名人冊》；父親職業類型（20）；高中綜合競賽；法國國家科學研究中心的委員會（最近三次出席）；文庫本叢書；參與康城或亞眠研討會（至少其中一場）；研討會（次數）（10）；大學諮詢委員會；主持教學研究單位（自一九六八年後）；法律學科（4）；文科學科（9）；醫學學科（3）；科學學科（3）；院長；子女數（5）；在培養知識份子的精英學校授課；在培養權力機構的精英學校授課；中等教育機構（公立或私立）（4）；學院（4）；精英學校（9）；主持法國國家科學研究中心實驗室；高等教育接受地點（3）；法國國家科學研究中心獎章；在法國《世界報》發表文章；出生年份（10）；誕生地區（3）；法國國家功勳勳章；參與公立機構；參與第六期國家計畫委員會；宗教（4）；知性期刊（編輯委員會）；性別；作品翻譯（3）；參加電視節目；列於《名人錄》中。

　　被我們視作能闡明案例之變數的是出生地（不太可靠且與出生地區重疊）、居住地、婚姻狀況（與子女數重疊）、榮譽博士頭

銜（不太可靠）、接受中等教育的機構（不太可靠且與出生地區重疊）、支持季斯卡與密特朗（資訊不足）、全國高等教育工會成員、法國國家榮譽軍團勳章與一級教育勳章。

2. 文學院與人文科學學院

主要變數：法蘭西學院；索邦大學；南泰爾學院；高等研究實用學院第六科；高等研究實用學院第四科與第五科；其他成員資格：高等研究實用學院第六科；其他成員資格：高等研究實用學院第四科與第五科；其他成員資格：法國國家科學研究中心主任；其他成員資格：東方語言；其他成員資格：在巴黎高等師範學院授課；其他成員資格：其他重要機構；法蘭西學會；學科（8）；出生年份（7）；父親職業類別（13）；列於《名人錄》中；巴黎高等師範學院校友；高等教師資格審查會；大學諮詢委員會；高等教育審議會；一九六七年及一九六三年的法國國家科學研究中心委員會；參與內閣辦公室或參與國家計畫；主持研究小組；出生地區（10）；子女數（8）；法國國家榮譽軍團勳章；法國國家功勳動章；就讀預備班的機構（6）；居住的行政區（9）；一級教育勳章；法蘭西學術院，一九六八年版的《拉魯斯辭典》；在《新觀察

附件四 | 對應分析

家》週刊發表文章；參加電視節目（6）；「我知道什麼？」系列叢書（6）；「理念」系列叢書、「觀念」系列叢書、「冥思」系列叢書（4）；知性期刊的編輯委員會；巴黎高等師範學院審查會；作品翻譯（3）；《引文索引》中的引用數（3）。

被我們視作能闡明案例之變數的是出生地（不太可靠且與出生區域重疊）、婚姻狀況（與子女數重疊）、高等教師資格（資訊不足且不太可靠）、榮譽博士頭銜（不太可靠）、接受中等教育的機構（不太可靠且與出生區域重疊），以及支持季斯卡、密特朗或弗拉瑟利耶。

跋　二十年後

Postface vingt ans après

　　此一對大學世界的社會學分析，是我持續在研究中對科學實作進行批判省思的成果，[1]這個分析旨在將「**學術人**」此一分類者之間的分類者，掉入他自己的分類中。這是某些感到害怕或想要讓別人感到害怕的人樂於誇大的喜劇場景──被騙的騙子、被灑水的澆水者。至於我個人，我認為本書所闡述之結果的經驗或許與大衛‧加內特（David Garnett）《動物園裡的男人》（*A Man in the Zoo*）這本小說的主角沒有太大的不同：一名年輕男子在與女友發生爭執後，絕望地寫信給動物園園長，向他提議一個失落的哺乳動物收藏，也就是他自己；他被放在籠子裡，擺在黑猩猩旁，解說牌上寫著：「智人。此一標本由紳士約翰‧克羅瑪帝（John Cromantie）提供。懇請參觀者切勿以某些個人評論來激怒此人。」

　　社會學家以自己的世界做為對象，在這個最貼近、也是他最熟悉的世界裡，他不應該像民族學家一樣去馴化異國情調，而是要（若我們能這麼說）連同某些生活及思想模式──這些模式因為太過於熟悉，反而仍是陌生的──而與最初的密切關係決裂，使侍從變得具有異國風情。這種朝向原初以及平凡世界的演變，應該是朝向陌生與非凡世界的演變完成。但這實際上是不存在的：無論是在涂爾幹或是在李維史陀作品裡，從不會去分析學者採用的「分類形式」，並在大學世界的社會結構中，找尋教師悟性的類別基礎──不過，涂爾幹曾在《法國教育學的演變》（*L'Évolution pédagogique en France*）中，對大學世界的社會結構有過出色的分析。然而，社會科

學可期待的，是能不斷努力地從對社會學式理由的社會學批判中，獲得最具決定性的進步：社會科學不僅必須力求重構思想類別的社會起源（社會科學有意或無意地運用這些思想類別，例如經常用來引導社會世界之科學建構的成對對立用語），還必須重構社會科學使用之概念的社會起源——這些概念通常只是被引進、絲毫未在學者論述中檢視的常識觀念（例如專業這個觀念，在此被心照不宣地棄用），或者只是社會科學所確立的某些難題，而且常常只是或多或少巧妙偽裝成時下「社會問題」的形式，例如「貧窮」或「犯罪」、「學業成績不佳」或「人生的第三個階段」（trsoisième âge）等等。

1 | 例如可參見P. Bourdieu, « Célibat et condition paysanne », *Études rurales*, avril-septembre 1962, pp. 32-136。

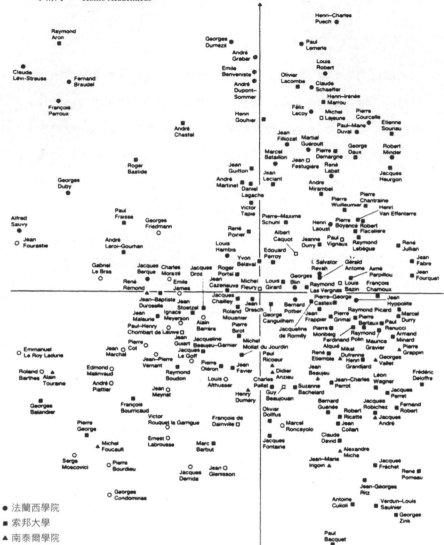

● 法蘭西學院
■ 索邦大學
▲ 南泰爾學院
○ 高等研究實用學院第六科
□ 高等研究實用學院第四科與第五科

文學院與人文科學學院空間

對應分析：第一和第二慣性——屬性軸平面圖（按：圖表中皆為隸屬以上五校的學者名字，故未翻譯。）

為了指出母群體中附屬多個機構之教授的主要隸屬單位，我們採用了社會認可的分級，例如，將那些同時隸屬法蘭西學院（或索邦大學）及高等研究實用學院者，規定在法蘭西學院（或索邦大學）之下。

　　我們無法省略正在客觀化之主體的客觀化研究。正是將主體自身生產的歷史條件視為對象（而非藉由任何一種先驗反思形式），科學主體可在理論上掌控其結構、傾向和結構為其產物的某些限定，同時取得強化其客觀化能力的具體手段。只有這種不應該、也不會允許自戀式自滿的社會分析，才能真正有助於使研究員能冷淡地注視著熟悉的世界。民族學家會自發地冷淡注視著一個他沒有用共犯關係來聯繫的世界，這種共犯關係是隸屬於一個社會遊戲所固有的，這場戲局產生了關鍵議題與遊戲本身完全是真實的價值。

　　我們對大學世界進行科學分析時，就是以獲得社會認可的一種機構為對象，此一機構有充分理由進行一種渴望客觀性和普世性的客觀化。這種社會學實驗不像某些所謂的後現代主義分析，會導致對科學的虛無主義式質疑——這類分析只是使之流行地放上對科學（以及特別是社會科學）的非理性主義老式拒絕，並以一種French radical chic風尚來裝飾此一拒絕，以揭露「實證主義」和「科學主義」作為掩飾。但是這種被應用在社會學研究本身的社會學實驗，旨在指出社會學能跳脫歷史法則中心主義（historiciste）或個人免責、系統主責主義（sociologiste）的範圍；為此，社會學實驗只需要使用它關於社會世界（科學在此產生）所得到的認識，以便試圖掌控社會決定論產生於此一世界以及（除了極度警惕之外）科學論述本身的效應。換句話說，遠非摧毀社會學自己的基礎，當它揭露了生產場域邏輯使社會限定影響到每個文化產物時，社會學追討的是

一種認識論特權：這種特權向社會學保證一事，即能夠在科學實作中、在認識論警惕之社會學式增強的形式下，再投資它自己的科學研究成果。

　　試圖瞭解「隸屬於大學場域」和「在其中佔有一個既定的位置」這件事，可帶來什麼樣的科學利益？（大學場域是社會世界和大學世界本身之真相的一種永久競爭場所，而佔據的既定位置則由一定的屬性數量來定義，例如一種養成教育、證書、一種身份地位，以及所有相關的連帶或眷戀）。首先是獲得了一個機會，有意識地抵銷錯誤的概率（錯誤的概率屬於一種立場，這個立場被領會成牽涉到一種願景展望，因而是一種遠見和盲目特殊形式的觀點）。但最重要的是發現了具理論主義或唯智主義傾向的社會基礎，這種傾向是學者位置本身所固有的，能自由地從遊戲中抽身，以便思索這場遊戲，並在社會認可具科學性的抱負中，從外部與上方以一種鳥瞰的視角來瞭解世界。當拒絕科學的抗拒惡意被應用到學者的世界時，我們毫無重大困難地給予結構主義式客觀主義的東西──當它表現在一種被假定本身是模糊的「野性思維」時──是明顯的；儘管如此，這種惡意不應該因此阻止我們自問，在這種情況下，求知的意願是否並非悄悄地由一種權力意志特殊形式所推動，這表現在對被化約成對象狀態的競爭對手想要採用一種不能或不想用於自己身上的觀點。但事實上，舉動的意向並不重要，它就像波普（Popper）說的，如同產生情境－難題的一種傳動系統般地

運作。忘記將這個世界的「理論經驗和實際經驗之間的距離」寫入被分析之世界的完整理論中，此一傾向會在社會學對「社會學分析的社會條件」進行分析時，於必要的反思性觀點中獲得修正。對一個世界結構的客觀、甚至是客觀主義式的建構，本身就揭露了其自身的限制（在這個世界中，負責客觀化工作的人會發現自己涉入其中，也有一種能倖免於客觀分析的第一個再現）。例如，它會遭遇個體或集體的防衛策略，這些策略通常採取否定的形式，行動者可透過這些策略，為他們自己和他人維持社會世界的再現，這個再現與科學透過一種總體化而被建構、確確實實被排除在平常存在之外的再現有所衝突。這個客觀建構迫使我們意識到，無論是結構主義或建構主義的進路（在此，指的是對社會世界之最初經驗的一種現象學形式，以及這個經驗帶給建構此一世界的一種貢獻形式），都是同一步驟的兩個互補時刻。若行動者確實有助於建構這些結構，那是因為他們在結構式強制之限制內，無時無刻都是這麼做的。這些限制透過與其客觀結構中之位置有關的決定性因素，影響了外部建構的作為，同時透過想像上的結構（用以組織對社會世界的知覺和評估，例如教師領會類別），影響了內部建構的作為。換句話說，儘管這些都只是由客觀主義式analysis situs（拓樸學）所構成的透視觀點，但是參與這場遊戲及個體或集體鬥爭的行動者（他們藉由這場遊戲和鬥爭來強加其觀點），其不完整、偏頗的觀點，都是此一遊戲之客觀真相的一部份，能在客觀強制力所強加的限制內，

有助於積極保存或轉變此一遊戲。

弔詭的是，我們只有將熟悉的世界予以客觀化，才能分析一條朝向一種重新掌握自我的啟蒙路線，而參與這個世界的讀者以及外國讀者，必定會以不同的方式來閱讀這部著作。儘管這部作品有鑑於其目的，具有帶來其自身脈絡的特殊性，這與各種想法在國際（和亦是世代之間）流通時，平常會發生的情況不同。一般情況下，文本通常會在毫無生產與使用的脈絡下被傳遞，讓人想到一種所謂的「內部」閱讀，這種閱讀會不斷將這些文本與唯一的繼受脈絡聯繫起來，使之與現實脫節，讓它們普世化與被永存。[2]但是我們可以假設，不同於就某方面來說過於瞭解而可能抵制客觀化的國內讀者，外國讀者在被描述的遊戲中，由於沒有直接的利害關係（至少乍看之下是如此），因此往往比較不會抵制分析。這就像是在劇院裡，我們會毫不自我承認地嘲笑對自己缺點的描述，而外國讀者總是能藉由只保留（為了更能保持距離）明顯最具異國情調（但或許最不具意義）、以此與古風古體有關的學術傳統特點，來避開妥藏在熟悉情境或關係中的各種質疑。[3]事實上，*mutatis mutandis*（按：拉丁文，「類推適用」之意），外國讀者會發現自己面臨與國內讀者（和社會學家本身）同樣的替代方案：他至少可以透過類比法（例如不同國內場域之等同位置佔據者的國際連帶），同時強調產生了*homo academicus gallicus*（按：拉丁文，「法國學術人」之意）空間獨特性的差異，利用他參與之世界的客觀化來強化對抗惡

意的工具；相反地，他也可以透過專注於homo academicus種類的不變因素，或者更好的是透過去了解向他揭露、關於他自己的、homo academicus gallicus位置之一（同源於他在他自身場域中的位置）的客觀化（乍看之下有點殘酷），在此尋求自我分析的某些工具。為了促進第二種閱讀（我認為這是唯一符合作品之認識論意向的閱

2｜因此，作者被化約成（或多或少是完全根據讀者的資訊）含有其名字的作品：失去了與作者在原來場域中之位置有關的每個社會屬性，也就是失去了其權威和象徵性資本最被制度化的面向（必要的時候，我們可透過一種轉移，用前言來修補受到威脅的象徵性資本）。以此，留給評斷的自由全都是相對的，因為借助於在不同國家科學場域中佔據出同源位置者之間的連帶（尤其是支配者之間的連帶），權威的效應可被持續產生：這些人可獲益於他們在作品翻譯流通和認可之程序條例上所握有的權力，以確保大學權力的某些國際轉移，也控制了產品的國內市場門路（這些產品會威脅到他們自己的生產）。另一方面，這種相對自由有其對等物，即對背景的無知所引起的弄錯、誤認的危險：以此，例如某些評論家在國外可以遮掩了最閃耀的星體——他們從這些星體借得了其光芒的原理本身。

3｜由於不知道以擺脫外來的眼光來看自己的世界，將不乏有外國讀者從本書中找到一個機會，強化他們在自身世界中的本土信心（本書源自於一種有條理的努力，以便能夠獲得此一眼光，且毫無失去親近的好處），這份信心全然天真地表現在某些外國作者關於法國與其大學的著作中。這種在方法上建立種族中心主義（而且可以是「需要移出者以他自己的角度來辨明移居國外此一事實」的事實）的社會學典範，正是泰瑞·克拉克（Terry Clark）的著作，他以一套未經分析的準則來衡量法國大學，而這套準則不是其他，正是美國大學某些被理想化的投射（參見T. Clark, *Prophets and Patrons, The French University and the Emergence of the Social Science*, Cambridge, Harvard University Press, 1973）。

讀），我們應該要提出一套被建構的轉型規則，才能有系統地從某一歷史傳統過渡到另一個歷史傳統，[4]或者至少（而且更樸實地）要有能換置的起點：例如，我想到的是對時間管理的客觀與主觀基礎的分析，這能讓我們維持權力的分級，也就是「繼承的順序」（社會秩序在時間中的永續基礎）。

場域觀念的科學（或許還有倫理）效能，或許在於它往往排除了對他人（競爭者或對手）未經思考的這些不完整與片面的客觀化，這些都是所謂的「知識份子社會學」，它們與知識份子八卦的自發社會學不同之處僅在於科學「倫理中立」的主張，這使其確實濫用了象徵性權力。以此，例如《知識份子的鴉片》是這類的經典，雷蒙·阿宏在這部著作中將其當時對手的論據化約成某些起因，並描述了他所謂的知識份子（例如尚-保羅·沙特、西蒙·波娃與其他「左翼知識份子」，當然不包括被污名化的階級）之倫理或政治立場的社會決定因素，但他並沒有自問他用來操作此一極端客觀化的觀點，就像西蒙·波娃在幾乎同一時間裡，秉持著相同的倫理堅信，於一篇對稱且相反、談論「右翼思想」的文章中所做的[5]：在相關的清明之中，就像他揭露的盲目一樣，他忽略了他所處的空間，在這個空間裡，我們可以定義將他與他們結合起來的客觀關係，這個關係也是其觀點和錯誤的來源。

生產場域的建構，意味著與不知其來源的客觀化良心決裂。這個生產場域以對抗自身（亦即挑戰自身極限）的科學理性論戰，來

取代被偽裝成分析的偏見論戰。只有透過一種無可辯解的抽象（在此可以說是「簡化」），我們才能在這些文化產品本身之中，尋求對這些產品的理解原則。這些產品是孤立狀態的，與其生產和使用條件無關，就像 *discourse analysis* 的傳統一樣，這項傳統位於社會學和語言學的邊界，今日恢復了某些站不住腳的內部份析形式。科學分析必須將兩組關係聯繫起來，亦即被視作不同立場的作品或論述空間，以及產生這些作品或論述者所佔位置的空間。也就是說，例如任何由大學人士產出、有關一九六八年五月那些日子的作品要具備意涵，只能依據文章間的互聯性原則，將之再度置於相關主題的作品空間內（在此可定義其象徵性的妥適屬性），還要將這個空間歸於其作者在大學場域中所佔位置的同源空間。所有熟悉此類專題

4 | 在每一分析點上，例如關於大學場域和政治或經濟權力之間的距離（由於某些歷史理由，這個距離在法國似乎是、或至少過去是比在其他國家更大），我們應該要檢查變數與不變因素，並在模型裡被重視的參數變化中，盡力去發現現實中被觀察到的變化原理。

5 | 參見 Simone de Beauvoir, « La Pensée de droite aujourd' hui », *Les Temps modernes*, n 112-113 et 114-115, 1985, pp. 1539-1575 et 2219-2261。

著作的讀者都可參照對應分析的圖表，[6]驗證各作者在權力與威望分佈中的差異，是否符合對事件之全面評斷與表達方式的不同（無論是有意或無意的）。我們假設，在「立場空間（被視作形式、風格、表達模式和內容的空間）」與「其作者在生產場域中所佔位置的空間」之間，存有一個幾乎完美的同源性，這可在以下事實中找到最顯著的確認（對所有熟悉一九六八年大學事件細節的觀察者來說，這是顯而易見的）：**僅單獨**考慮不同教授最典型的大學特色（所屬機構、學校教育證書等等）而建構的大學場域分佈，非常符合政治立場或工會參與、甚至在五月那些日子期間所持立場的分佈。因此，在圖表中，非常堅決反對學生運動的巴黎高等師範學院院長羅伯‧弗拉瑟利耶，被簽署動議以支持其行動的教授名字所圍繞，而那些支持運動的人則全部位於對立的區域中。這意味著決定大學事務立場的，並非我們一般相信的是政治立場，而是在大學場域中的位置（這些位置表明了一般的政治立場和大學難題）；雖然自主性是產生意見的政治特有原則，但自主性會依在大學場域中與利益有關之位置所涉及的程度（或支配者被威脅的程度）而變化。

不過，我們可以更進一步將政治立場和作品本身（考慮到其最明顯的社會屬性──例如出版種類或地點──以及主題和形式）重新納入模型中：因此，例如依照符合學術規範的程度，作品的分佈顯然與依照所持確切是大學的權力來分佈的作者非常吻合。為了更具體瞭解此一關係，我只需提及一位吃驚的年輕美國訪客做為例

子，在一九七〇年代初期，我不得不向他解釋，所有他崇拜的知識
份子，包括阿圖塞、巴特、德勒茲、德希達（Derrida）、傅柯，更
別提當時那些次要的先知，他們在大學裡位處邊緣地帶，常被取消
正式指導研究工作的資格，其中有不少人沒有撰寫過論文（至少不
是符合規定的形式），因此無法獲得指導論文的資格。

　　若我們強調這些哲學家（盎格魯-撒克遜的讀者可能對他們更熟
悉），就會看到，認識他們所處之整個空間的結構，能讓我們透過
真正的參與式客觀化（這完全不是簡要的論戰），在社會空間中從

6｜我意識到，對於所有對法國二十年來文化生產有興趣的人來說，若他們無法解讀在這些位
置空間背後，字裡行間所被描繪的作品與潮流空間，那麼本書提議的大學場域分析對他們就也
許失去大半的旨趣，我決定提供所研究之大學人士的全名，而非像我在初版中那樣，以首個字
母縮寫的匿名方式呈現，當時只是為了避免揭露或發生「被釘住」的效應，但隨著時間（二十
年過去了）和外國眼光所給予的距離，這在今日應該都已經減緩了。與個人圖表相對應的屬性
空間圖表，出現在第三章的圖表三。若讀者想要默默地更新此一圖示，只消記住，年齡非常有
助於空間的（垂直）第二象限，以及在調查期間，佔據空間底層區域（尤其是左邊部份）的最
年輕者，今日或許將在第一象限中佔據較高且更為分散的位置（在此一象限中，最年輕者的相
對位置指出了方向，在這些方向中，他們暫時少有差別的歷程有可能會朝向對較左傾的人來說
是知性威望端，或者朝向對較右傾的人來說是世俗權力端）。

他們的角度來考慮問題，並重建能定義知性計畫的**觀點**。就像我們在圖表中所見（他們都位於左下方的區域），他們都具有一種雙重關係：一方面是與世俗支配端（制定出來的哲學）的關係，此一關係凝結在課程的靜止時間裡，這些課程不斷重複會考的主題，被考核身份團體再生產組織的大學教授所體現，例如負責遴選中等教育教師（高等教師資格考）、遴選高等教育教授的當局（大學諮詢委員會）；另一方面是與「在智識上」支配端的關係，這一端由所有的人文科學大師佔據，並受到李維史陀的人物形象之支配。

在與索邦大學偉大哲學聖職（此一聖職就像他們大多數人一樣，出身自「世俗大型修院」，亦即整個學校教育分級的頂峰「巴黎高等師範學院」）的關係中，他們看起來就像是教會裡的異教徒，也可以說是大學裡的 *free-lance intellectuals*（自由作家型知識份子），或至少以德希達的雙關語遊戲來說，位於遭「野蠻人」（在此當然就是支配者的看法）全面威脅的一個學術帝國邊緣或邊境。他們幾乎被剝奪或免除了權力與特權，但也解除了正教授的責任和義務（會考評審團、指導論文等等），他們與知性世界（特別是前衛派期刊，例如《批判》、《如是》等等）、新聞界（尤其是《新觀察家》週刊）的關係密切：米榭爾・傅柯或許是此一位置中最具代表性的人物，因為終其一生（即使他成為法蘭西學院的教授），他幾乎完全不具備確切是學術的、甚至科學的權力，因此也沒有這些權力所引來的追隨者——即使他的名聲使他在新聞界、並因而在

文化生產場域中擁有一種極大的影響力。此一位置的邊緣性在阿圖塞和德希達身上還更為明顯，他們在巴黎高等師範學院據有次要的職位，這顯然是因為，所有這些注定要成為異教創始者的異教徒都有一個共通點，那就是除了差異、分歧、甚至使他們分道揚鑣的衝突，他們都具有某種**反體制性格**，在這方面同源於一個學生重要派別的性格：他們都迫不及待地要體驗在外部（在大學以及亦是法國之外）享有的顯赫名聲與一個機構在內部賦予其被貶值之地位間的差距（連同他們的輕蔑與拒絕的共犯關係），這個機構曾吸引青少年並為他們所接受。[7]

若我們必須從最隱晦的那一端開始，那是因為它最有機會逃脫陌生的注視和膚淺的分析者（更別提處於其中的論戰者）。然而，作為反襯以及必須不斷鬥爭以奪取生存或倖存權的敵手，它或許扮演了決定性的角色，就像在構成或加強了定義著作品一般走向的倫理或政治秉性時，必須面對《年鑑》團隊的老索邦大學。最重要的

---

7 | 1968年之後成立的凡仙大學凝結出新的知識份子生活方式並於大學本身內被建立，對舊式大學的捍衛者來說，這是一大醜聞。這種生活方式的一個版本在其他時候原本會在知性期刊或波希米亞式的咖啡館裡被降級。

是，相較於另一端，也就是由李維史陀所體現、被發揚光大的人文科學（李維史陀讓這些傳統上遭到巴黎高等師範學院哲學系學生蔑視的學科獲得平反，並使之成為智識成就的模型），我們必須重新定義某些首先於一九四五年至一九五五年被構成的哲學計畫，這些計畫參照了現象學和存在主義的傳統、以及參照了沙特以一種示範性氣質賦予的哲學家形象，而且亦是（和尤其是）用來反對此一形象。**人類學**一詞借自盎格魯-撒克遜的傳統，承載了往昔一名偉大德國哲學家的威望──傅柯在那幾年翻譯並出版了康德的《實用人類學》（*Anthropologie*），因此，採用這個詞來取代「民族學」此一平庸且有限制性的字詞，象徵著社會科學透過其最傑出的代表，向直到那時為止至高無上的哲學提出巨大挑戰，這項挑戰直接被肯定在李維史陀和沙特之間的衝突裡，這是對其長時間獨霸整個知性場域的第一個真正抗議。事實上，儘管沙特和梅洛─龐蒂（Merleau-Ponty）也必須在前一世代中重視人文科學，但是由於涂爾幹學派極度式微，再加上剛誕生的經驗社會學的十分劣勢的地位，且在此一高度政治化時期經驗社會學遭其美國出身的「牽連」，因此他們處於一個無比輕鬆的位置，因為他們要面對的只有「科學主義的」心理學──（儘管如此，但連同皮亞傑 [Piaget] 所代表的例外），以及毫無影響力的精神分析學（雖然有拉加旭 [Lagache] 出現的索邦大學，但拉加旭是沙特和梅洛─龐蒂在巴黎高等師範學院的同窗）。

此後，佔據象徵性支配位置的，就是整個人文科學，它讓所有

的哲學代表面對一個全新的情況——哲學受到威脅的部份有尚-路易‧法比亞尼（Jean-Louis Fabiani）所謂的「集大成的學科」位置，還有其知性認同與研究綱領：例如真正的領航學科「語言學」，有班維尼斯特、有可能被李維史陀認可的賈柯柏森（Jakobson）、份量較輕的馬爾蒂內（Martinet）；李維史陀的「人類學」（居梅齊爾強化了這門學科）；布勞岱爾的歷史學——長久以來，沙特在《地中海》期刊（*Méditerranée*）發表的長篇討論中，給予他哲學上的認可，這門學科致力於為革新且整合過的人文科學建立制度性基礎，攜手合作的還有高等研究實用學院第六科與其享有盛名的科學顧問團（其中包括李維史陀、阿宏、勒‧布拉茲[Le Braz]、弗里德曼[Friedmann]）、正值發展高峰期的研究中心、期刊（承襲自馬克‧布洛克[Marc Bloch]和呂西安‧費弗爾[Lucien Febvre]的《年鑑》期刊[Les Annales]、李維史陀創立的《人類》期刊[*L'Homme*]，後者取代了已被降級成擁護論說文主義的巴黎《現代》期刊），隨後還有它在巴黎的大本營「人文科學之家」；拉岡的心理分析學，在社會上和象徵上都與李維史陀、梅洛—龐蒂為同一陣線，在場域中握有一個非常重要的份量（不過拉岡未被包含在對應分析與圖表中，因為他在大學裡並未佔據任何官方位置，巴黎高等師範學院拒絕允許他開班授課，這回溯至反抗弗拉瑟利耶）；社會學本身，此一學門即使被降至新的大型知性勢力之底層，但透過雷蒙‧阿宏以及他對抗沙特的論戰或是新的哲學潮流——《從一個神聖家族到另一個神聖

家族：想像的馬克思主義》（*D'une sainte famille à l'autre*）──能給予一個哲學家世代強烈的印象，這些哲學家依舊在談論兩次大戰期間由《歷史哲學導論》（*Introduction à la philosophie de l'histoire*）所發起的主題。

　　我們也應該稍微思索一下羅蘭‧巴特的案例，這比其他案例更能讓我們理解雙重差異之關係（一九七〇年代先驅的特色）的效應：他並非機構的意中人（他既非巴黎高等師範院校友，也不是高等教師，甚至不是「哲學家」），他能（或許受到被排除者的灰暗復仇情緒所驅動）與正教授（在此以皮卡為代表）進行某些公共論戰，教授們的法定尊嚴感禁止了年輕異教創始者中最著名的人；他也能表明對大師們的一種直截了當的、其他人僅在一種更加細膩或反常形式下所給予的敬意，這些人聚積了每個尋常與不尋常的憑證來識別他。在他的社會人格中，凝聚了屬於邊緣性大學機構裡處於不穩定狀態之位置的緊張或矛盾，例如「後布勞岱爾的」高等研究實用學院，或是時間中不同時刻的南泰爾學院或凡仙大學，這些機構試著將雙重對立（通常與一種雙重剝奪有關）轉變成有選擇性的超越，這裡是某些人的過渡站，卻是另外一些人的終點，讓不同的歷程有了瞬間的相遇，羅蘭‧巴特代表著評論家類別的頂點，這些評論家無法對抗場域的力量，為了生存、為了倖存，他們必定會順著擾動世界的外部或內部力量而飄盪，尤其是透過新聞界。他提及一位名叫特奧菲爾‧戈提耶（Théophile Gautier）的形象，後者

被同時代的人描述為「一個在風中飄盪的人，在每一次的碰撞中都會引起震動，適於吸收所有的印記並即時傳遞它們，但是需要被鄰近的人所啟動，永遠力圖取得一個隨後就會有許多其他人來向他請教的口號」：就像老好人特奧（Le bon Théo），他的朋友福樓拜（Flaubert）指責他缺乏「個性」，卻沒有發覺他的無定見本身就是其重要性的來源，而且另一個人指出，他接連地創造出中國人、希臘人、西班牙人、中世紀人、十六世紀的人、路易十三時代的人、路易十四時代的人、洛可可藝術（rococo）和浪漫派作家，羅蘭·巴特瞬間表達出場域力量中的所有變化（給人走在上述事物之前的表象），而且以此理由，我們只消跟隨其路線與其相繼的迷戀，以便看到所有的張力，這些張力表現在場域的較小抗力點，所謂的時尚在那裡持續地誕生。

很清楚地，根據在場域中佔據的位置和過往的歷程（就像羅蘭·巴特的例子）以及確切是哲學的資本（可被投資在力圖克服雙重對立關係而孕育的張力），雙重對立的關係只能有非常不同的經歷。像阿圖塞、尤其是傅柯等等，他們都曾拒絕所謂的「主體哲學」及與存在主義思想有關的「人道主義」，轉而朝向加斯東·巴謝拉、喬治·康吉萊姆及亞歷山大·柯依雷（Alexandre Koyré）等人所代表的認識論、科學史與哲學的一項傳統，他們往往會以過度誇示這種微不足道的事（「人類已死……」）來和學者的「實證主義」標示出距離，並在「毫無主體的哲學」中獲得認可——忠於涂

爾幹傳統的李維史陀剛剛才在這點上重申了此一哲學，並參考一種無意識的觀念來賦予某些現代主義風尚，此一無意識的觀念調和了被拉岡修正的佛洛伊德、由賈柯柏森總結的索緒爾（Saussure），以及更容易適應新知性體制的馬塞爾·莫斯（Marcel Mauss）（如果不是一直被排除在極為封閉之傑出哲學圈子外的老涂爾幹），並以某些大膽的重新詮釋作為代價。梅洛─龐蒂在兩個知識份子世代之間的轉變中，扮演了一個重大的角色，因為他以特別開放和寬容的態度對待人的科學，尤其是生物學、心理學和語言學，他曾寫了一篇題為〈從莫斯到李維史陀〉（De Mausse à Lévi-Strausse）的文章。因此，透過一種不可思議的知識份子理性狡獪，涂爾幹的「人的哲學」獲得平反，以更體面的、獲得語言學正當化的人類學之姿出現，用以對抗「主體哲學」，後者在一九三〇年代由另一個巴黎高等師範院的校友世代——沙特、阿宏、尼贊（Nizan）——所肯定，以反對涂爾幹學派的「極權的」哲學……。

　　但是，我們別搞錯了，對人的科學的參照並非是一種無條件的歸順。儘管每一位哲學家都以自己的方式洩漏了他們對「人的科學」的崇敬或依賴，哪怕是就像德希達一樣，將人的科學當作批判的目標，或是以它們為主題（例如批判對偶式思想的理論效應），這些哲學家不斷標示出（首先就在其風格之中，例如傅柯增加教學之優雅的片段，或是德希達將《如是》雜誌的現行手法和效應引進哲學場域）他們相對於「社會科學」尋常實行者的法定距離，就像

阿圖塞喜歡說的那樣（顯然對他們有用的，是對「在閱讀他們、並從閱讀其作品中期待證明他們刻劃在書寫中之尊嚴這方面的另一種闡述」）。他們利用他們素養的每一項資源，首先就用來使（或許首先是）他們眼中的「歷史法則中心主義」哲學改觀，這是他們從歷史科學和許多相關主題、難題及思考模式中借來的。這就像傅柯在尼采身上找到哲學上可接受的擔保人，實現了藝術違逆與科學發明在社會上是不太可能的結合，同時也找到屏蔽概念，這些概念就像系譜學一樣，能讓他用哲學信譽來涵蓋一項社會史或發生學式社會學的事業。同樣的，如同我曾在分析《判斷力批判》（*Critique de la faculté de juger*）時表明的，德希達知道要在他作為哲學家而本身自我「解構」這個點上，及時停止「解構」，在一項必定會被領會成一種通俗「個人免責、系統主責主義式化約」的社會學分析中發生蛻變。[8]

---

8 | 參見 P. Bourdieu, Post-scriptum, Eléments pour une critique "vulgaire" des critiques "pures", *La Distinction. Paris*, Éditions de Minuit, 1979, pp. 565-585。

說過的一切不會取代作品本身一種真正的發生學式社會學，這些作品要從制定它們的獨特觀點去領會（這些觀點由不同生產者的社會、宗教或性別等次要特色而定），我們無法理解批判自由，這種自由授予作品一種家庭氣氛，使它們不僅僅只是哲學事業或多或少成功的轉行──假如我們沒看到這種批判自由是根植於一項特別戲劇化之危機的一種特別強烈經驗裡。語言文獻學、文學史和哲學本身等這些先前占支配地位的學科，其智識基礎都遭到新的競爭學科的威脅，例如語言學、民族學、符號學或甚至是社會學，其大學存在的社會基礎也受到來自各方的批判，而且通常是以人文科學之名，並在這些學科教師的倡議之下，反對其教學內容和結構的古風古體。這種雙重質疑在那些沒有足夠的洞察力和膽識、無法及時適應新情況的教授身上，特別是那些我所謂的奉獻者（他們自幼便注定要奉獻給學校教育制度，而且對此忠貞不渝）身上，引發了完整保留式保守主義經常是悲愴的某些反應，這些反應必然會引起「那些他們的資本和秉性從相同演變中促使與之決裂的東西」的反叛，即與制定出來的哲學和哲學機構決裂的反叛。「決裂」有時會以內戰的樣貌出現，但實際上是在一九六八年之前發生的，也就是仍依附於傳統學科定義的教授與新前衛派成員之間的決裂（前者仍依附於作為社會身份團體之存在的社會基礎，例如高等教師資格；後者可在隸屬於一個著名學科時所固有的資源中，找到一種成功轉行的必要手段，他們被像他們一樣出身「大型修院」的正統派守衛者視

作某些叛徒或變節者）。由於這些現代主義者（雖然他們因早慧且通常顯著的認可，而被允諾了最上流的大學人生）經常連同自身的共犯關係，而被降級至處境危險的位置，這使他們更容易以一種直接或被改編的形式，感受到並表達大學機構的一項危機（他們在機構中的位置本身就足以表明）。機構的功能是反覆灌輸及強加上某些思想形式，而影響機構的一項危機會削弱或破壞思想的社會基礎，引發信仰危機，這是主流意見的一種真正且實際的*epochè*（按：古希臘文，「懸置」、「中止判斷」之意），這會促進對這些基礎的一種反思意識的出現。假如在法國，對此一危機的經驗和表達所採取的一種形式，會比在其他地方更為激進，那是因為凍結在其偉大幻象中的一個學校教育機構之特殊古風古體，那些被倒閉之機構所犧牲掉的人為了達到機構曾經反覆灌輸給他們的企圖心高度，必須與機構賦予他們的微不足道且從此站不住腳的角色決裂：以此，他們被迫發明新的方式（這些方式全都奠基於反思性距離、以及某種雙重遊戲，連同功能的尋常定義），用以實現大師的角色，給予一位思想大師古怪的人物形象，這位大師自我思考，而且在這樣做的同時，有助於像這樣地自我毀滅。[9]

9 | 同樣的，這是一種完全類似於負責培育和認可畫家的學術機構，尤其是認可權力與藉此進入市場之權力的不尋常集中，落在有力的學術顯貴手上，這非常有助於解釋，革命——現代繪畫連同馬內（Manet）和印象派一同出自於此——為何會在法國而非他處出現。

　　由於自我批判的秉性和對權力（特別是以科學之名而被行使的權力）的不耐，這些能在對掌控之質疑的基礎上建立其掌控的大師們，已經準備要與鼓動大學生世界的倫理和政治前衛派運動產生共鳴：出身布爾喬亞階級的學生成為評判的受害者，這些評判就像學校的評判一樣，訴諸理性和科學，以便禁止（再度）通往權力的路。這些在學校教育上被降級的布爾喬亞階級學生充斥在文學院（尤其是新學科）裡，自發地傾向於揭露科學、權力、科學的權力，以及（也許尤其是）一種倚杖科學以便自我正當化的權力（就像當前無可辯駁的專家治國論）。此外，突然侵入學院的一種追隨者，其社會出身、尤其是性別方面（一九七〇年代左右，女生在文學院中的數量和男生一樣多）無可比擬地比往昔更為眾多且多樣化，創造出新的「大學生生活」，這是一種社會實驗，藉此，就像十九世紀的「波希米亞生活」（放蕩不羈的生活），一種新的生活藝術被創造出來了，分享了被排除在戰前康德式老大學以外的價值，這些價值仍被通向「精銳學校」（écoles d'élite）寄宿生的學科所抑制，也就是慾望、愉悅和所有反權威的秉性（或者以當時的語言系統來說，是「反壓抑」的秉性）。從德勒茲、德希達、甚至阿圖塞（及其「國家的意識型態機關」）到傅柯，更別提次要的異端分子（他們更直接「接通」到新的通俗聖經），眾多主題都被整個哲學前衛派強而有力地組織起來。

　　我相信本書陳述的一切既沒有奉承，也無惡意，我們應能瞭

解，它包含了一大部份的間接自我分析，同時保持了或許受到社會學所促進的一種距離，但首先被肯定在「為了社會科學而放棄哲學」這一事實裡——顯然地，當多虧有了李維史陀為民族學所帶來的平反時，這樣做變得有可能不會過於有損體面……。在我的研究中，社會學在大學機構裡佔據了一個相當特別的位置，這也許是因為特殊的力量，迫使我必須理性掌控（而非逃避至自我毀滅的一種嫉恨中）奉獻者的失望幻滅，他們要面對如此眾多教廷高級教士的無用或犬儒主義，以及面對在實作的真實裡，對真理和價值觀的小心謹慎的闡述，這些真理和價值觀是機構公開主張的，獻身於機構的奉獻者是獻身於並且忠於這些真理和價值觀的。

一九八七年一月

表格暨圖示清單

第二章

表格一 人口統計指數與繼承資本或取得資本指數 80

表格二 學校教育資本指數 84

表格三 大學權力資本指數 86

表格四 科學權力暨威望資本指數 87

表格五 知識份子名聲資本指數 88

表格六 政治或經濟權力資本指數 88

圖示一 學院空間 94

第三章

圖示二 文學院與人文科學學院空間 142

圖示三 文學院人文科學學院空間 148

第四章

圖表一 法學院、文學院與自然科學學院的教授身份團體演進 231

圖表二 文學院的型態演進 234

圖表三 自然科學學院的型態演進 235

附件二

圖表一（a、b、c）學院的型態轉變 360

圖表二（a、b）學科的型態轉變 366

Homo Academicus by Pierre Bourdieu
(c) 1984-1992 by Les Editions de Minuit
Published by arrangement through The Grayhawk Agency
Complex Chinese edition copyright (c) 2019 by China Times Publishing Company
All rights reserved

ISBN：978-957-13-7983-8
Printed in Taiwan

近代思想圖書館系列 57

學術人 HOMO ACADEMICUS

作者：皮耶・布赫迪厄（Pierre Bourdieu）｜**譯者**：李沅洳｜**審閱**：林錚｜**主編**：湯宗勳｜**特約編輯**：羅悅然｜**美術設計**：陳恩安｜**企劃**：王聖惠｜**董事長**：趙政岷｜**出版者**：時報文化出版企業股份有限公司／108019台北市和平西路三段二四〇號1-7樓／發行專線：02-2306-6842／讀者服務專線：0800-231-705・02-2304-7103／讀者服務傳真：02-2304-6858／郵撥：19344724時報文化出版公司／信箱：10899台北華江橋郵局第99信箱｜**時報悅讀網**：www.readingtimes.com.tw｜電子郵箱：new@readingtimes.com.tw｜**法律顧問**：理律法律事務所陳長文律師、李念祖律師｜**印刷**：勁達印刷有限公司｜一版一刷：2019年12月6日｜一版三刷：2023年1月13日｜**定價**：新台幣480元

國家圖書館出版品預行編目（CIP）資料｜學術人／皮耶・布赫迪厄（Pierre Bourdieu）作；李沅洳 譯. ｜一版. －臺北市：時報文化，2019.12，432面；14.8×21公分. (近代思想圖書館系列；57)｜譯自：Homo Academicus｜ISBN 978-957-13-7983-8（平裝）｜1.大學教師 2.教育制度 3.高等教育 4.法國｜525.5｜108016386